細語和風：
明治以來的日本

細語和風

明治以來的日本

周佳榮　著

香港中和出版有限公司
www.hkopenpage.com

序

明治維新是亞洲近代史上的大事，使日本成功走上近代化之路，一度成為學習的對象，但後來卻為亞洲國家帶來深重的戰爭災難。關於明治維新的論述雖多，思考和反省仍然是不足夠的，客觀、平實的研究，有待中外學界繼續努力。

1868 年（明治元年）以來，一百五十年的日本歷史可以分為明治時代（1868—1912 年）、大正時代（1912—1926 年）、昭和時代（1926—1989 年）及平成時代（1989—現在）；昭和時代以 1945 年（昭和二十年）第二次世界大戰結束為分水嶺，劃分為昭和前期（1926—1945 年）及昭和後期（1945—1989 年）。前三個時代是日本的近代史，後兩個時代是日本的現代史。

本書收錄的近三十篇文章，有一半是我講授日本史時編寫的教材，另外一半曾經在報刊上發表過，內容都圍繞著近代現代日本的歷史和文化。為了閱讀上的方便，按內容編為四輯：第一輯是「政治和社會發展」，依時序記述日本的巨變；第二輯是「經濟和對外關係」，分析了這兩方面的進程；第三輯是「出版與文娛活動」，介紹了報刊、圖書、小說、漫畫、動畫和體育的情況；第四輯是「科技與學術綜覽」，集中探討史學研究和文博事業。

由於各篇文章的撰寫時間差距有年，體例亦不盡一致，敘述或有重出之處，這是要請讀者諒解的。無論如何，本書反映了我對日本歷史文化的理解和一些基本看法，略加整理和出版，旨在供學界和有志趣的讀者參考。題為「細說」，以誌多年來在課堂上為年輕學子講解史事之樂，實則只是一部粗疏之作，深意未必可以溢於言表。希望今後能夠持之以恆，撰寫有系統的日本史著作，為亞洲學術界多盡一點綿力，俾中文出版界多添一些枝葉。

周佳榮 謹識
2018 年 5 月 18 日

目
錄

第
一
輯
政治和社會發展

第二輯

經濟和對外關係

第三輯

出版與文娛活動

第一輯

政治與社會發展

01 明治維新
與日本近代化進程

一・明治維新總論

　　近代日本的出發點是明治維新，這是打倒長達二百餘年的「幕藩體制」[①] 的一個歷史事件，是因生產力的發達，以及幕藩社會內部矛盾在達到沸騰之前因外壓而促成其內在發展的必然性，由是而產生的一

[①] 幕藩體制是指德川幕府（又稱江戶幕府，1603—1867）通過地方諸藩（即「大名」所支配的領國及其機構）以維持封建關係和推行對封建統治的一種國家組織，可以說是日本最成熟的封建制度。這個體制有兩大支柱：一是世襲的身份制度，二是嚴密的鎖國政策。參閱周佳榮著《近代日本文化與思想》（香港：商務印書館，2015 年），頁 1—2。

次變革運動。所謂外壓，即世界性的條件，是十八世紀末至十九世紀初，以西歐工業革命為發動因素的資本主義世界市場形成的運動。中英鴉片戰爭是其象徵，歐美列強對日本開國 —— 市場化的要求亦其一環。

幕末時期日本的外壓，可以說是在雙重意義上對幕藩制國家予以打擊。首先，歐美列強卓越的軍事力，直接刺激了封建統治階層的危機感；其次，由於通商條約的締結，使日本市場開放，從而開展對外貿易，使原本的經濟構造出現急速變動，致令幕藩制國家的基盤動搖，統治階層內部產生分裂和對立。

在政治方面，明治維新使日本由幕藩制國家轉變為近代天皇制國家[①]。在創建新國家的激烈政治鬥爭之中，最後掌握主導權的是擁護天皇的倒幕派。他們大多是下級武士出身，為了要使新政府治下的日本，在十九世紀列強圍繞、弱肉強食的激烈條件中繼續存在，於是學習歐美先進資本主義國家，急速進行由上而下的近代化 —— 即資本主義化的改革。

在社會方面，明治維新使日本由封建社會轉變為為資本制社會。維新政府的官僚依據天皇的權威，以應付內外的壓力，著手於解散封建領主制，移植和育成資本主義經濟。在其過程中，有士族叛亂和自由民權運動，新政府官僚把一手培養出來的政商、地主編成社會的基礎，朝著立憲制推進。又向朝鮮和台灣發動武力侵略，使國權意識高揚，成功地統合了國民，打退了反政府勢力的挑戰。至此，新國家（近代天皇制國家）與日本社會的資本主義化成立，1889 年（明治二十二年）《大日本帝國憲法》（通稱《明治憲法》）頒佈，確立了它的支配體制。

總的來說，明治維新有兩重定義：（1）狹義的明治維新，是指一

---

① 近代天皇制又稱「絕對天皇制」，是以近代憲法形式鞏固天皇的權力，有別於明治時代之前的「古代天皇制」和第二次世界大戰之後的「象徵天皇制」。

個歷史事件;(2)廣義的明治維新,是指一系列事件所構成的歷史過程。中國學者呂萬和〈簡論明治維新〉把明治維新的斷限定在 1853(嘉永六年)至 1894 年(明治二十七年),認為這四十一年間的歷史可以劃分為三個階段、兩個方面,即:攘夷倒幕、舊破(變革幕藩體制)和立新(扶植資本主義):

　　・1853—1868 年　攘夷倒幕
　　・1869—1877 年　破舊(其過程主要是在 1877 年之前,但並未止
　　　　　　　　　　　於 1877 年。)
　　・1878—1894 年　立新(其過程雖在 1877 年之前已開始,決定性
　　　　　　　　　　　的措施則在 1880 年代,《明治憲法》的頒佈標
　　　　　　　　　　　誌著日本國內政治體制的定型,把它作為明治
　　　　　　　　　　　維新終結的標誌是有充分理由的。)

　　呂萬和認為,這就包括了日本從封建文化轉化為資本主義的全過程,「明治維新贏得了民族獨立」。①

　　萬峰《日本近代史》則從明治維新「屬於近代民族民主運動的範疇的資產階級改革」出發,主張把明治維新的上限定在 1868 年(明治元年),下限定在 1911 年(明治四十四年),即不平等條約完全廢除為止。② 把明治時代作為明治維新過程的起迄,是平實和容易為人所接受的。

二·日本近代化的含義和前提

1. 日本近代化的含義

(1)政治方面,立憲制度之採用;

---

① 呂萬和〈簡論明治維新〉,《日本史論文集》(北京:三聯書店,1982 年)。

② 萬峰著《日本近代史》(北京:中國社會科學出版社,1978 年初版,1981 年增訂本),頁 12。

（2）經濟方面，資本主義之發達；

（3）社會方面，市民自由之獲得；

（4）文化方面，近代文化之開展。

日本在半個世紀內，一舉完成了西洋諸國數百年始達成的現象，其近代化發展的成就，深為世人所驚歎。

2. 日本近代化的前提

（1）政治的僵化及其改革：

江戶時代的日本，在鎖國的情況下，集權的封建制度確立於各個方面。更由於嚴重的身份制度，往往使平庸的人居於高位，優秀的人材則居低位，但積習既深，缺乏根本的政治改革。雖因外國船隻出沒而產生動搖，天保之際，漸有諸藩的改革，但其中心實為各藩的下級武士。及至培理（Matthew C. Perry，1794—1858）來航以後，幕府震驚於西洋先進國的巨大武力及其產業之發達，痛感日本亦有改革之必要，而錄用人材，從事大改革。不過在舊體制底下，難完成達到預期的成果，終至決心徹底改革的西南雄藩進行倒幕之舉。明治新政府的官員首先提出的標語是「富國強兵」，希望藉此追上西方列強。

（2）經濟的落後及其改革：

江戶時代的大資本家為「町人」，但大多數為商業資本家，寄生於武士，能成產業資本家的甚少。因而明治政府圖謀資本主義之保護與育成，其標語是「殖產興業」。

（3）社會的封建及其改革：

江戶時代的社會，在士農工商的身份制度底下，庶民生活極受限制。[1] 佔國民大多數的農民，專事耕作，完全缺乏享受文化生活的餘裕。武士及富裕的町人雖有餘裕，但其文化生活的內容則局限於封建的儒教倫理。明治新政府，為了回答「御一家」之要望，而學問之進

---

[1] 士指武士，是享有特權的統治階級；農民在被統治階級中地位最高，職工和商人合稱「町人」，地位雖低，但消費生活不若農民之受限制。

步又為富國強兵政策之基礎，因而在「文明開化」的呼聲之下，實行四民平等，取消世襲身份制度，專注於移植西洋文明與學術。

（4）以下級武士為中心推行改革：

西方先進國中，資產階級之勢力強，故以市民革命推進近代社會。日本方面，町人無力，故以下級武士為中心，實現了明治維新。而其方式，則是推行從上而下的改革。

三·明治初期的近代化措施

1. 版籍奉還與廢藩置縣

明治新政府面臨內外諸困難，實行改革之前提，先著手於藩之廢止。1869 年（明治二年）版籍奉還，1871 年（明治四年）廢藩置縣，達成其目的。不過，又不能不與其根深柢固的勢力妥協，故華族（即貴族）制之創設、士族之保護等措施，實為封建制度遺下的殘存。

2. 祭政一致與官制改革

明治初期即從事官制之改革。當初復活了古代的二官八省制 ①，在「祭政一致」的古代思想上成立的此一制度，神祇官成為神祇省，不久拼入內務省中。由此可見其一步步走向近代的官僚制度之途，而以 1885 年（明治十八年）的內閣制度而達到完成。

3. 確立近代國家的財源

為了確立統一國家的財政基礎，明治政府進行「地租改正」（地稅改革），以不減少向來的收入為目標，故將巨大負擔加於農民身上，形式上為近代的稅制，但實質上與封建時代以沉重負擔加諸農民並無不同。

---

① 「二官」指太政官和神祇官，是古代日本律令制下的中央管理機構，太政官總攬行政，神祇官統轄祭祀活動。全體中央官制機構稱為「二官八省」，包括二官八省及其下屬的眾多官司。《日本書記》稱此官制於 645 年（大化元年）制定。

4. 資本主義的保護和育成

在殖產興業的呼聲下，民間企業並不活潑，政府遂設立官營模範工場，移入資本主義制度，其後更以低價售與民間大資本家，謀求被稱為「政商」的產業資本家之成長。

5. 加強軍備與教育

絕對主義國家的兩大支柱為官僚制與軍隊。其初，有徵兵令之發佈，但近代軍隊的設置，初時乃因鎮壓內亂為主要目的，故以偏重陸軍出發。進而以防衛為主體，日俄戰爭後更以大陸活動為目標。軍隊與政治之關係，是軍隊以統帥權之獨立與帷幄上奏權為支柱，國政之圈外，以充實獨自之勢力為方向。其後在面臨針對藩閥官僚勢力的政黨勢力攻勢時，達成了重要的防壁作用。

明治政府在文明開化的呼聲下頒佈學制，開始了自由主義教育，但漸次變為國家主義教育。義務教育的普及率，在明治末年接近100%，超過當時西方各國，堪稱世界第一。

6. 改革推進勢力

以上諸初期改革之中心，為以薩長為中心的藩閥[①]。廢藩後至 1877 年左右，可稱為大久保利通（1830—1878）的獨裁政權，肥前的大隈重信（1838—1922），長州的伊藤博文（1841—1909）、井上馨（1836—1915）、山縣有朋（1838—1922），薩摩的松方正義（1835—1924）、黑田清隆（1840—1900）等為其支柱。1877 至 1878 年，「維新三傑」〔大久保利通、木戶孝允（1833—1877）、西鄉隆盛（1828—1877）〕先後去世。第二代的領導者成為中心，在明治十四年政變中，大隈重信被放逐，薩長藩閥掌握了政權，從而形成藩閥專制政府。

---

① 薩摩藩、長州藩均為江戶幕府末期的西南大藩，並稱「薩長」。薩摩藩曾壓制激進的尊王攘夷運動，其後轉變為討幕派，與長州結成薩長同盟，直至明治維新。維新後作為新政府核心勢力的薩摩藩閥，一部份人雖因西南戰爭而被清除，但政治家、官僚、軍人輩出，與長州藩閥同為藩閥官僚政府的核心。

四‧日本近代化的進展及其統制

1. 從自由主義到國家主義

明治初期倡導文明開化的時期，文化、思想包括政治思想在內的中心傾向，是英國、法國式的自由主義和功利主義。及至支配體制固定以後，即顯示了日漸向國家主義轉換的趨向。這是由於自由民權運動的衝擊，從 1887 年（明治二十年）前後起，漸向德國式的國家主義發展。陸軍由法式改為德式，法律（例如民法典論爭）、哲學、史學、經濟學等領域，德國系均盛。

2. 文化的發展及其統制

明治時代中，西洋文化之移植有顯著進展。自然科學方面，已出現了世界性的發明和發現。相對而言，人文科學方面仍不出模仿西洋之地步。明治政府施出文化統制，是在自由民權運動抬頭之際，被目為初期的啟蒙思想代表的明六社，終至解散，更顯示了政府統制思想之端緒。

文學方面，向近代化的方向前進，是在坪內逍遙（1859—1934）的《小說神髓》以後。由寫實主義而浪漫主義而自然主義的發展，顯示了原原本本描寫社會的方向；不久無產階級文學登場，在擾亂風俗及妨害社會安寧等理由下受到壓迫。

3. 資本主義的發達

日本近代化的典型，是資本主義之發達，及伴隨而來的社會生活之提高。日本的資本主義，是以至 1890 年（明治二十三年）左右為止的工場手工業為主體，經過了中日甲午戰爭至日俄戰爭前後的第一、二次產業革命，在第一次世界大戰之際有飛躍的發展。不過，這是在惡劣的勞動條件下，基於搾取勞工而形成的發展。資本主義發達之結果，勞工生活相對提高，而能稍有餘裕享受文化和生活，是要到大正時代。這與國力發展比較，顯得微弱不足，社會設施、福利行政等均

發展得遲。

4. 議會政治的實行

日本是亞洲最初制定憲法、開始議會政治的國家。在這一意義上，其近代化評價頗高，而就其形式與實態來看，則有很多不足之處，如《明治憲法》中，天皇主權之強大，眾議院之弱體，市民的自由之限制等等。[①] 因而在明治末年至大正時代，藩閥官僚與政黨之抗爭相繼，而政黨政治實行的時代極其短促，不久且出現了軍部之專斷。

5. 大正民主主義時代

由上所見，日本的近代化，在形式上或物質生活方面，均在不完全、不充分的情形下，逐漸發展。精神生活面也受歪曲。其後的大正民主主義時代，從兩次護憲運動、米騷動、民本主義之發展等等來看，相對來說才是日本近代化進展的時代。不過，大正時代也呈露了資本主義之矛盾，又經過數次恐慌，容許法西斯主義傾向的抬頭及對日本進行統制。

五 · 日本近代化的評價

1. 急速而浮淺的近代化

日本急速的近代化進程，對西洋精神文化之消化不充分，過於求其形式。特別著力於軍備方面，將兩次戰爭之勝利，作為達成近代化之指標，擠身於世界上有數的大國之列，但庶民社會生活之提高頗不足，其實際情形被隱瞞，而萌生了只讚美其發展的錯誤傾向。

---

①《明治憲法》規定大日本帝國「由萬世一系之天皇統治之」，「天皇神聖不可侵犯」，「總攬一切統治大權，擁有絕對權力」。帝國議會分為貴族院和眾議院，貴族院由皇族、華族和敕選議員組成，眾議院由公選議員組成；內閣總理大臣及國務大臣由天皇任命，對天皇負責；設立樞密院供天皇諮詢，審議重要國務；軍隊直屬天皇，不受內閣控制。換言之，議會及國民的權力都受限制。

2. 日本近代化的反省

要之，日本的近代化，在其成功之背面，實包括了很多矛盾和缺點，以鄰近諸國為犧牲，又犧牲了庶民的幸福。戰後討論近代化問題，實與明治百年紀念活動有關。為了使國民在日本戰敗之後獲得自信，又為了日美協力，美國方面也大力提出日本的近代化論。因而往往強調了過去的偉大，隱瞞了日本發動侵略戰爭的犯罪行為，及犧牲了國民生活的國家主義。以上種種，實屬非歷史的考察。

02 明治後期
的政治與社會

一・軍閥勢力抬頭與軍備擴張

　　日俄戰後，日本軍部挾戰勝之氣焰，極力鼓吹「軍備擴張至上」，擴大「統帥權」的範圍。1906 年（明治三十九年）10 月，陸軍首腦山縣有朋不與內閣商量，就制定並向天皇上奏了帶有國策性的《帝國國防方針》；次年 2 月，經軍令、軍政首腦聯合御前會議審議，並確定了所需兵力及用兵綱領，交給內閣分期執行。這是軍部撇開內閣而單獨制定國策的開端。

　　1907 年（明治四十年）9 月 12 日，軍部又以第一號「軍令」的形式，下達了「關於軍令的規定」，凡有關軍政的天皇詔敕，只須陸海軍

大臣副署，即可以「軍令」的形式下達執行，無須內閣總理大臣副署，這就為軍部擅權進一步提供了法律根據。

二·修改不平等條約

日本要求修改不平等條約，史稱「條約改正」，其中心內容包括兩方面：(1)取消「治外法權」，準確地說是取消「領事裁判權」。(2)取消議定關稅，實行關稅自主。

1878年(明治十一年)曾發生英國商人偷運鴉片事件，英國竟憑藉領事裁判權強詞奪理地說，鴉片屬於「藥用」，判英商哈特利無罪。此事激起日本人民義憤，強烈要求全面收回國權。

1879年(明治十二年)，井上馨任外務卿，強調收回治外法權。但他認為要使各國同意取消治外法權，必須使日本先有一套以西洋為楷模、並且得到外國人承認的法典，「在亞洲造成一個與泰西文明情同手足的兄弟之邦」。故此，日本一面著手制訂法典，同時花費巨資興建豪華的「鹿鳴館」(1883年建成)，經常在此舉辦舞會以博取外國人歡心。日本近代史上稱為「鹿鳴館外交」，亦稱「鹿鳴館時代」(1883—1887年)。①

但井上馨因準備同意有損日本主權的方案，而為日人所反對。此後無甚進展。1894年7月16日，日英簽訂《通商航海條約》及附屬文件，廢除「治外法權」，把片面的最惠國條款改為相互對等，改訂了一部分的稅率。這是由於當時英、俄兩國矛盾日益尖銳，英國需要拉攏日本。其後各國相繼與日本簽訂新約。1899年，日本取消了外國人在日本的居留地。1911年，日本完全恢復了關稅自主。修改不平

---

① 鹿鳴館位於東京日比谷，是磚結構的兩層洋樓。建成後經常舉辦遊園會、舞會、義賣會，走向極端的歐化主義。井上馨因其修改條約遭受批評而辭職，鹿鳴館時代亦宣告結束。1889年，日本政府以廉價把鹿鳴館售給第十五銀行，改為華族會館，後於1945年燒毀。

等條約的交涉，至此完成。

三‧社會運動的發展

　　1882 年（明治十五年）樽井藤吉（1850—1922）成立「東洋社會黨」[①]，被視為日本第一個社會運動機構。1887 年（明治二十年）左右，日本一些工廠和礦場發生勞資糾紛，1894 年（明治二十七年）發生大規模的罷工（天滿紡織），至此引起社會人士的注意。甲午戰爭後，日本產業的規模擴大，1897 年（明治三十年）高野房太郎（1869—1904）、片山潛（1859—1933）等人組織「勞働組合期成會」；其後有鐵工組合及其他種種工會的成立，已經到了開始實行社會運動的階段了。

　　當時的社會運動大致有三個系統：(1)以教會為主的社會救濟事業；(2)勞資合作的社會改革主義；(3)否定生產手段私有的社會主義。第三個系統的人最為激進，他們在 1898 年（明治三十一年）成立「社會主義研究會」。日本政府對於日益增加的社會運動，設法應付，1900 年制定「治安檢查法」，取締各種結社、集會和勞資糾紛。1901年片山潛、安部磯雄（1865—1949）、幸德秋水（1871—1911）、木下尚江（1869—1937）等人成立「日本社會民主黨」，政府乃應用「治安檢查法」禁止其活動。

　　1904 年（明治三十七年）日俄戰爭開始之時，幸德秋水、堺利彥（1871—1933）從社會主義主場反對戰爭，幸德秋水創《平民新聞》，鼓吹社會主義，為政府所壓制。日俄戰爭後，首相桂太郎（1848—1913）的暫時內閣下台，由西園寺公望（1849—1940）主持內閣，政府放鬆了對社會主義的取締。片山潛等人在政府許可下組成「日本社會

---

① 東洋社會黨是自由民權時期的小政黨，在長崎縣島原以農民和青年知識分子為中心組成，標榜道德言行和平等主議，謀求社會大眾的最大福利，出版機關刊物《半警鐘報》，同年被禁止結社而解散。

黨」^①，內部分成左右兩派，其左派以無政府主義者為中心，幸德秋水是其領導者，主張以直接行動改革社會，故不久被政府解散。西園寺公望下台後，桂太郎再度出任首相，聲稱要使日本「沒有一個無政府主義者」。

1910 年（明治四十三年）發生「大逆事件」^②。其內幕至今尚未明確，但可能是政府有意捏造「陰謀暗殺天皇」的「大逆罪」，藉此逮捕幸德秋水等數百名社會主義者。翌年 1 月，大審院判幸德秋水等 24 人死刑，另 2 人無期徒刑；天皇以慈悲為名，死刑者半數減為無期徒刑。社會運動至此亦被全面禁止。

不過，明治政府也採取其他方法來應付社會運動，例如：1897 年（明治三十年）成立社會政策學會，促成社會立法的準備，1911 年（明治四十四年）成立「工廠法」，1916 年（大正五年）開始進行。^③

四 · 婦女運動的出現

明治初年在歐西文化的衝擊下，以往對於婦女的束縛亦漸鬆懈。1872 年（明治五年）開始有婦女觀看摔角，在德川時代是不准婦女入劇場觀賞的。翌年允許婚姻自由，除了本國人之間不分身份可得自由通婚外，甚至准許與外國人通婚。離婚亦可由妻方提出。明治一〇年代，隨著基督教的流傳，一夫一妻制的原則在教會間嚴格遵守，影響所及，蓄妾之風氣亦逐漸衰頹。

---

① 日本社會黨成立於 1906 年，是日本最早的合法社會主義政黨。在 1907 年召開的第二次大會上，幸德秋水主張直接行動論，與田添鐵二的議會政策論對立，最後通過折衷的方案。這次大會後，日本社會黨被勒令解散。

② 大逆事件是指觸犯明治日本《刑法》「大逆罪」的事件，一般指 1910 年至 1911 年幸德秋水等人被捕和處刑的事件。後來還有其他事件。

③ 「工廠法」是日本最早的工人保護法，內容禁止僱用未滿十二歲的兒童，禁止女童工夜間作業，實行十二小時勞動制等。但有例外規定，監督制度也不完善。至 1947 年制定《勞動基準法》後廢除。

1872 年頒佈有關學制的敕諭之後，一般女子亦有受教育的機會，同年東京有女學校的成立，繼之又有東京女子師範的出現。福田英子（1865─1927）、中島湘煙（1864─1901）是當時的兩位巾幗英雄。景山英子曾在鄉里創女學，被官憲禁止。後來因幫助朝鮮獨立黨購置機械偷運韓國，事洩被捕。中島湘煙早年提倡自由民權及男女同權，曾被官憲拘禁。出獄後與自由黨名士中島信行結為夫婦，助夫活躍於政界。

　　1885 年（明治十八年），福澤諭吉（1834─1901）譯《日本婦女論》，為女性鳴不平。翌年的《男女交際論》，更主張女性應自家庭解放出來，公開參加社交，要求平等。日俄戰爭後，解放婦女的風氣更盛。

　　在 1900 年（明治三十三年）創刊的《明星》雜誌中，與謝野晶子（1878─1942）、福田英子等人主張戀愛與藝術，勇敢地提倡戀愛的權能，倡導本能的解放。1911 年（明治四十四年），平塚明子（1886─1971）、中野初子、木內錠子（1887─1919）組織「青鞜社」，「青鞜」是青綠色的襪子，十八世紀英國倫敦的職業女性流行穿著，她們要求婦女參政，因而成為婦女運動的象徵。青鞜社關心女性的身份和地位，主張婦女解放，發行《青鞜》雜誌，創刊詞宣明「原始時代，女性實是太陽，是真正的人。但是現在女性已變成月亮，依靠他人而生，依靠他物而始能發出光亮，是像病人的蒼白的月亮。」積極從事婦女解放運動，至 1916 年（大正五年）青鞜社解散為止。

03 大正時期
的政治與社會

一・大正政變的經過

　　明治末年的日本社會出現了新的現象，即受薪階級等都市中間階層，以及教師、醫生、律師、記者、學者等知識階級，各自形成社會勢力，漸漸抬頭。而自由主義與民主主義的傾向，又在這種新勢力中生長，於是出現了兩種政見，一是天皇機關說，一是普選論。

　　天皇機關說以東京帝大的美濃部達吉教授為代表，認為主權不在天皇，而在國家，根據憲法的規定，天皇是掌握國家統治權的最高機關。政府不僅向天皇負責，對於議會甚至國民，也要負責。天皇機關說在大正時代成為公認的學說，並且是大正民主主義運動和政黨內閣

的理論根據。

普選論的中心人物有：中村太八郎（1868—1935，自由主義者）、片山潛（社會主義者）、日向輝武（1870—1918）、松本君平（1870—1944，少壯派議員）。這些人組成「普通選舉期成同盟會」，展開男子普選權運動，於 1908 年（明治四十一年）正式向國會提出普遍法案，1911 年（明治四十四年）經眾議院決議通過。但貴族院全體一致加以否決，理由是：「普選係以西洋式的天賦人權思想，即人權為人類原有的最高權利為基礎，不合由萬世一系的天皇所統治的日本團體。」當時日本政府認為普選運動是危險的思想，乃積極加以壓制，同年 5 月，「普通選舉期成同盟會」終於被迫解散。

1912 年（明治四十五年）7 月，明治天皇去世，大正天皇即位，開始了新的時代。當時日本政局的主持者是第二次西園寺（公望）內閣，因反對軍部提出擴張軍備的要求，陸軍大臣上原勇作（1856—1933）辭職。當時軍部大臣限定由現役武官出任，但軍部無意再推出繼任人選，於是內閣在同年 12 月 5 日總辭。由軍閥代表桂太郎（內大臣）組閣。《萬朝報》及《東京每日》等報紙掀起「打倒閥族」、「擁護憲政」的輿論，立憲國民黨的犬養毅（1855—1932）及立憲政友會的尾崎行雄（1858—1954）等人，於 12 月 14 日組成「憲政擁護會」，開始了日本近代史上的第一次擁憲運動。桂太郎內閣一再要求大正天皇發出詔書壓制反對勢力，更引起輿論的激烈攻擊。議會再三被下令停開。1913 年（大正二年）2 月 5 日，議會重新開會，尾崎演說指責桂太郎「拿著天皇的詔書當炮彈攻擊政敵」，並由絕大多數議員連名提出內閣彈劾案。

於是議會又停止開會五天，至 2 月 10 日復會時，有六千名民眾包圍議會，作為議會的後盾。桂太郎首相決定解散議會，並通知議長大岡育造（1856—1928），大岡指著窗外的群眾說：

「請看那批群眾，此刻解散議會，群眾勢必演成流血事件，可能成為內亂的契機，你的進退將是內亂的分歧點。」

桂太郎終抵不住洪流，於同月 11 日辭職，史稱大正政變。這是群眾力量打倒內閣的創舉，大正初期的民意有此力量，殊為值得重視。

二‧大正時代的社會運動

1917 年俄國革命。1918 年日本因米荒發生了米騷動[①]，刺激了日本社會各階層，帶給被統治階級以勇氣和希望。

大正初年合法的勞工組織：1912 年（大正元年）基督教社會主義者鈴木文治（1885—1946）等十五人成立「友愛會」，鼓吹「勞資調和」，次年會員增至 1,300 餘名；1914 至 1915 年發展為全國性組織，會員達 6,500 人。至 1918 年多達三萬名，分會 120 所。

1919 年（大正八年）後，勞工組織激增，勞資糾紛不斷發生，政府及資本家採取壓迫方針，勞工團體因亦改變穩建態度，轉向激烈的社會鬥爭。友愛會分裂為兩派，1921 年（大正十年）改稱「大日本勞動總同盟」。

三‧大正時期的婦女運動

明治維新後，隨著歐美文化的輸入，男女同權的呼籲也逐漸出現。然而明治 20 年代以後，國粹主義勃興[②]，亦影響於婦女界，於是洋裝束髮又被廢掉，而有復古的傾向。青年女作家樋口一葉（1872—1896）以被不合理的社會所虐待的女性的資格，為女性申張不平。這

---

① 米騷動是因米價暴漲而發生的群眾騷亂，全國規模的一次是 1918 年 7 月至 9 月間的騷動。第一次世界大戰後，1918 年 8 月的米價達戰前的四倍，以富山縣魚津町漁民的妻女拒絕裝船向縣外運銷大米為開端，引發三百多個地方發生暴動，參加人數達七十多萬，日本政府出動警察和軍隊鎮壓，結果有數萬人被捕，七千七百多人被起訴。寺內內閣總辭，代之以原敬為首的政黨內閣。

② 國粹主義亦稱國粹保存主義，反對歐化政策，極力推崇日本固有的東西，謀求發展國力的思想。

類著作，稱為「女流文學」。明治末年，有一班女子組織了「青鞜社」，發行《青鞜》雜誌，積極從事婦女解放運動。

在大正時代，以往被視為賤業的女歌手或女伶，出現了三大女伶，遂使以往的舊觀念有所改變。

1920 年（大正九年）出現了「新婦人協會」的女性運動的組織團體。成員約有四百人，以女教師、女記者及職業婦女佔大多數。發行《女性同盟》月刊，每月印行 2,000 冊。她們要求修改「治安警察法」第五條（禁止婦女參加政黨及政治活動）。這團體後來因為多次參加反政府運動，終被解散。

此外又有「赤瀾會」的成立（1921 年），這是日本最早的社會主義婦女團體。該會有山川菊榮（1890—1980）、伊藤野枝（1895—1923）等先進知識分子，但於 1922 年（大正十一年）宣佈解散。

04 昭和前期
的政治與社會

　　大正天皇於 1926 年去世，其子裕仁繼位，年號昭和，歷史上稱
他為昭和天皇。昭和前期指 1926 年至 1945 年日本戰敗投降為止的一
段期間。昭和初年，日本內外的情勢非常緊張，日本輿論界稱此時期
為「非常時」，亦可以說是日本準備對大陸進行侵略的「備戰階段」。
到 1931 年九一八事變，日本便進入了長達十四年的侵華戰爭時期。

一‧經濟恐慌與軍部抬頭

　　首先看看：政黨政治的僵局與軍部抬頭，這兩個現象是昭和初年
政界的大事，而且互有關連，影響深遠。

　　大正時期建立了政黨政治，但因當時日本缺乏民主配合的基礎，

政黨獲得政權後，往往以政黨的利益為重，反覆繼續政爭，甚至與財閥勾結，以維持其政權及黨的利益。例如 1928 年（昭和三年），依普通選舉法舉行第一次總選舉，國內不斷發生對選舉的干涉、收買、作弊、貪污等案，使政界的腐敗日益加深。

新成立的無產政黨，則因鬥爭方法的主張不同，各派分裂，力量不集中，加上政府干涉及壓迫，使無產政黨難以發展。同時，軍部則利用政治上空白的狀況，逐漸抬頭。這與當時日本的經濟狀況及財閥發展，是有密切關係的。

在 1920 年（大正九年）左右開始的不景氣現象，年年加深，到 1927 年（昭和二年）3 月間，東京數家銀行因發現所謂「不正貸款」引起信用危機和擠提現象。4 月間，風潮遍及全國，台灣銀行亦被波及。事件的起因是這樣的：神戶有一鈴木商店，為東南亞貿易的大公司，靠經營台灣砂糖暴富，但戰後一蹶不振，債務高達四億多日元，主要是台灣貸款。但經營危機暴露之後，台灣銀行拒絕貸款，鈴木商店被迫停業，台灣銀行也遭擠兌瀕於破產。與二者有往來的一些銀行也被迫停業，金融危機衝擊全國。

當時若槻禮次郎（1866—1949）內閣（屬憲政會）要求發佈緊急敕令，由日本銀行向台灣銀行提供非常貸款，而日本銀行的損失，則由國庫在兩億日元以內給予補貼。但此方案交由樞密院審議時，軍部、政友會勢力和貴族集團拒不通過，攻擊若槻內閣對華政策「軟弱」。若槻內閣的提案被否決後，內閣倒台，各地銀行休業的達 30 家，金融混亂達到極點，許多工業部門亦出現倒閉風潮。

政友會總裁田中義一（1864—1929）出來組閣，奏請天皇發佈「緊急敕令」，各銀行一律停止提存三星期，而在這期間，日本銀行貸出 22 億日元巨款救濟各銀行，日本政府則撥 5 億日元給日本銀行作為補助，另撥 2 億日元救濟台灣銀行。

在危機時期，中小銀行的信用紛紛破產，田中內閣又修訂「銀行法」，規定資本不得少於一百萬日元，五年內不能增資者關閉，從而加

速了資本的集中。全國銀行的數目，1928年（昭和三年）為1,028家，1931年（昭和六年）集中為680家。三井、三菱、住友、安田、第一這五大銀行的存款額，在全國普通銀行存款總額中的比重，1926年（昭和元年）約為24%，1931年上升為38%，可見財閥的控制愈加擴大。

1929至1933年間，美國的經濟恐慌擴展到歐洲及世界各地，日本亦受到打擊、物價猛跌，生產下降，失業人數大增。財閥為了渡過難關，拼命開拓中國、東南亞、印度各地的海外市場，並與軍閥勾結，希望以武力來解決問題。1931年的九一八事變，加速了日本經濟的軍事化。在這個過程中，日本出現了一批與軍事工業、殖民地經營及軍部勢力緊密勾結的新財閥，舊財閥的軍事化傾向也大大加強。這是二十世紀三十年代日本法西斯勢力猖獗的階級根源。

二十世紀三十年代，在經濟危機嚴重、廣大農村破產的情況下，法西斯勢力打著「反權門」、「反資本」、「救濟農村」的旗號，煽動來自農村的青年下級官兵，狂呼「改造」、「革新」，而美其名曰「昭和維新」。

軍部之中，海軍較為開明及守法，陸軍的中堅領導分子則頑固而獨斷，而且分為皇道、統制兩派：（1）皇道派 —— 主張在天皇親政之下，實行國家社會主義的改造，以推進滿洲的開發和經營，並提防日本赤化。（2）統制派 —— 注重軍中規律，主張以國家的力量建設成為一個國防國家，同時在大陸上的侵略行動，亦不只限於東北，應佔取更多土地和更多利權。

1936年（昭和十一年）2月26日發生「二二六事件」[①]。皇道派陸軍青年軍官起而叛變，要求陸軍首腦果斷實行國家改造，因不獲支持，受到鎮壓。事件平息後，皇道派失勢，統制派獲得軍部中的領導權。進而擴大對政治的干涉，如有不合意的內閣出現，則不肯派出軍

---

① 二二六事件是日本軍部皇道派青年將校製造的政變，要求陸軍首腦部果斷實行國家改造。陸軍當局企圖利用這個時機建立新體制，頒佈了《戒嚴令》，但沒有一致的解決方案，而海軍、政界和財界都不支持政變，因而轉向鎮壓。事件後，岡田內閣垮台，統制派控制的軍部加強了政治的發言權。

部大臣，等於任意廢立內閣。

在對外方面，1936 年日本宣佈退出倫敦裁軍會議，開始無限度的武裝競爭，進一步走上戰爭之路。對內方面，二二六事件後，陸軍當局嚴格處罰叛亂分子，開始肅軍，強化軍部內的統治，盡量避免「國內改造的行動」。但主張擴充武裝，向大陸及東南亞行動。

二‧戰時體制與人民生活

1. 國家總動員和軍事開支

1937 年（昭和十二年）7 月 7 日，蘆溝橋事變，近衞文麿（1891—1945）內閣聲稱「不擴大事態」，但軍部不從，兩日後決定向華北增兵（七個師團），中日戰爭正式爆發。日本進入「戰時體制」。

同年秋，日本開始了國民精神總動員運動。翌年 3 月，通過國家總動員法案。軍用物資及機械進口增加，紡織業改成軍需工業，國家預算逐年膨脹，尤以軍費增加為甚。軍費佔國家總預算的遞增情況大致如下：

1931 年	33%	（九一八事變）
1937 年	42%	（七七事變）
1942 年（年底）	75%	（太平洋戰爭）
1944 年（上半年）	92%	（戰敗投降前夕）

戰時日本強制推行政治、文化、教育等各方面的總動員，以提高國內的統一。

2. 戰時政治情況和人民生活

仿效德意法西斯，解散一切政黨，成立「大政翼贊會」[①]，由首相擔

---

① 大政翼贊會是日本官方在第二次世界大戰時炮制的國民統一組織，其目的是集中國民的政治力量，建立強有力的政治體制，原有政黨均宣佈解散。1945 年 6 月，為國民義勇隊所取代。

任總裁，由都、道、府、縣的知事擔任各地支部長；把居民編入「鄰組」，把工人、農民編入各種「報國會」。1940 年（昭和十五年）10 月12 日，近衛文麿在「大政翼贊會」成立大會上說：「大政翼贊運動」的宣言和綱領全部包括在一句話中，即「實踐翼贊大政的臣道」。

另一現象是高度集權。例如東條英機（1884—1948）組閣時，兼任內相和陸相，後來又兼外相、文相、商工相、軍需相，集軍國大權於一身，把軍事法西斯主義發展到極端。

1939 年（昭和十四年）9 月起，規定每月 1 日為「興亞奉公日」。太平洋戰爭爆發後，改以每月 8 日為「大詔奉戴日」。強迫日本人民在這一天粗衣糲食，禁酒絕歡，「自省自肅」，甚至必須用只有一個醃酸梅佐食的「旭日飯盒」進餐。

不單只共產主義者，就是自由主義、民主主義、和平主義分子，也遭受批判、排斥和打擊。正如日本反戰文化人鹿地亘（1903—1982）逃至中國後所寫《日本文化在牢獄中》所言：「在日本，文化已經失掉了，民眾的呼聲已經聽不到了，『文化』在牢獄裡面。」

1938 年，鹿地亘逃至重慶後組織了「反戰同盟」。次年 11 月 7 日，被俘日本士兵在八路軍的幫助下組織了最早的士兵反戰組織「覺醒聯盟」。1940 年夏，日共領導人岡野進（野坂參三，1892—1993）從莫斯科到延安，組織「日本人民反戰同盟」，後發展「日本人民解放聯盟」。1940 年 10 月，延安設立「日本工農學校」（學員達 250 人）。[1]

日本在 1941 年挑起太平洋戰爭，企圖達成「三分天下」的美夢。所謂「三分天下」，就是：南北美洲歸美國，歐非歸德意，亞洲歸日本。

3. 太平洋戰爭的三個階段

太平洋戰爭共 3 年零 8 個月。其發展可分為以下三個階段：

---

[1] 周佳榮著《近代日人在華報業活動》（長沙：岳麓書社，2012 年），頁169—174。

（1）襲擊珍珠港（1941 年 12 月 8 日）至珊瑚海海戰（1942 年 5 月 7 日），凡五個月，是日本攻勢作戰階段。

（2）珊瑚海海戰（1942 年 5 月 7 日）至阿圖島「玉碎」（1943 年 5 月 29 日），一年左右，是爭奪戰階段。其間 1942 年 6 月 5 日的「中途島之戰」，和 1942 年 8 月 7 日至 1943 年 2 月 8 日的「瓜島爭奪戰」，是兩個主要的轉折點。

（3）阿圖島「玉碎」（1943 年 5 月）至日本投降（1945 年 8 月），美英全面反攻獲勝，日軍敗退投降的階段。

三．太平洋戰爭的主要戰役

1. 珊瑚海海戰（1942 年 5 月）

日軍預定突襲莫爾茲比，美軍從破譯中獲知日軍動向。雙方大戰結果，日、美各有航空母艦一艘被炸沉，一艘受重創，雙方損失不相上下，但日軍被迫進行決戰，在戰略上已陷於被動。

2. 中途島慘敗（1942 年 6 月）

1942 年 4 月 18 日，美 16 架轟炸機突飛日本，轟炸東京、橫濱、名古屋、神戶、橫須賀等城市，日軍猝不及防，在美機投彈後才發出警報，日機未及起飛，美機已揚長而去。

在此之前，山本五十六（1884—1943）主張進攻中途島（東經 180°，太平洋東西兩岸的中途，戰略地位十分重要）。日軍大本營因遠途奔襲，補給困難，猶豫不決。至此同意山本的計劃，全力進攻中途島，企圖殲滅美國的太平洋艦隊，並消滅美機空襲東京的升降據點。美機空襲日本時，自中途島乘航空母艦起飛，空襲後在中國浙、贛（江西）地區降落。

但當時日本海軍密碼已被美軍所掌握。美國在 1942 年 2 月 8 日襲擊威克島時，俘虜日艦一艘，艦上有軍用密碼本。

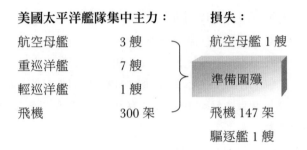

美國太平洋艦隊集中主力：		損失：
航空母艦	3 艘	航空母艦 1 艘
重巡洋艦	7 艘	
輕巡洋艦	1 艘	準備圍殲
飛機	300 架	飛機 147 架
		驅逐艦 1 艘

1942 年 5 月 27 日，日軍偷襲中途島，「機動部隊」出發，指揮官為偷襲珍珠港的南雲忠一（1887—1944）。山本乘旗船「大和號」在中途島北西 800 海里處親自指揮，共集中艦艇 350 艘。日軍投下了最大的賭注，計有：

日本艦隊的主力：		損失：
航空母艦	6 艘	航空母艦 4 艘
重巡洋艦	10 艘	重巡洋艦 1 艘
戰艦	7 艘	
飛機	約 370 架（一說 1,000 架）	飛機 300 多架
官兵	十萬人	

6 月 5 日晨，日軍機動部隊在中途島北西海面遭到美國航空部隊猛烈轟擊，三、四小時之間精銳盡失。美機乘著日機因敵情變化而返回航空母艦，卸下魚雷、改裝炸彈之時進行轟擊，擠滿艦上的飛機、炸彈、魚雷、燃料一齊爆炸。日軍有四艘航空母艦被炸沉。另損失巡洋艦一艘、飛機 300 多架。粉碎了關於山本五十六的神話。

此役之中，日美海軍力量對比由此根本改變。日本航空母艦僅餘 4 艘，有經驗的戰鬥飛行員損失過半。已無力與美英海空軍會戰。

3. 瓜島爭奪戰（1842 年 8 月至 1943 年 2 月）

1942 年 8 月 7 日，美國艦隊猛烈襲擊日軍守備十分薄弱的瓜達卡納島，美軍由此轉入反攻，日軍轉入防禦。瓜島爭奪戰持續 6 個月（1942 年 8 月 7 日至 1943 年 2 月 7 日），幾乎無日不戰。

日軍進據該島，建築機場，成為太平洋戰場南線最前沿陣地。美國決心打擊，日本錯誤地判定，美英在 1943 年下半年以前，不可能反攻，因而把美軍在瓜島的登陸作戰看作是偵察性進攻，因而沒有集中兵力。及至集中兵力時，為時已晚。

美軍在該島投入七萬大軍，死亡約只二千名。日軍先後派兵三萬六千名，死亡約二萬五千名。日美海軍在這地區進行了六次大海戰，雙方損失都很大。但日本損失的 600 架飛機和大量船舶很難補充。直到 1942 年底，日軍大本營覺察到，美英全面反攻的嚴重形勢已經形成，秘密下令自瓜島撤退，收縮戰線。但當時美軍已佔優勢，瓜島的日軍很難撤退，拖延約兩個月始得實施。

為了爭奪一個瓜島，牽制、損耗了大量兵力、物資和船舶。日本打算「以戰養戰」，用東南亞資源支持其國內軍需生產，以維持長期戰爭。結果大量船舶被迫用於運兵作戰，不能轉用；亦各國內運輸物資，從根本上破壞了企圖持久作戰的戰略方針。

4. 山本之死（1943 年 4 月）與阿圖島「玉碎」（1943 年 5 月）

因為日軍連續受挫，官兵士氣低落。1943 年 4 月初，日軍聯合艦隊出動全部飛機（300 架）轟炸美國軍艦，略獲戰果。山本五十六為了鼓舞士氣，密電通知各部隊，將於 4 月 18 日率參謀長及幕僚乘坐飛機視察。但此密電又被美國破譯。結果美機準時出動，山本準時到達，準時被截擊，山本及多數幕僚殞命。（山本號稱「準時將軍」）

同年 5 月 12 日，為了吸引日軍主力北移，美軍機動部隊 2 萬人在阿圖島登陸。島上日軍僅二千多，無後援，無退路，戰至 29 日。守將勒令傷病員全部自殺，餘眾在最後衝鋒中戰死。日軍大本營通報

全國，稱之為「玉碎」。此後殘暴的「玉碎」方式，成為各地困守絕境時必須遵行的一種模式。

5. 美軍包圍臘包爾（1943 年 10 月）

臘包爾是俾斯麥群島首府，在當時是日本在西南太平洋戰線的主要基地，設防堅固。麥克阿瑟運用「蛙跳戰術」，先攻佔所羅門群島、新幾內亞，及臘包爾外圍各島。1943 年 10 月起連續大轟炸，投彈 2 萬噸，平均每名被炸死的日本士兵受彈四噸多。日軍大本營下令死守，12 萬日本士兵困守孤城，直至日本宣佈投降後，始向美軍投降。

兩年來（1942 年 2 月至 1944 年 2 月），日軍在所羅門群島至俾斯麥群島一線，投兵 30 萬，損失 13 萬（陸軍 9 萬、海軍 4 萬），艦艇 70 艘，船舶 115 艘，飛機 8,000 架。

6. 馬利亞納會戰（1944 年 2 月至 6 月）

馬利亞納位於太平洋中部。1944 年 2 月 23 日，美軍開始攻擊日本在太平洋的核心基地馬利亞納群島。6 月 19 日，日美海空軍會戰於馬利亞納海面，這是太平洋戰爭以來，也是第二次世界大戰中規模最大的海上會戰。

美國		日本	
美國出動了 3 個海軍陸戰師和 1 個後備陸戰師，另 3 支大艦隊。計有：		日本集中了可以調用的海空主力。計有：	
航空母艦	27 艘	航空母艦	9 艘
戰列艦	12 艘		
巡洋艦	32 艘		
飛機	約 1,000 架	飛機	號稱 1,000 架
兵力	13 萬人		（實際參戰 360 架）

美國	日本
美國新型艦載機(「地獄貓式」)的性能已超過日本。	日本海軍航空主力在中途島島已遭重創,優秀飛行員很多斃命,日軍損失慘重。三艘大型母艦被擊沉,損失飛機 330 多架。日本海空力量至此損失大半。

7. 塞班島戰役(1944 年 6 月)

1944 年 6 月 15 日,美軍在塞班島登陸。塞班島是日軍在太平洋的艦隊司令部所在地,長期設防,以堅固著稱。守將是當年偷襲珍珠港的南雲忠一。兩軍戰鬥異常激烈,至 7 月 7 日,日軍司令官下令「全體戰死」,島上日軍三萬人無一倖免,居民萬餘人有很多亦被迫跳崖沉海。

塞班島丟失後,東條英機終於被迫辭職。小磯國昭(1880—1950)內閣於 7 月 20 日成立。7 月 21 日,美軍在關島登陸;8 月 10 日,美軍攻佔關島,日軍 18,000 人亦全部「玉碎」。

8. 菲律賓戰役(1944 年 10 月)

1944 年 10 月 20 日,美軍第七艦隊(航空母艦 4 艘,戰艦 6 艘等,共 650 艘)在第三艦隊掩護下,於菲律賓南部登陸。10 月 24 日,日軍聯合艦隊全力出擊。當中包括武藏號、大和號,兩艦都在 1941 年建造完成,大和號的排水量均為 69,000 噸,是當時日本最大、世界少有的巨型戰艦。巨艦武藏號被擊沉,大和號負傷。25 日,日軍在「確信天佑」的口號下全體突擊。至 27 日,被擊沉 29 艘,其中航空母艦 4 艘全被擊沉,8 艘戰艦被擊沉 3 艘。聯合艦隊潰不成軍。

10 月 25 日「神風特攻隊」首次出擊,但神話迅速破滅。所謂「特攻」戰術,許多日本青年只訓練二、三十小時,即編入此隊,駕駛劣質的「特攻機」、「人身魚雷」,撞擊敵艦敵機,在此以前曾偶一為之。1944 年 10 月 15 日,空軍少將有馬正文駕駛撞擊航空母艦,說:「物

力貧弱的日本，只有靠精神力量來對付敵人。」大本營乃下令推廣。菲律賓戰役中，「特攻隊」撞擊 650 次，命中率 26.8%（包括輕微命中）。總計此役，日軍死 56,263 名，美軍死 2,888 名。

9. 沖繩戰役（1945 年 3 月）

1945 年 3 月 25 日，美軍在沖繩島登陸，登陸部隊連同海上兵力計共 54 萬 8 千名，為太平洋戰爭中最大的水陸兩棲作戰。而沖繩的日軍，只有陸軍 6 萬 7 千人，海軍 8 千人。日本令全島 17 至 45 歲之男子全部編成「義勇兵」，日軍僅存的第二艦隊在毫無飛機掩護下，進行「特攻」出擊，迅速全軍覆滅。著名的戰艦大和號沉沒。6 月 25 日，沖繩全島被攻佔，日軍（包括義勇兵）戰死九萬，平民死 15 萬。

10. 美軍轟炸日本

1944 年 6 月 15 日，開始持續大規模空襲日本本土。11 月 1 日，開始使用 B29 重型轟炸機。1945 年 3 月起，空襲更加頻繁。

大空襲（1945 年 3 月 9 至 10 日）：東京人口密集地區化為焦土，被燒死的達九萬七千人。地毯式轟炸施於 98 個城市，其中 72 個並無軍事設施。燒毀率：

京濱地區	56%
名古屋	52%
阪神地區	57%
中小都市	40% 以上
福井市	96%（達最高程度）

當時日本提出的口號為「七生盡忠」及「一億玉碎」。1945 年 8 月 6 日及 9 日，美國先後向日本的廣島和長崎投擲原子彈。8 月 15 日，戰爭結束。

05 戰後初期
的民主化改革

一·被佔領時期的日本

被佔領時期的起迄：1945 年（昭和二十年）日本戰敗至 1952 年（昭和二十七年）日本恢復獨立，是日本史上前所未有的被佔領時期，為時雖然只有六、七年，但關係日本其後的發展至為重大。

被佔領時期的統治機構：東京方面，在麥克阿瑟（Douglas MacArthur，1880—1964）將軍之下，置盟軍（最高司令官）總司令部（General Headquarters，G.H.Q.）及對日理事會（A.C.J.）；華盛頓則置遠東委員會（F.E.C.，美、英、蘇、中，有否決權，法、加等總共十一國構成）。其決定通過美政府傳達 GHQ。此一佔領機構，形

式上，英、蘇、中、法、荷等均有參加；實際上，幾乎完全由美國及GHQ決定其政策，交由其下的日本政府負責實行。

日本被佔領時期的統治機構圖：

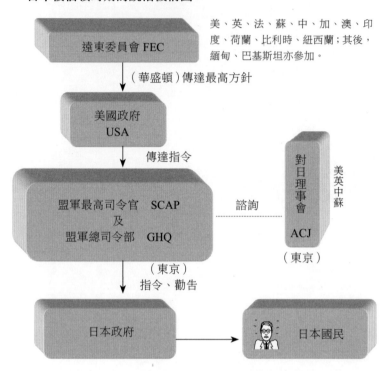

美、英、法、蘇、中、加、澳、印度、荷蘭、比利時、紐西蘭；其後，緬甸、巴基斯坦亦參加。

遠東委員會 FEC

（華盛頓）傳達最高方針

美國政府 USA

傳達指令

盟軍最高司令官　SCAP
及
盟軍總司令部　GHQ

諮詢

對日理事會 ACJ

美英中蘇

（東京）

（東京）
指令、勸告

日本政府

日本國民

　　盟軍總司令部的佔領政策：初期佔領政策是以非軍事化和民主化為二大基本。就在 1945 年的 10 月，麥克阿瑟對幣原喜重郎（1872—1951）首相發出五項指令：（1）婦女解放；（2）助長勞工組織（工會）；（3）教育自由主義化；（4）解放專制政治；（5）經濟民主化。基於這些要點，發出了多項有關「民主化」的指令：

　　首先，從非軍事化的角度，進行解除軍隊武裝，廢止軍事機構，逮捕東條英機等 38 名戰犯。其後相繼有逮捕戰犯的指令，接著又放

逐軍國主義者，解散右翼團體，神道非國教化，天皇發表人間宣言。

其次，在經濟方面，進行軍需產業之除去，主要措施是財閥解體和農地改革。再者，在民主化方面，包括全政治犯人之釋放、思想警察的廢止、彈壓法規之廢止。

代之而起的，是政治的、市民的、宗教的自由的樹立。這些趨勢，助長了勞動組合（工會組織）的結成與獎勵，並對日本舊的支配勢力予以打擊，其變化頗大。

二‧盟軍佔領下的初期改革

戰後日本的改革可以分為兩個階段，即初期改革和後期調整。初期佔領政策之最終目的，是日本政治、經濟、社會、文化各方面徹底的非軍事化及民主化：（1）使日本不再成為世界和平及安全的威脅；（2）日本樹立政府，達成自己的國際責任，尊重他國之權利，支持聯合國之目的。初期改革的內容包括三方面，即政治改革、經濟改革和社會、文化改革。

1. 政治改革

戰後日本政治改革的中心為舊憲法之改正，即新憲法之制訂。在 GHQ 壓力下形成的現行《日本國憲法》（亦稱《昭和憲法》），得到政府和國民壓倒性支持。新憲法的主要內容包括以下項目：（1）象徵天皇制；（2）主權在民；（3）放棄戰爭；（4）基本人權的擴大；（5）地方自治，等等。

《日本國憲法》於 1946 年（昭和二十一年）11 月 3 日公佈，1947 年（昭和二十二年）5 月 3 日開始施行。新憲法表現了多樣精神：

（1）國民主權主義 —— 主權在民。

（2）民主主義 —— 採象徵天皇制。

（3）和平主義 —— 放棄戰爭。

（4）尊重人權主義 —— 保障國民基本人權（法律不可侵犯），最高

裁判所可以行使法令審查權。

（5）自由主義 —— 國家不能以發佈獨立命令的形式，限制國民的自由和權利。

（6）國民平等主義 —— 不承認貴族以及其他貴族制度，法律之前人人平等；夫婦平等，男女兩性以平權為根本。

（7）福利主義 —— 著力提升人民生活，包括社會福利、社會保障及公共衛生等。

（8）國會中心主義 —— 國會是國權的最高機關，由眾議院和參議院兩院組成。

總的來說，新憲法是舊憲法的徹底自由主義化。此外，作為政治改革的，有公職追放（放逐），彈壓立法之廢止，政治犯釋放，官僚制度之改革（公務員法制定），改革警察制度、選舉制度、家族制度，內務省解體，地方自治制度改革，司法改革等。國會為國家最高之權力機關，為國家唯一立法機關。另有眾議院、參議院。行政權屬於內閣，司法權屬於最高法院。

2. 經濟改革

包括財閥解體、農地改革、勞動改革三方面，稱為「經濟民主化之三大改革」。此外，為財政、金融制度及證券制度之改革，及通商、產業行政之民主化。

（1）財閥解體：即解散財閥，這是在 GHQ 強大壓力下實施的。設置「持株會社整理委員會」，成立企業再建整備法、獨佔禁止法。除三井、三菱、住友、安田四大財閥之外，古河、淺野等中小財閥亦解體。對於恢復企業的自由競爭有幫助，不久成長了以銀行為中心的企業集團。[1]

---

[1] 日本財閥是由明治時期與政府有密切關係的政商發展起來的，戰後經過「財閥解體」後，原先的很多財閥轉以銀行為中心，成為財團。其中一個原因，是朝鮮戰爭的「特需」令原財閥系統的壟斷資本開始復活。

（2）農地改革：是佔領政策中最成功的例子。成立「自作農創設特別措置法」，解除地主的土地所有。不在地主的全耕作地，及在村地主而又超過法定保有面積的耕地，以近於無償的價格由政府收購，亦以近於無償的價格讓與小作人。結果約 80% 的耕地面積開放了：自作農 57%，自小作農 35%，小作農激減為 8%。[①]

（3）勞動改革：勞工運動之助長，近代勞資關係制度之導入，僱用制度之制度化，近代的勞工統計及調查之導入等。

3. 社會、文化改革

學校制度、教科課程、教育行政等以民主化、非軍事化為目標而進行的教育改革，達成了日本人的民主思想改造。其中心成就包括：傳媒之民主化、宗教之自由化、婦女解放（婦女參政權之給予）等。

三・戰後日本改革的調整

後期改革因 1946 年以後美蘇冷戰，致使其方向有所調整。盟軍總司令部的消極和積極措施，在教育方面達成了一定效果；民法的改革，亦使社會生活有所改變。

1. 教育方面的調整及其效果

1945 年 10 月，盟軍統帥部指令日本政府整肅被判定為軍國主義者的教職員；停止修身、歷史、地理各科的授課；日本政府成立新教科書編纂委員會。以上是消極方面的調整。

1946 年，GHQ 向美國政府建議派遣教育專家組織教育視察團，訪問日本，協助改造日本教育；美國政府派 27 人至日本視察研究，成立教育新委員會，日本政府派 28 人負責聯絡；美國訪問團提出建

---

① 通過農地改革，農民變成小自耕農，農業資本主義急劇發展，使原先與地主土地所有制相結合的日本資本主義結構為之一變。舊地主階層認為土地出售價格過於便宜，於 1965 年得到政府的補償費。

議書，日本政府遂制定 6．3．3 新學制，大學四年制。1947 年 4 月起實施。以上是積極方面的調整。

文教方面出現的效果：（1）教育機會均等；（2）學校系統簡單化；（3）義務教育的延長；（4）學問的向上提高及一般教育的普及發展。具體地有以下幾個項目：（1）國立學校不得作神道教義之發佈；（2）文部省國語審議會限制常用漢字 1,850 個；（3）小學三年級開始教授羅馬字；（4）大學自治。

1947 年 3 月公佈的《教育基本法》，奠定了日本民主主義教育的宗旨和理念，主要內容包括：（1）教育目的和方針的明示；（2）教育機會均等；（3）男女共學；（4）教育行政大綱。同時頒佈的《學校教育法》，對教育制度作了明確規定，包括：（1）6．3．3．4 單一學校體制；（2）九年義務教育；（3）殘障兒童教育的義務化；（4）男女共學的實施。①

2. 社會生活的改造及其效果

（1）民法的改正：1947 年 4 月開始進行修改民法，以期在同年 5 月新憲法實施之日完成新民法。但修正案未及完成，採用應急方法，自憲法施行之日起，民法中所有違反憲法的條文一律刪除。1948 年 1 月 1 日，新民法開始施行，新家庭生活制度由是確立，強調私權的社會意義。修訂後的民法，廢止了家中心的戶主制度，確立男女同權的新家族制度，否定戶主對家族成員的支配權；承認財產的均分相續，代替了以往的「家督相續制度」；及廢止婚姻、家族關係之中，男性優位的各種規定。不過，以夫婦及其子女作為單位的戶籍制度仍然保存。

（2）達成的效果：主要有兩方面，一是家庭生活民主化；二是婦女解放，例如女子職業地位及給予女子保護。

---

①《教育基本法》具有取代戰前《教育敕語》的意義，成為各種教育法令的基礎，宣佈教育是「以培育人格為目標，必須培養熱愛真理與正義、尊重個人價值、重視勞動與責任、身心健康並充滿自主精神的國民，以期成為民主、和平的國家及社會的建設者」。

06 現代日本社會
與文化的多元協調性

　　要分析日本文化，首先要了解其多元協調性；要探討日本人的心靈，應從宗教入手；要認識現代日本，則不能忽略資訊科技與人才社會的關係。以下試從這三方面入手，探討現代日本的社會現象與文化面貌。

一‧多元協調性與大眾文化的興起

　　現代日本的文化與社會，強調「多元協調性」。文化方面，有兩大傾向：第一，是知識專業化、知識大眾化分途發展，有兩極化的趨勢，導致知識愈來愈與大眾脫節。第二，是通俗文化的流行，並且走「圖像化」、「無字化」的路線，使現代人愈來愈顯得無知，甚至有「一億

總白痴」之譏。從好的一面來説，日本有不少專業著作，但絕不普及，與一般人有很大的鴻溝；幸而日本人普遍仍有閱讀的習慣，各種資訊較易在坊間流通。從壞的一面來説，是大眾受浮淺文化的影響，對大問題漠不關心，在傳媒的引導下，對國外事物缺乏全面而客觀的認識；幸而日本人對外國普遍存有好奇心，對於新的資訊並不排斥。

社會方面，傳統觀念面臨急劇的衝擊，而新觀念的建立亦有困難。現時最大的一個問題，是「集團主義」與「個人主義」的對抗愈來愈大，個人主義日益抬頭，對傳統的集團主義構成威脅，個人在集團中應該處於甚麼位置，不同階層和年紀的人都有各自的看法。近年出現的「新人類」，雖然不算是青年人的主流，但反映了年輕一代的人生觀和對待事物的態度與上一代的差距越來越大。

此外，由於日本自古以來是東亞世界的一員，現時中國、朝鮮（北韓）、越南是共產主義國家，日本是資本主義國家之一，與美國、歐洲國家往來頻密，與韓國（南韓）也存在一些矛盾，地理上又鄰近上述這些共產主義國家，如何在兩種主義之間找出路，是日本人面對的問題之一。

總的來説，日本是一個重視民族血緣的國家，嚴於國籍（近年來稍為放寬），其文化則有開放的氣度。與此不同，中國是一個重視生活風俗的國家，嚴於文化，而民族則有開放融合的氣度。中日兩國之間的往來和交流，多少是因兩者的差異而加深的。

二‧現代日本宗教與日本人的心靈

據 2000 年 12 月 31 日統計，日本各種宗教的教徒人數，神道教為一億零五百多萬人，佛教為九千四百多萬人，基督教為一百七十四萬多人，其他宗教共有一千萬人左右，總共為二億一千一百多萬人。同年，日本的人口為一億一千八百多萬。換言之，宗教信徒的人數比實際人口還要多（接近兩倍）。這説明了一點，即日本有不少人同時

信奉兩種或以上的宗教。大致上說，日本的宗教有三點值得注意：

第一，大多數日本人，同時是神道和佛教的信徒，兩種宗教之間的界限，有時是模糊不清的。例如同一個人，結婚時到神社參拜，喪禮則在佛寺舉行，日本人並不認為不妥。

第二，日本常有新宗教的出現。較早的，如 1838 年農村婦女創建天理教；第二次世界大戰前出現的日蓮正宗和創價學會①，在戰後發展得很快。近年也有一些教派被目為邪教組織，如奧姆真理教。

第三，日本自古以來受中國文化薰陶，儒教（孔教）對日本也有一些影響。

1. 神道（神道教）

3 世紀⋯⋯⋯7 世紀⋯⋯明治時代⋯⋯⋯現代

原始神道 → 神社神道 → 國家神道┬→ 神社神道
　　　　　　　　　　　　　　　　└→ 教派神道

（1）原始神道：對先人的拜祭，始於三世紀。原始神道是在敬神活動的基上形成的。

（2）神社神道（祭祀神道）：以尊崇天皇的祖神，即天照大神為主要內容，始於七世紀，以各地神社為主要祭祀場所。現時全國有大小神社八萬個，著名的有：伊勢神宮（祭祀天照大神）、明治神宮（祭祀明治天皇）、靖國神社（祭祀戰爭中死亡的官兵）。

（3）教派神道（宗教神道）：十九世紀下半葉，明治維新前後產生的十三派神道。其特點是各派都有教祖、有獨立教義和嚴密的組織，不以某一神社為活動中心。大的教派有神社大教、黑住教、出雲大社教、扶桑教、神習教、御岳教、金光教、天理教等。

明治政治將神社制度國家化、組織化，而仍與民間信仰保持微

---

① 創價學會是日蓮正宗系統的新宗教，其前身是 1930 年成立的創價教育學會，1946 年改稱創價學會，其後開展勸善活動。至 1960 年代成為日本最大的新宗教，1970 年代以生命論為中心重新制定教義。

妙的關係。① 第二次世界大戰結束後，國家神道已不存在。此外，還有人主張應有「民俗神道」。2000 年底，日本全國有神社神道信徒九千五百萬人，教派神道信徒三百六十萬人。

2. 佛教

六世紀時，佛教由中國傳至日本。奈良時期（710—794）的佛教「六宗」都直接由中國傳入。六宗即：三論宗、法相宗、成實宗、俱舍宗、律宗、華嚴宗。日本僧人最澄（763—822）到唐留學，把天台宗傳入日本。日本僧人空海（774—835）把真言密宗傳入日本。

平安時代（794—1194），天台宗和真言宗受到皇室和貴族的崇信，是當時最有勢力的教派。天台宗的宗教哲學和教義、真言宗的宗教儀式和咒術，都曾對日本的思想文化，產生過重大影響。

十三世紀以後，興起了淨土宗、淨土真宗、日蓮宗，並從中國宋朝傳入禪宗（曹洞宗和臨濟宗）。這些教派的共同特點，是教義和儀式比較簡單，主張不經過累世修行就可成佛或死後往「極樂世界」，因此得到武士和中下層人民的信奉。淨土真宗和日蓮宗是由日本僧侶親鸞（1173—1262）和日蓮（1222—1282）結合民間習俗和信仰而分別創立的佛教新教派。

明治（1868—1912）初年，為了加強天皇的統治，定神道為國教，一度出現「廢佛毀釋」運動。但不久又扶植和利用佛教，而佛教界本身，為了適應社會的發展，進行了一些改革，而有佛教復興運動。

第二次世界大戰後，日本的新興宗教發展迅速，如戰前成立的日蓮正宗和創價學會、立正佼成會等，在日本社會上有很大的影響。創價學會創立公明黨（參、眾兩院中的第三政黨）；立正佼成會是世界宗教徒和平會議的創立者之一，並且是它的組織骨幹。

---

① 舉例來說，大神社的禮儀、活動仍然保持著濃厚的自然宗教色彩。村鎮的守護神，在繁雜的底層民間信仰中成長；同族內及地方集團所支持的國族神、房屋神，以及村鎮的小神社等，都屬於民間信仰。

1954 年，全日本佛教會成立，是一個全國性組織。東京設「事務總局」，附設總務局、組織局、國際局、文化局。每年召開一次全日本佛教徒會議，並參加世界佛教信聯誼會的活動。日本佛教會以全國傳統佛教中的六十個宗派為主體，還包括都、道、府、縣的佛教會等團體在內，總共有一百多個團體，佔全國宗派和團體的九成以上。

總的來說，在佛教復興運動之後，日本的佛教有四個新的重點：（1）重視組織；（2）國外傳教；（3）出版佛經；（4）研究佛學。不但有佛教學會的成立，還有十二所著名佛教大學 —— 立正大學、大正大學、駒澤大學、龍谷大學、佛教大學、東海同朋大學、種智院大學、愛知學院大學、花園大學、高野山大學、京都女子大學、大谷大學。

3. 基督教

1543 年，有一艘葡萄牙船遇風，飄流抵達日本的種子島，是歐洲人到達日本之始。1549 年，耶穌會創始人之一的沙勿略（1506—1552），從印度去到日本的鹿兒島，得到領主島津貴久（1514—1571）的許可，著手傳教，是基督教傳入日本的開始。沙勿略留在日本兩年多，傳教事業頗為順利，因而向耶穌會建議，派遣有能力的會士到日本。這奠定了日本耶穌會繁盛的基礎。

西教士在傳教之外，也從事慈善工作，以及介紹西洋文化。後來耶穌會士入京都，設立教堂（南蠻寺）。1582 年，日本有信徒十五萬人，教堂二百所，教士七十五人。同年，北部九州三大名，派使節前往教廷。共四人，均為年輕武士。先到葡萄牙、西班牙，然後到羅馬見教皇，1590 年返抵日本。此為日人足跡到達歐洲之始。

日本的基督教，可以分為三個系統：

（1）天主教 —— 1549 年耶穌會士傳入，其初雖有發展，但不久因豐臣秀吉（1536—1598）禁教，轉為地下活動。德川時代實行鎖國政策，主要原因之一就是為了禁教。直至十九世紀，天主教才大力恢復和發展組織，在明治時代取得合法地位。1891 年梵帝岡在東京設大

主教，各教區設助理主教。現時日本有十四教區，約有四十五萬信徒。

（2）基督教（新教）——1859 年由美國聖公會教士傳入。1939 年日本政府公佈宗教團體法，強制各教團合併統一，組成日本基督教團。現時大約有信徒六十萬人。

（3）東正教——1861 年由俄國傳教士傳入，十月革命後與俄國失去聯繫。第二次世界大戰後，投歸北美俄羅斯正教會的管轄下（該會後來脫離莫斯科管轄）。日本的東正教會發展成為自治教會，人數很少，約有二萬五千人。

以上的教徒人數，根據《基督教年鑑》（1999 年版）的統計，1998 年日本的基督教徒，總數是一百一十萬人（包括神職人員一萬八千餘人）。而根據文化廳公佈的數字，2000 年的基督教徒總數為一百七十四萬餘人（包括屬於基督教系統單立宗教法人的信徒八十三萬多人在內）。

4. 其他宗教（新宗教）

1951 年，新日本宗教聯合會成立；1953 年，日本政府批准該會為財團法人。現時共有 66 個團體會員。

三・日本的資訊科技與人才社會

日本的「腦庫」，本質上與調查研究機構並無太大區別，不過腦庫尚有新的意義和特點：「最大的特徵，是以開發大型科學和開發社會等更加綜合性的技術和系統為對象。」前者如開發宇宙、開發海洋；後者如防治公害、城市建設。它尤為強調：「設計未來、開發軟件、跨學科研究和系統論分析方法。」

1960 年代腦庫在日本興起。1965 年，野村證券公司參照美國的經驗，設立野村綜合研究所。隨後，有 40 年歷史的三菱經濟研究所，與三菱原子能工業公司的綜合計算中心，以及技術經濟情報中心合併為三菱綜合研究所。在 1970 年代初期成立的各種腦庫達一百多家。

1974 年田中內閣時，根據國會通過的《綜合研究開發機構法》，設立「綜合研究開發機構」（NIRA），被稱為腦庫的「總管」。1975 年，日本各腦庫又聯合成立了「腦庫協議會」，進一步推動了腦庫的發展。目前日本各行各業、各個領域的腦庫超過 300 家。

日本原本就是一個調查研究比較發達的國家。第一次世界大戰之前：滿鐵調查部（1907 年）。第一次世界大戰之後：大原社會問題研究所（1919 年），三菱經濟研究所（1932 年）。第二次世界大戰後，高中教育已普及到 95%，由高中升讀大學的升學率為 40%，從事腦力勞動的人數超過就業人數之半數。

日本腦庫的特點：

（1）重視綜合性、跨學科的研究。包括：社會科學與自然科學相結合，宏觀與微觀相結合，國內與國外相結合、短期與長期相結合。

（2）從現實出發，著眼對未來的研究。採「現在 ── 未來 ── 現在」的公式。預測 5 年、15 年、20 年乃至 25 年後將遇到的問題及應採取的對策。

（3）以接受委託調研任務為主，著重政策性研究。

（4）注重對地方問題的研究，為地方建設和開發服務。從地方自治走向地方時代。

（5）機構簡，人員精。

（6）重視對人才的培養。

（7）注重對外交流，走向國際化。

總括來說，日本是一個重視資訊科技與人才的國家，強調「人就是設備，情報就是錢。」以三菱商事為例，在鼎盛時，共有 115 個海外辦事處，3,000 名工作人員。據稱每天電訊的數量，相等於美國中央情報局。

但近年來由於經濟低迷，尤其是在金融海嘯影響之下，日本企業亦遭受打擊，盛況已不如前了。據 2015 年的調查報告顯示，日本在全球智庫數量最多的國家中，排名在中國之後，居於第十位。日本國

際問題研究所在 2014 年的影響力排名十三，於亞洲地區仍屬最高。日本智庫影響力低的原因之一，是大部分智庫只為私企工作，鮮有涉及政治、經濟、外交及文化研究；另一個原因，是政府一直帶頭決定政策和研究方向，使到智庫成立、資金來源及稅收均受限制。

07 昭和史
的分期方法

一・緒論

　　現代日本是一高度工業化的經濟大國，在世界舞台上十分活躍，而對東南亞地區的影響，更日益見其重要。探討日本歷史的發展，實有助於了解其現狀，有關的研究，日本及歐美學界都頗有成績，但中文方面可供參考的著作很少，資料和論點均嫌陳舊，至於對日本現代史——尤其是 1960 年代以後的部分，更缺乏宏觀式的探討。本文目的，即在於整理及介紹近年有關日本現代史分期問題的討論，因歷史分期是掌握歷史發展的有效方法之一，同時也是歷史認識的結果；希望能藉此就現代日本的趨向，尤其是各個階段的轉變關鍵和主要特徵

等，作概括的論述。

日本近代史和現代史的界限究竟應如何劃分，即現代日本史應該始自何時，學界的看法不盡相同，主要可分兩派：一派以資本主義整體危機的開始、日本向國家壟斷資本主義轉化作為著眼點，主張 1927 年的金融恐慌是現代的開始；換言之，1930 年代是日本近代的解體過程，同時也是現代的創出過程。[1] 另一派則認為，以明治維新為起點而展開的近代天皇制國家形態及軍事的、半封建的資本主義社會結構，因 1945 年日本戰敗而告解體，戰後日本在政治、社會、經濟、文化各方面均有重大變化，故此戰敗與戰後改革，是明治維新以降最具劃時代意義的界線，亦即現代史的開端。[2]

戰後初期出版的著作，較少主張以 1945 年為日本現代史的起點，原因是現代史所包括的年代不能太短，所以寧可把現代史的起點推前。代表 1960 年代日本學界研究成果的舊編《岩波講座・日本歷史》，以 1900 年「帝國主義時代之開幕」作為近代、現代的分界線，同時又不否定 1945 年的重要性，[3] 便是明顯的一例。有些著作則避開「近代」、「現代」等字眼，採用「昭和史」或「戰後史」等書名。到了 1970 年代，由於戰後已有三十年歷史，且「現代史」的性格逐漸明朗，主張以 1945 年為起點的學者遂隨著增加，新編《岩波講座・日本歷史》採此劃分方法，足以表明學界的普遍見解。換言之，從現階段來看，「戰後史」即「現代史」。本文所處理的就是日本自第二次世界大戰結束（1945 年）以後的歷史。

1945 年 8 月 15 日，日本正式接受美、英、中三國聯合發表的《波

---

① 藤井松一編《日本史を學ぶ》5・現代（東京：有斐閣，1975 年），頁 1 及頁 175。

② 大石嘉一郎〈近代史序說〉，新編《岩波講座・日本歷史》14・近代 1（東京：岩波書店，1975 年），頁 3—4。

③ 井上清〈現代史概說〉，舊編《岩波講座・日本歷史》18・現代 1（東京：岩波書店，1963 年），頁 3—5。

茨坦宣言），宣佈無條件投降，結束了長期的戰爭狀態。戰後日本在盟軍（主要是美國軍隊）佔領管理期間，展開一連串改革，奠定了現代日本的基礎。1952 年《舊金山和約》簽訂後，日本重新恢復獨立國家的地位，經濟上更有長足進展。而且，戰後日本的歷史，不只是日本復興及參加國際活動的經過，同時也是錯綜複雜的現代世界歷史發展的一環，與亞洲政局的演變、美國的東亞政策以及美蘇對抗等等，都有極密切的關係。

日本學界第一本討論到戰後史的著作。是井上清、小此木真三郎、鈴木正四合著的《現代日本之歷史》上、下冊（東京：青木書店，1952─1953 年），由 1917 年以降的法西斯主義起，至 1952 年「流血的勞動節事件」為止。不過，對戰後問題進行大規模研究，則是 1960年前後才正式開始的，如歷史學研究會編《戰後日本史》五卷（東京：青木書店，1961─1962 年）及藤井松一、石井金一部、大江志乃夫合著《日本現代史》三卷（東京：合同出版社，1961─1962 年）等，是早期的代表作品。但由於機密文件多未公開，為數繁多的資料又未經整理，研究上諸多困難，況且處理的對象是現代問題，不少著作都不能避免從分析時事的態度出發，意見紛紜，往往各有所偏。1960 年代中期以後，一則距離戰敗已有二十年之久，二則學界激烈地討論著「明治百年論」、「近代論」等問題，對戰後史研究的需求亦顯得殷切，有關的著作日見增多。歷史學者為了更系統地掌握戰後日本發展的主要趨向及特色，戰後史的分期問題因而受到重視，甚至被認為是「學習戰後史最不可缺的前提。」[①] 新出版的著述，直接或間接對此問題都有探討，雖然持論互有差異，但已漸能得到基本相同的看法。通過這些論著的意見，可以清楚看到戰後日本歷史的演變進程，以及日人如何理解其國家現狀的形成。

---

① 藤井松一〈戰後史研究のために〉，氏編《日本史を學ぶ》5・現代，頁 316。
　有關戰後史研究的狀況，參考頁 305─316。

二·關於日本現代史分期法的討論

　　1966 年刊行的《資料—戰後二十年史》選錄 1945 年至 1965 年間較重要的文獻資料,把戰後史劃分為三期:(1)佔領下的日本;(2)舊金山體制下的日本;(3)新安保體制下的日本。[1] 不過這只能說是為了敍述上的方便,並沒有涉及有關分期問題的解釋。首先提出具體意見的,應是井上清在 1968 年發表的一篇文章,清楚闡明戰後史三個時期的起止及其特徵:第一期由 1945 年(昭和二十年)8 月 15 日投降之日開始,至 1952 年 4 月 28 日《舊金山和約》及《日美安全保障條約》生效、佔領結束為止,是「公然被佔領期」;第二期由 1952 年(昭和二十七年)4 月 28 日開始,到 1960 年 6 月 20 日《改定日美安保條約》成立為止,是「舊金山體制期」,也可以說是「半被佔領期」;第三期始自 1960 年(昭和三十五年)6 月 20 日以後,「日本的統治階層,一面從屬於美帝國主義,另一方面也是本身帝國主義復活的時期。」在三個時期之下,又細分為八個小時期。[2]

　　藤井松一、大江志乃夫合著的《戰後日本之歷史》亦採同樣的分期法,並指出第三期應至 1969 年 11 月佐藤榮作(1901—1975)首相訪美與尼克遜(1913—1994)總統發表聯合聲明為止。每一期內再分作三個小時期,見解則和井上清略有不同。[3]

　　1970 年後,有些學者在上述三個時期之後加上第四期。藤原彰認為第四期由 1970 年 6 月以後開始計,是安保體制由於安保條約的自

---

① 〈戰後 20 年の概觀〉,遠山茂樹編《資料·戰後二十年史》6·年表 (東京:日本評論社,1967 年),頁 2—57。

② 井上清〈第二次大戰後の日本と世界〉,直木孝次郎、中塚明編《近代日本をどうみるか》下冊 (東京:塙書房,1968 年),頁 141—146。

③ 藤井松一、大江志乃夫《戰後日本の歷史》上 (東京:青木書店,1970 年),頁 11—12。

動延長而成為不安定化的時期。[1] 渡邊洋三則強調 1969 年 11 月的日美共同聲明是轉變的關鍵，稱之為「70 年安保體制期」，而前此三期依次為「佔領期」、「52 年安保體制期」及「60 年安保體制期」。[2]

上述五種論著根據戰後日本歷史整體性發展而作出的分期法，雖然各有不同解釋，但每一時期的起止界線是一致的。換言之，這樣的分期方法已成為學界普遍採用的「通說」。為了行文方便，姑且稱之為「一般分期法」。有一處謬誤需要指出，即遠山茂樹在一篇討論分期問題的文章中，提及鈴木正四《戰後日本之史的分析》（東京：青木書店，1969 年）的區分時，根據該書章節，謂鈴木氏的分期法如下：（1）佔領下的日本（1945 年 8 月 15 日至 1950 年 6 月）；（2）朝鮮戰爭與《舊金山和約》（1950 年 6 月至 1952 年 4 月 28 日）；（3）舊金山體制與日本（1952 年 4 月至 1958 年 10 月反對警職法鬥爭）；（4）《新安保條約》下的日本（1958 年 10 月以後）。[3] 藤井松一亦沿襲遠山氏的介紹。[4] 驟看起來，似有不同的見解，但只要翻開原著，就可以知道鈴木氏此書並非一冊概說性的通論，而是把幾篇論文依時期次序編輯而成的。根據目錄，自然不能視為一種嚴肅的分期法來處理。作者在內文中，清楚說明由朝鮮戰爭開始至 1952 年 4 月《舊金山和約》生效為止，是屬於佔領時代的第四個小時期（頁 5），因此遠山氏所說的第二期是應併入第一期內的；同樣，以「反對警職法鬥爭」作為劃分舊金山體制期與新安保體制期的界限，也僅是遠山氏的誤解。

至於採用甚麼標準作出分期，並不是每種著作都有提及的。首

① 藤原彰〈序論〉，歷史學研究會、日本史研究會編《講座日本史 8・日本帝國主義の復活》（東京：東京大學出版會，1971 年），頁 4。
② 渡邊洋三〈現代の日本〉，兒玉幸多、大石嘉一郎編《日本歷史の視點》第 4 卷・近代現代（東京：日本書籍株式會社，1973 年），頁 346—349。
③ 遠山茂樹〈戰後史の時期區分〉，荒井信一編《シンポジウム日本歷史》22・戰後史（東京：學生社，1971 年），頁 11。
④ 藤井松一〈戰後史研究のために〉，氏編《日本史を學ぶ》5・現代，頁 305—316。

先，值得重視的是井上清的意見，他認為第二次世界大戰後日本的歷史「基本上不得說是由日本國內的階級關係、階級鬥爭而展開的。而且，在世界史諸條件、諸情勢相互作用中展開的日本國內階級鬥爭的狀態，集中表現於日本的政治形勢。根據政治形勢的推移，可以把戰後日本歷史作出時期區分。」[1] 藤井氏和大江氏的著作，主要以國內政治的指標作為分期的中心，但沒有清楚說明所根據的準繩何在，致被評為欠缺了通史敍述的基軸與方法，不能把握每一時期的特徵及前後時期的關連，無從顯示出時期區分的必要性。[2]

　　藤原彰則有很明確的闡述。他指出區分的基準，例如放置力點於「下部構造」，重視壟斷資本主義再建與擴大的過程；或重視「上部構造」，特別是政治體制方面；又或者是注重階級鬥爭的展開等等；諸如此類，都可以用不同的事件作為劃期的界線。「不過戰後日本的特徵，是經驗了美帝國主義的佔領管理，形式的佔領結束之後，美軍基於《日美安保條約》，駐留日本，美國的政治性、軍事性支配仍然繼續。而且，在戰時、戰後期間，國內壟斷資本主義急速發展與強化，壟斷之高度化及其生產力正成為今日世界中屈指可數者。跟這樣高度發展的壟斷資本主義的『下部構造』，和特別在軍事力方面依存美國的『上部構造』互相關連的日本帝國主義復活問題，成為把握現代史的重大課題。若一面顧慮著這一點，將戰後史作為階級鬥爭的階段來區分，可以分成四個時期。」[3] 從較簡單的角度說，這是根據日本和美國關係的轉變而作出分期的，因日美關係直接影響日本政治，間接亦

---

[1] 井上清〈第二次大戰後の日本と世界〉，直木孝次郎、中塚明編《近代日本をどうみるか》下冊（東京：塙書房，1968 年），頁 141。

[2] 東京歷科研·現代史部會〈戰後日本史の通史はどうあるべきか —— 藤井松一、大江志乃夫著《戰後日本の歷史》批判 ——〉，《歷史評論》251 號（1971年），頁 66。

[3] 藤原彰〈序論〉，歷史學研究會、日本史研究會編《講座日本史 8 · 日本帝國主義の復活》（東京：東京大學出版會，1971 年），頁 3—4。

影響國內社會及經濟。

　　此外，也有一些根據其他不同角度（例如經濟發展或國際條件）而作的分期方法，留待下文討論。

三 · 幾個歷史時期的主要特徵

1. 第一期：被佔領期（1945—1952 年）

　　日本宣佈投降之後，西南太平洋戰區盟軍最高司令麥克阿瑟將軍率領軍隊進駐日本，設聯合國盟軍司令部於東京，作為管理日本的最高機構。日本在聯合國（實際上為美國）佔領下的七年間，與國際隔離，一切取決於美國的佔領政策。

　　這一時期因具有幾個不同的發展階段，所以一般論著又再細分為兩期、三期或四期來討論。比較扼要的，應是渡邊氏的二分法，他認為：前期基於《波茨坦宣言》，日本的民主改革有所進展。戰後一連串的變革，如財閥解體、農地改革、工人運動的解放台以及教育、家族、司法、行政諸制度的改革時，其有兩個目標，一是瓦解日本前近代的社會、制度和意識形態，使其走向近代化；另一是拆毀戰前的軍國主義，使日本「弱體化」。因為與盟軍敵對的，是以「前近代的社會」關係為基礎的日本軍國主義，所以在初期的階段中，這兩個目標相互結連著向前。

　　戰後的新憲法，是具有反封建、反軍國主義、反壟斷三個指標而制定的。不過由於美蘇對立的明顯化，而亞洲情勢又起了決定性的改變，隨著美國的亞洲政策和對日政策的轉變，所謂第一目標的「近代化政策」被承繼了下來，但為了使日本成為亞洲中強有力的反共城堡，第二目標的「弱體化政策」則變為「自立化政策」，由朝鮮戰爭爆發、麥克阿瑟命令創設警察預備隊開始，反軍國主義的政策便轉換了方向。因此在後期中，沿著自立化政策，日本經濟次第恢復，憲法中反封建的一面固定下來，但反軍國主義的一面卻被忽視了，以致佔領

政策與憲法矛盾急劇地擴大。①

　　另外有些著作更明白地指出，美軍的佔領政策，顯然是由保障《波茨坦宣言》的實施，轉化為達成冷戰之目的，而 1949 年第三次吉田茂內閣成立、宣言實行代表美國冷戰戰略中對日政策的「經濟安定九原則」，是前後兩期的分界線。②

2. 第二期：52 年安保體制期（1952—1960 年）

　　又稱「舊金山體制期」。《舊金山和約》使日本恢復獨立國家的地位，但因《日美安保條約》的規定，美軍仍然駐留日本，事實上仍處於半獨立的狀態。

　　這一期可以 1955 年自由民主黨成立為界線，分作前後兩期。井上清所稱「被佔領期」延長的「半被佔領期」，嚴格來說，是屬於前期，軍國主義復活的傾向日益顯露，並有 1954 年防衛廳與自衛隊的設置。由於再軍備的措施與主張非武裝的憲法之間，矛盾漸呈表面化，擔當政權的保守勢力準備修改憲法，但因軍民的反對而遇到挫折。後期的特徵，在政治上是日蘇國交恢復及加盟聯合國的實現，使戰後日本重新參與國際社會；在經濟上則以貿易伸展和技術革新為軸心，進入第一次高度成長時代，在東南亞市場的活動尤為顯著。③ 而在國內，指向和平與民主主義的民眾運動漸次高漲，但對抗革新勢力成長而成立的保守陣營 —— 自由民主黨，則以壟斷資本代理人的身份，確立了保守獨裁的體制。④

---

① 渡邊洋三〈現代の日本〉，兒玉幸多、大石嘉一郎編《日本歷史の視點》第 4 卷・近代現代（東京：日本書籍株式會社，1973 年），頁 346。

② 大江志乃夫〈戰後日本の國家と社會〉，氏編《日本史》10・現代（東京：有斐閣，1978 年），頁 8。

③ 同上，頁 9—10。

④ 藤原彰〈現代史序說〉，新編《岩波講座・日本歷史》22・現代 1（東京：岩波書店，1977 年），頁 6—7。

3. 第三期：60 年安保體制期（1960—1970 年）

在日本經濟迅速發展及軍事力量日漸強化的背景下，遂有 1960 年以確立日本軍事體制和日美軍事同盟為目標的《改定安保條約》。日本替代了美國的部分負擔，軍事方面目處於完全對美從屬的地位，在美國「核子傘」下，成為各同盟國共同作戰體制的中樞部門；經濟方面，則肩負維持東亞反共體制的任務。

學者分析這一時期，認為由於經濟的高度成長及壟斷的深化，隨之而來的矛盾也日益激烈。解決之途，惟有向海外發展與強化軍事力量，帝國主義復活的步伐亦見急促。由於 1960 年安保使日本因負起駐日美軍的防衛義務，而增加了被捲入美國在亞洲戰事的危險性，日本國民遂展開大規模的反對運動，是為「安保鬥爭」。[1]

1965 年前後，美國公然介入越南陸上戰爭及《日韓基本條約》的締結，開始了第二個階段。後期的主要特點，一是美、日、南韓三國共同軍事體制的發展，另一是日本壟斷資本的自立大致已完全達成。[2] 至於這一期究竟結束於何時，學界的看法不一，有的以為 1970 年代仍是第三期的延續，有的則以 1969 年至 1970 年為界線，另外劃分出第四期。

4. 第四期：70 年安保體制期（1970 年以後）

這是《安保條約》由於自動延長，安保體制走向不安定化的時期。渡邊洋三指出：1969 年 11 月的日美共同聲明，使消極的軍事同盟條約變為積極化。據此，日本國民所熱望的「沖繩施政權歸還」於 1972 年 5 月 15 日實現，日本更積極地參加以南韓、台灣等為中心的亞洲

---

① 大江志乃夫〈戰後日本の國家と社會〉，氏編《日本史》10．現代（東京：有斐閣，1978 年），頁 11—12；渡邊洋三〈現代の日本〉，兒玉幸多、大石嘉一郎編《日本歷史の視點》第 4 卷．近代現代（東京：日本書籍株式會社，1973 年），頁 347—348。

② 藤原彰〈序論〉，歷史學研究會、日本史研究會編《講座日本史 8．日本帝國主義の復活》（東京：東京大學出版會，1971 年），頁 8。

地區安全保障體制。由美國方面來看，這是「尼克遜主義」的展開，藉著亞洲各國防衞力的增強，美軍由第一線開始撤退；而對於已經確保了「經濟大國」地位的日本來說，既開啟在亞洲經濟活動之門，又闢了增強軍事力量及向海外派兵之路。帝國主義復活、軍國主義復活等問題，再度為世人所關切。支持著 70 年安保體制的，是「第四次防衞計劃」以及作為其社會經濟基盤的「新全國總合發展計劃」，此後日本何去何從，正站在重要的歷史分歧點上。[①]

1970 年代世界局勢的變化極大，例如各國對華政策轉變及越戰結束等，對日本都有相當的影響，這一時期日本的路向可以說是多元化的。

四·其他不同角度的分期方法

除了上面討論過的「一般分期法」外，尚有若干依據不同觀點而作出的時期區分。例如：有些學者從經濟的角度，把戰後史分成下列三期：(1)昭和二十年代(1945—1954 年)，是「經濟復興期」；(2)昭和三十年代(1955—1964 年)，是「高度成長期」；(3)昭和四十年代(1965 年以降)，是「高度成長之再現與經濟國際化的時期」。[②]

遠山茂樹則從東亞史的觀點作如下區分：第一期，1945 年 8 月 15 日至 1949 年 10 月(中華人民共和國成立)；第二期，1949 年 10 月至 1953 年 7 月(朝鮮休戰成立)；第三期，1953 年 7 月至 1960 年 7 月(改定安保條約批准)；第四期，1960 年 7 月至 1965 年 2 月(日韓基本條約簽署)；第五期，1965 年 2 月至 1968 年 10 月(美國停止轟炸北越聲明)。他並且認為上述事件不單對亞洲，就是對日本亦有

① 渡邊洋三〈現代の日本〉，兒玉幸多、大石嘉一郎編《日本歷史の視點》第 4 卷·近代現代 (東京：日本書籍株式會社，1973 年)，頁 349。

② 柴垣和夫、佐伯尚美〈戰後日本經濟の基本問題〉，氏編《日本經濟研究入門》(東京：東京大學出版會，1972 年)，頁 36。

決定性的影響。^①

總括來說,「一般分期法」主要是依據現代日本史的政治發展訂定的,而政治過程的變化,可以說是歷史總體的集中表現,所以這樣的分期法,是較為全面的,事實上也兼顧了社會、經濟、軍事各方面的趨向性,故普遍為一般學者所接納和採用。例如渡邊洋三、長谷川正安等編的《現代日本法史》,認為這樣的分期法是適用於日本法史的時期區分的。^② 大江志乃夫亦指出,從世界史角度來看日本現代史,固然不能忽視世界史整體的動向,尤其是日本與東亞的關係,但戰後日本是由美軍佔領的事實出發的,美國與日本的關係,跟美國與東亞的關係均有密切連帶,因此這樣的分期法是符合世界史角度的。^③

在歷史學範疇中,現代史是變化最大而且未能即時下定論的一種學問,隨著時間的增長,不知不覺地演進。關於日本現代史的分期問題目各學者之間的見解已漸呈一致,足以顯示出日本現代史的研究,至此已經有了一定基礎,學者們從歷史發展的整體過程中作出時代分期,再從分期問題去綜合歷史的趨向和特徵。

—— 原載《抖擻》雙月刊第 29 期 (1978 年 9 月)。按:當時此文未能討論 1970 年代以後的分期問題,其後裕仁天皇於 1989 年初去世,「昭和史」成為一個歷史分期,日本自此進入平成時代。

---

① 遠山茂樹〈戰後史の時期區分〉,荒井信一編《シンポジウム日本歷史》22‧戰後史 (東京:學生社,1971 年),頁 14—17。

② 渡邊洋三、長谷川正安、片岡昇、清水誠編《現代日本法史》(東京:岩波書店,1976 年),頁 7—9。

③ 大江志乃夫〈戰後日本の國家と社會〉,氏編《日本史》10‧現代 (東京:有斐閣,1978 年),頁 11—12;渡邊洋三〈現代の日本〉,兒玉幸多、大石嘉一郎編《日本歷史の視點》第 4 卷‧近代現代 (東京:日本書籍株式會社,1973 年),頁 3—12。

08 日本天皇制的變遷
及昭和天皇的評價問題

一‧昭和天皇在日本史上的重要性

第二次世界大戰結束後，日本天皇的存廢問題曾經引起爭論。1988 年，在位逾六十年的日皇裕仁（昭和天皇）病危的消息，使世人對這個現代經濟大國的天皇問題重新注意起來，不過這回的焦點，則是如何評價他在歷史上的功罪。

昭和天皇是日本第一百二十四任天皇，他是著名的明治天皇（1867—1912 年在位）之孫，大正天皇（1912—1926 年在位）的長子。生於 1901 年，1921 年起攝政，1926 年即位，改年號為昭和。他在

日本歷史上有兩個重要性：

第一，他是日本自古以來在位最久的天皇，在其任內，日本發動了史無前例的大規模侵略鄰近多個國家的戰爭，結果為人民帶來深重的災難；而在戰爭結束後的短短二、三十年間，日本經濟迅速發展起來，超越了歐洲，直追美國，成為現代世界的一個奇跡。

第二，昭和天皇把日本天皇從「神」回復到人的身份，他在 1946年向全國人民發表《人間宣言》，日文「人間」即是「人」的意思，換言之，就是公開否認自己的「神性」，打破了長期以來天皇是所謂「現人神」的神秘觀念。

二‧從「古代天皇制」到「近代天皇制」

1889 年頒佈的《大日本帝國憲法》（通稱《明治憲法》），規定「大日本帝國由萬世一系之天皇統治」，「天皇神聖不可侵犯」，天皇「乃國家之元首，總攬統治權」；天皇召集帝國議會，「可命令其開會、閉會、休會及解散眾議院」，「於帝國議會閉會期間，可發敕令代替法律」；天皇又「統帥陸海軍」，「行宣戰、講和及締結各種條約」等等。[①]以近代憲法形式鞏固天皇權位的所謂「近代天皇制」（又稱絕對天皇制），至此正式確立。

早自 1868 年明治維新開始時，日本的統治階級即致力於宣傳「尊皇」觀念，利用神話，把日本說成是「神國」，聲稱第一任的神武天皇是神的化身，在二千六百年前建立日本國，並把神武天皇即位之日，即 2 月 21 日定為「紀元節」（至 1967 年改為「建國紀念日」）。但據戰後歷史學家的考證，最初的天皇，只不過是一千六百年前日本最大的「大和國」的「大王」；大和國在公元 5 世紀統一了日本的大部分地區，至公元 701 年《大寶律令》頒佈，加強中央集權，才確立了以天皇為

---

①《大日本帝國憲法》中譯，參陳水逢《日本政黨史》（台北：台灣商務印書館，1966 年），頁 568—572。

中心的「古代天皇制」；而在這以前的諸大王，也一律改稱為天皇。

不過，近代以前的一千年間，天皇只是形式上的統治者，統而不治，實權握在大臣或大將軍手中。直到 19 世紀中葉，幕府將軍還政於天皇，日本史上號稱「王政復古」，重新把天皇拉到政治舞台的中心，一切以天皇名義行事，事實上明治天皇登基時只是個十五、六歲的青少年而已。當然，在此後的一個世紀裡，日人對天皇的尊敬有增無已，天皇也就進一步被神格化了。

三・「現代天皇制」之下的天皇

1946 年頒佈的《日本國憲法》（通稱《昭和憲法》），雖然保留了天皇制，但天皇只是「日本國的象徵，是日本國民整體的象徵，其地位以主權所在的全體日本國民的意志為依據」；「天皇有關國事的一切行為，必須有內閣的建議和承認，由內閣負其責任」；「只能行使本憲法所規定的有關國事行為，並無關於國政的權能」；根據國會的提名「任命內閣總理大臣」，及「任命擔任最高法院院長的法官」；即使「授與皇室財產，皇室承受或賜與財產，均須根據國會的決議。」[1] 日本人稱此為「現代天皇制」或「象徵天皇制」，以別於古代和近代。雖然戰後不斷有少數守舊人士要求修改憲法，企圖恢復戰前天皇的至高權位，但是時移世易，歷史潮流是任誰也不能挽回的。

具有象徵意義的天皇，在一定的程度上穩定了日本政治和社會，尤其是戰後初年，這是無可否認的事實。昭和天皇經歷了身份上的巨大變革，安於事實，不從事復辟昔日榮光的活動，也得到世人的欣賞。美國的日本通埃德溫・賴蕭爾（Edwin O. Reischauer）在《日本人》一書中甚至這樣說：「他以一種明顯的寬慰心情來充任為他規定的新角色。他對現在身穿便服，扮演其政府和國民的象徵的角色，顯然比

---

[1]《日本國憲法》中譯，參王長新、金峰玉主編《日本學辭典》（吉林：吉林教育出版社，1990 年），頁 925—926。

對戰前身著軍裝，騎著白色戰馬，檢閱遠征軍時感到悠閒得多。作為一個靦腆、和藹的人，一個喜愛家庭生活的楷模，一個熱心的海洋生物學家，這一新角色可能更適合他的個性。」[1]

四‧昭和史的檢討和評價

世人當然也沒有忘記，昭和天皇曾經是掀起萬里烽煙、屠殺無數生靈的日本「皇軍」（天皇之軍隊）的最高統帥。當年日本政府和軍部發動一連串的戰爭，他的決策和參與程度去到哪裡，至今仍有待歷史學家的深入研究，但無論如何都是難辭其咎的。有人認為，戰前的所謂「天皇意志」不一定就是天皇本人的意願，實際上是大臣們的決策而以天皇名義行之。著名的歷史學家井上清，則寫了《天皇的戰爭責任》等書，[2] 指出天皇必須負其責，對昭和天皇作出歷史性的評價。

老一輩的日本人，當年在「忠君愛國」的教育下成長，不少至今仍對天皇有特殊的感情，是可以理解的；至於對戰時日本所作所為的反省，客觀地評述這段歷史，使世人更清楚事實的真相，則是歷史學家應有的責任。

昭和天皇於 1989 年 1 月 7 日去世，終年八十七歲，昭和時代宣告結束，日本史上正式稱裕仁為昭和天皇。皇太子明仁繼承皇位，年號平成。至此，也就是重新檢討以往各種說法，客觀地對昭和天皇進行歷史評價，以及全面展開昭和史研究的時候了。

—— 原載《浸會學生報》第 20 卷第 1 期（1988 年 12 月）。文章寫成時，日皇裕仁仍然病危，按照日本的慣例，要在他去世後才可稱為「昭和天皇」。收入本書時內容稍有改動，並增補了註釋。

---

[1] Edwin O. Reischauer, *The Japanese* (Cambridge, Mass.: Harvard University Press, 1977)。中譯參孟勝德、劉文濤譯《日本人》（上海：上海譯文出版社，1980 年），頁 269。

[2] 井上清《天皇の戰爭責任》（東京：現代評論社，1979 年）。

第二輯

經濟和對外關係

09 現代日本經濟發展
的分期

一‧戰後日本經濟發展概況

　　1945 年，日本經濟倒退了 25 年左右，是經濟學者共同的看法。
1950 年，日本經濟（除對外貿易外）已恢復到戰前水平。 1955 年，
超過第二次世界大戰前的最高水平。國民生產總值平均增長率及數
值為：

　　1950 年代：9.1%

　　1960 年代：11.3%

　　1965 年：830 億美元

　　1968 年：1,419 億美元

1973 年：3,211 億美元（比 1950 年的 109 億美元增加了 29 倍多，相當於南亞、東南亞各國國民生產總值的總數。）

以工業生產計算，從 1950 至 1979 年的二十年間，日本平均以 15.2% 的增長率持續發展。無論以那一種經濟標準來衡量，現代日本都是一個經濟高度發展而富裕的國家。1968 年，明治 100 年，日本的經濟增長超過了西德，成為僅次於美蘇的世界第三個「經濟大國」。一個百廢待舉的戰敗國竟能如此快速復興，躍居富國之林，令世人震驚，因而被譽為「亞洲的奇跡」。

二‧戰後日本經濟重建與復興

戰後日本經濟的發展，從整體的情況來說，分為四個階段：（一）1945 年至 1952 年，是經濟重建與復興期；（二）1952 年至 1964 年，是經濟自立及成長期；（三）1965 年至 1979 年，是經濟持續及穩定期；（四）1980 年代以後，是經濟轉緩及低迷期，2004 年開始漸次恢復經濟生機（對此也有持不同意見的）。具體一些，大約可分為以下十個小時期：

（1）**1945 年 8 月—1947 年 3 月（戰後經濟混亂期）**：戰後一、二年間，日本完全陷入了未卜來日的混亂狀態，1945 年農業嚴重歉收，造成次年青黃不接的嚴重危機。本來就不充分的糧食供應也難以維持。吉田茂（1878—1967）政府剛一上台，只是忙於籌備糧食，無暇顧及經濟，到 1947 年才著手做恢復經濟的工作。但由於裁減工人，壓低工資，使更大規模的罷工逐漸成熟。「打倒吉田內閣，成立民主政府」的群眾鬥爭使日本統治者陷入政治危機，更助長了經濟生活的混亂。

（2）**1947 年 4 月—1948 年 10 月（經濟重建開始期）**：1947 年 3 月 12 日，美國提出對外政策綱領 —— 杜魯門主義，宣稱美國有領導自由世界的使命，以反共、反蘇作為對外政策的基礎。美蘇對立加

劇，冷戰體制形成，美國當初以中國大陸來遏制蘇聯的設想日漸見其動搖，遂考慮把日本列島作為亞洲政策的重心，而日本的經濟困局所帶來的政情混亂顯然與美國這一戰略轉變很不適應。這樣，安定日本經濟、穩定日本政局就成了美國政府當務之急。為此，片山、蘆田的社會黨、民主黨的「中道政權」先後被扶上台，同時成立經濟復興會議，吸收工人組織參加討論經濟問題。

（3）**1948 年 10 月—1950 年（經濟穩定計劃期）**：説得清楚一些，從 1948 年 10 月吉田重組內閣至 1950 年，是日本經濟從通貨膨脹走向實現經濟穩定的計劃時期。這一時期到朝鮮戰爭爆發，為美國對日經濟援助政策的巨大轉變期。

1949 年美國底特律銀行董事長道奇（Joseph Dodge，1890—1964）以盟軍總部最高經濟顧問身份去到日本，為復興日本經濟而制定了所謂「經濟九原則」，主要是實行單一匯率（1 美元折合 360 日元）、超均衡預算（藉著削減補助金及強化徵稅來抑制通貨膨脹）、見返資金（特指美元物資在日本傾銷後所得的資金）的使用和輸入先行主義等。

這些政策的實行，在戰後經濟發展過程中起了劃時期的重要作用。首先，在 1949 年財政年度中就增稅 2,000 億日元，並吸收了1,042 億日元的民間資金。由於超均衡預算的實行，制止了戰後以來持續的通貨膨脹，從 1949 年初到 1950 年 6 月，物價也稍有下落。道奇計劃的實行，對於日本壟斷資本主義的恢復，確實起了不可忽視的促進作用。

（4）**1950—1952 年（經濟逐漸復興期）**：從朝鮮戰爭的爆發至《舊金山和約》的簽字，日本獲得了一定程度的獨立。朝鮮戰爭使日本經濟開始上升，把日本經濟推上了恢復期。1951 年日本的工礦業生產增加了 50%，超過了戰前的水平。《舊金山和約》簽訂後所獲得的初步獨立，對日本當局和人民，可以説是一支重新喚起自立的精神振奮劑。

三·戰後日本經濟自立和成長

（5）**1952—1953 年（經濟自立胎動期）**：為了應付美軍在戰場上所需的一切物資，吉田政府通過「開發銀行」把財政資金和銀行信貸集中投資於與「特需」有關的電力、海運、造船、鋼鐵、化學、有色金屬等部門，這就是所謂「國內資金總動員體制」。戰爭使許多工廠重新運轉，擴大了就業，使股票漲價等等，且外匯收入猛增，外貿輸出創戰後最高紀錄。而舊金山體制又使日本在政治、經濟、軍事各方面與西歐、北美結成一體，日本從這些地區導入資金、技術，實沾「冷戰」之光。日本的自立經濟已經在尚嫌孱弱的母體內孕育成長。

（6）**1954—1957 年（經濟自立推進期）**：簡言之，就是經濟自立計劃的推進。1956 年 3 月制定「電力五年計劃」，大容量火力發電代替水力發電，成為電力工業的中心建設。動力由煤炭轉變成石油。大量進口原油發展煉油工業。在這一階段中，日本經濟不只完全復興，而且步入了積極建立獨立經濟的新階段。日本人把五十年代出現的「神話般」的繁榮，稱為「神武景氣」（Shinwu boom，1956—1957），神武（Shinwu）是神話故事中的第一代天皇。總之，1955 年以前，在美國的扶植下，日本經濟的恢復，調整到完成了從戰爭經濟體制向和平經濟體制的過渡。與此同時，原屬於同一財閥系統或關係較密切的壟斷組織（企業），也以原財閥的大銀行為中心迅速地重新結合起來。到 1950 年代中期，三菱、三井、住友等壟斷集團都以嶄新的面貌重新復活了。日本狂熱地引進技術、擴大更新設備，一系列重工、化工業部門接二連三地新建、改建和擴建。1955 年至 1957 年上半年，出現了第一個經濟發展高潮。這是一個承先啟後的大轉折，因為「特需」生產，日本取得 24 億多美元的利潤，開始了比較大規模地引進歐美各國的先進工藝。特別是保守的自民黨的成立和穩固執掌政權，使經濟政策很少變化，這對推動各項經濟建設起著相當大的作用。

（7）**1958—1963 年（經濟高度發展期）**：這是日本真正進入以重

工業為中心的，大量更新和擴大固定資本的經濟發展和建設階段。「經濟高度成長」就是從此時開始的。同時，日本政府和財界對於發展重工業、化學工業也有了自信心。伴隨著引進歐美先進技術規模的不斷增大，設備的更新也在大規模地進行。五十年代後半期（岸信介時代），開始大量生產汽車、電視機、半導體收音機等家用電器。很快，鋼鐵就取代紡織品成為主要出口物資。日本人稱之為「岩戶景氣」（Iwato boom，1958—1960），岩戶（Iwato）是神話故事中最高神——天照大神的住地。這是第二次經濟發展高潮。1960 年，池田內閣雄心勃勃地提出了《國民經濟倍增計劃》。這是一個以繼續擴大設備投資、刺激經濟膨脹，促進工業、化學工業發展，在整個 1960 年代的十年間，「使國民收入增加一倍」的經濟大發展計劃。由於與設備投資相關聯的進口劇增，導致外匯危機，出現了 1962 年的「結構蕭條」。但十個月之後又出現了「奧林匹克景氣」（Olympic boom），這是由於 1964 年 10 月在日本東京舉行第 18 屆奧林匹克運動會，因而得名。

四·戰後日本經濟持續及轉緩

（8）**1965—1970 年（重化學工業發展期）**：真正意義上的重、化學工業品開始大量輸出，帶來了國民經濟的急速發展期。雖然從 1964 年 11 月至 1965 年 11 月出現的「證券蕭條」，使日本人驚呼「戰後最大的蕭條」來到了；但是從 1965 年 11 月開始，直到 1970 年 7 月，出現了歷史上空前的、為時 57 個月的第三次經濟高潮，即「伊奘諾景氣」（Izanagi Boom）。在日本神話故事中，伊奘諾是日本國土的創造者，又是天照大神的生父。在明治維新百周年的 1968 年，日本國民生產總值超過了西德，實現了日本民族與歐美並駕齊驅的宿願；這使以往與歐美各國工業技術的 20 年差距趨於泯滅，其發展速度超過了任何先進的資本主義國家，日本的經濟大國地位從此基本上確立。1960 年代在歐美各國壓力下，日本實行《對外貿易與匯總自由化計劃大綱》。1964

年，日本成為「國際貨幣基金組織」第 8 條成員國。該條規定，成員國不得以國際收支為理由，限制進口和外匯兌換，而必須實行 100% 的自由化。同時日本又參加「經濟合作與發展組織」，這表明日本已被資本主義世界公認進入了先進國家的行列。日本人的精神生活、文化生活和道德水準，也隨著物質生活的變化取得很大的進步。

（9）**1971—1979 年**（**重化工業成熟期**）：1971 年以後，為日本重工業、化學工業的成熟期；另一方面，1970 年代亦是日本經濟的轉型期。隨著重工業和化學工業的發展，國內的「公害問題」（環境污染）突出了，國際上大規模地興起了對日本輸出的抵制運動。同時，日本與歐洲、北美傳統的古老工業地帶的競爭和矛盾也越來越尖銳。尤其是 1973 年下半年以後，國際上的石油危機和其他資源的供不應求及由此而產生的價格猛漲，使日本經濟發展的速度開始減慢下來，面臨著產業結構改革和新的轉型期。[1]

（10）**1980 年代以來**（**經濟放緩及低迷期**）：1980 年代，日本國內經濟發展速度轉緩，並開始朝著國際化的方向發展，海外投資活躍，與國際經濟之間的競爭愈來愈激烈。但國際化使日本對本土投資停滯不前，因此有人指出「國際化」使日本「空洞化」。1990 年代「泡沫經濟」爆破，加上政治腐敗事件大量曝光，日本經濟陷入低迷狀況。這情形持續了十年以上，至二十一世紀始出現轉變的契機。日本在經濟低迷時期，仍不失其經濟大國地位，發展潛力依然很大，21 世紀開始，尤其是 2004 年以來，日本經濟正逐漸恢復生機。但也有人仍對日本經濟持悲觀態度，認為至今尚未走上低迷時期。亦有人將 1980 年代以來的日本經濟，細分為經濟迅速放緩期（1980—1989）、經濟陷入低迷期（1990—2004）、經濟緩慢復甦期（2004—現在）三個小時期。進入二十一世紀的日本經濟如何論定，現時仍然言之尚早。

---

[1] 中村隆英著，史作政譯《近代日本經濟發展》（北京：知識出版社，1987 年），頁 84—91。

【附】經濟發展的三階段：

通常經濟發展的規律大體上都經過以下三個階段：

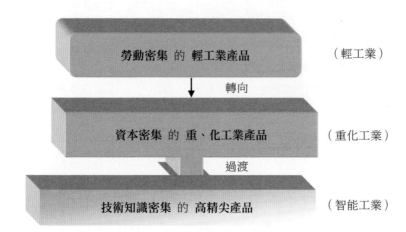

(1)勞動密集型(產品主要靠大量的簡單的勞動創造)

(2)資本密集型(需要大量投資的產品)

(3)知識密集型(需掌握高度科學技能製造的產品，如電視機、計算機、集成電路)

· 日本的國民生產總值在 1967、1968 年超過英、法、西德，成為僅次於美國的第二經濟大國。

· 城市和鄉村除規模大小不同外，在現代化程度上已沒有多少區別。

· 因此，近年來人口開始從城市向鄉村流動。

附表　現代日本經濟分期表

宏觀趨勢	具體發展	重要事項
一、經濟重建及復興期（1945—1952）	戰後經濟混亂期（1945.8—1947.3）	· 1945：日本經濟倒退了約 25 年。 · 1947：著手恢復經濟的工作。
	經濟重建開始期（1947.4—1948.10）	
	經濟穩定計劃期（1948.10—1950）	· 1949：制定「經濟九原則」。
	經濟逐漸復興期（1950—1952）	· 1950：日本經濟（除對外貿易）已恢復到戰前水平。
二、經濟自立及成長期（1952—1964）	經濟自立胎動期（1952—1953）	
	經濟自立推進期（1954—1957）	· 1956—1957：神武景氣。 · 1955：日本經濟超過二戰前最高水平。
	經濟高度發展期（1958—1964）	· 1958—1960：岩戶景氣。 · 1964：奧林匹克景氣。
三、經濟持續及穩定期（1965—1979）	重化工業發展期（1965—1970）	· 1965—1970：伊奘諾景氣。
	重化工業成熟期（1971—1979）	· 1970 年代：日本經濟轉型期。
四、經濟轉緩及低迷期（1980—2004）	經濟迅速放緩期（1980—1989）	· 1980 年代：朝著國際化方向發展。
	經濟陷入低迷期（1990—2004）	· 1990 年代：「泡沫經濟」爆破。
五、經濟從低迷復甦期（2004—現在）	經濟緩慢復甦期（2004—現在）	· 21 世紀初：日本維持其經濟大國地位，發展潛力依然巨大。

10 日本經濟高速增長
的原因和特徵

一・國際因素

1. 戰後日本在一片廢墟中重建起來，經濟得以恢復，是因國際形勢逆轉，美蘇對抗的冷戰體制形成，美國改變原先要使日本「弱體化」的政策，轉而扶植日本，逐步加強日本在其亞洲政策中所佔的位置。韓戰爆發後，日本為美軍提供戰場物資；總括來説，日本是從「冷戰」和韓戰中得到巨大的利益。

2.《舊金山和約》簽訂後，日本在政治、經濟、軍事各方面與西歐、北美結成一體，日本從這些地區導入資金、技術，使經濟得以迅

速發展起來。日本加入西方七大工業國集團，更成為亞洲國家唯一的代表。

二‧政治因素

1. 日本的經濟活動主要都是民間企業，即私人負責主持的，極少國營、公營企業。因此政治變遷與經濟事業一般沒有直接關係，從而減少了企業的政治風險。

2. 執政的自民黨在議會中一直擁有多數議席，在野黨不但在總的力量對比上居於下風，而且互相對立，因此在基本方面難以改變執政黨的政策主張，而只能對執政黨產生一些牽制作用。

3. 自民黨內部表面上派系林立，經常爭吵不休，但具有一股強勁的「求心力」，各個派系、勢力的基本信仰、觀點、立場、政策是一致的。加上自民黨長期執政，其經濟政策有持續性和穩定性。

4. 中央集權與地方自治相結合的行政管理體制，是《日本國憲法》的一大特色，而且得到保障，這亦有利於日本經濟的發展。

三‧經濟因素

戰後日本逐步建立和形成了一套以協調、合作為主要特徵的勞資關係，緩和了矛盾，並且比較穩定，這種「日本式勞資關係」，主要包括以下各點：

1. 新家族式經營：政府和企業都強調經營者和勞動者是「一家人」，處於「命運共同體」，兩者只有分工不同而無實質差別，同為「工薪人員」。不少企業更把部份股票分售給勞動者，或者把技術人員、熟練工人、工會幹部，提拔到企業的領導崗位上。終身僱用制度、年功序列工資制、企業內工會，是新家族式經營的三大支柱。

2. 日本式管理制度：日本各項法制都比較完備，又建立了十分善於管理經濟的政府機構，培養了大批能幹、懂行的行政官吏，形成了

一套比較科學的、行之有效的決策制度和辦法。這種「日本式管理制度」，十分重視發揮專家、學者在決策過程中的巨大作用。論者還指出，主要企業集團採取「配套主義」，是戰後日本的現象。[①]

3. 中小企業獨立發展：中小企業是日本經濟的一個重要特徵，可以與大企業並存，大企業依靠中小企業搞專業化分工，對自己更為有利。日本政府從沒有提過「保護」中小企業的政策，政府提供創造條件，扶持中小企業獨立發展，促使其改進。日本中小企業有自己的生存空間，「大魚」不必吃掉「小魚」。例如松下電器：承包該公司生產任務的中小企業有 1,200 多家，松下產品所需的零部件，百分之七十至八十是由這些承包廠生產的。日本大企業和中小企業並存和互相依賴，其比例有如富士山的形態，所以稱為「富士山式經濟結構」。這種既互相競爭，又互相依存的結構，可以說是日本企業具有活力的重要原因。

四‧幾個相關的現象

1. Z 型組織的理論

第二次世界大戰時，日本各大公司組成幾個小集團，稱為「財閥」（Zaibatsu）。每一集團包括二十到三十個大公司，以一家有勢力的銀行為中心。這些大公司各自代表經濟上一個重要的產業部門，所以一個集團往往包括一家海運公司、一家鋼鐵公司、一家保險公司、一家貿易公司等等。

同樣的，每一家大公司又有一群衛星公司，有時可能多至一百個以上。這些衛星公司都是小公司，僱用家族人員或者一百名左右的員工，一般均是製造級別的裝配零件，或者只對一個大主顧提供服務。

[①] 都留重人著，馬成三譯《日本經濟奇跡的終結》(北京：商務印書館，1992年)，頁 33。

衛星公司不被視為集團成員，也不能享受大公司獨有的財務和其他保障。傳統和氣氛構成了一個公司的文化。同時文化意味著一個公司的價值觀，譬如進取、保守或是靈活 —— 這些價值觀成為公司員工活動、意見和行為的規範。威廉・大內（William Ouchi）著《Z 理論》（Z Theory）闡釋了這方面的情形。[1]

2. 新木馬屠城記

踏入 1970 年以後，隨著重工業和化學工業的發展，日本國內的「公害」（環境污染）問題日趨嚴重，而在國際上則出現了大規模的對日本輸出的抵制運動。加上石油危機和其他資源供不應求，日本經濟發展的速度開始減慢下來，稱為「低速成長」，同時進行轉換。

眾所周知，近二十多年來日本著重發展技術知識密集型的智能工業，例如電視機、計算機、集成電路以至電子遊戲機、電腦、機械人等，不再停留在資本密集型的重化工業階段。當今能夠進入智能工業時代的國家，事實上還很少。

在面對產品輸出限制的問題上，日本也有突破，汽車公司在英國設廠，便是一個例子。因為歐洲共同市場對日本汽車的輸入有限額，但日本人在英國設廠製造的，卻可視為英國車而不受限制，歐美甚至稱此舉為「新木馬屠城記」。法國對此曾提出抗議，問題卻難以圓滿解決。無論如何，日本已經衝破了歐美國家所設置的路障。

對於亞洲國家，日本也有一套。在較進步的地區，實行設廠生產；而在發展中國家，則仍以輸入和援助為主。香港是國際著名的大都市，自然是日本人投資的好去處，例如繁盛的銅鑼灣，便有「小東京」之稱。

---

[1] 威廉・大內內著，黃明堅譯《Z 理論 —— 應付日本經濟挑戰的立論基礎》（香港：長河出版社，1982 年）。

3. 新經濟家族

現代日本經濟的發展，除了時代和國際因素外，還有很多內裡的原因，不是其他國家隨便就學得到的。

首先，日本的經濟活動主要都是民間企業，很少國營、公營企業，政治變遷一般與經濟事業沒有直接關係。自由民主黨自五十年代中期成立以來，一直是執政黨，因此日本政府的經濟政策能夠比較穩定。但這又不同於一黨專政，在野黨的總力量雖不足與自民黨對立，不能在基本上改變執政黨的政策主張，卻起了牽制和監察的作用。

而且，中央集權和地方自治相結合的行政管理體制，也是一個有效的因素。加上日本的各項法制比較完備，行政官吏懂得行情，又重視發揮專家、學者在決策過程中的作用，形成一套比較科學的、行之有效的決策制度和辦法。西方甚至把日本政府稱為「日本公司」。

而令經濟學者注意的，是所謂「日本式的勞資關係」。戰後日本逐步建立了一套以協調、合作為主要特徵的勞資關係，緩和了雙方的矛盾。其特點主要是「新家族式經營」，強調經營者和勞動者是一家人，處於「命運共同體」，不少企業把股票分售給員工，把能幹的人提拔到領導崗位。又採終身僱用制，升級、加薪主要依照工齡和完成本職工作的狀況。

11 現代日本
的企業經營

一・稟議制度

日本經濟有今日的成績，原因固然很多，一般認為，日本人那套獨特的企業管理方法是關鍵所在。「日本管理學」也就在歐美應運而生，成為一門具有吸引力的實用學問。

日本企業管理的特色，首先表現於決策過程中的集體性格。負責某項計劃的人，先把原案寫好，得到上司的承認，經有關部門各級負責人同意，最後由裁決者決定。這一連串的手續，稱為「稟議制度」。由誰決定要視乎事情的大小，而以蓋章作為對計劃的同意。

當原案有人否定時，便要進行修改，如果仍不被接納，就會廢棄

不用。事實上，在草議計劃之前，已得到各部門主管的非正式同意，所以棄置計劃的情形是極少的。

稟議制度被人批評是形式主義的表現，但仍為日本官廳及企業機構所採用，因為這個制度有它的優點，例如：決裁者從會議記錄中清楚知道責任的所在，而議案由於是經有關人等的同意才決定，實行起來沒有阻力，業務效率得以提高。值得注意的是，會議並非下屬聽取上級的訓示，而是重視熟悉有關事務的員工的見解，經過一番討論之後，始尋求最好的決定。

二‧定期僱用新人

日本企業的僱用制度有一個特色，就是聘請剛剛離校的大學生。這制度可追溯至多年以前，原意是每年定期錄用畢業生，以確保管理人才的供應，人數實際上是很少的。在五十年代的經濟高度成長時期，僱用制度開始與學生連結起來，並擴展至其他職位的聘請，例如工人及剛從初中或高中畢業的女工。自此之後，在學年結束時招聘應屆畢業生，便成為大企業機構的習慣。

當中主要的原因和好處有幾個：第一，是由於經營規模的迅速擴展，各行業都需要大量的員工，學校畢業生是最佳的來源和保證。第二，薪金高低通常以工作年資為依據，這種僱用方法可以羅致比較便宜的員工。第三，年青的僱員學習能力較強，容易適應科技的高速發展；而且僱用標準，基於個人的條件多過能否勝任職務，大企業通常為新聘的僱員提供短期訓練，以配合有關部門的特殊需要。

當然，並非每一個僱員都是畢業後即入公司服務，尤其是藍領工人及中小型企業的白領階級；此外，亦有僱用具特殊資格的人出任特殊工作的情形。整體來說，定期僱用、定期加薪、定期人事調動及固定退休年齡，幾乎是日本所有大企業機構四個互相緊扣的人事管理制度。

三・終身僱用制

日本企業機構定期調動人事，主要是為了空出位置給新員工，同時彌補公司內的空缺，基本上是定期僱用制度的連鎖反應。人事調動意味著日常工作的改變，但可獲得繼續學習和進修的機會，從而得以升級。

日本沒有臨時解僱制度，一般來說，解僱員工是很困難的，只在公司的業務非常不好時才會發生。換言之，大企業都採用終身僱用制，僱員不少都是在二十歲出頭「入社」，服務二、三十年，而於五十五歲至六十歲期間退休。

薪金的遞增隨著工作年期上升，但並不表示兩個同時到一間公司任職的僱員，退休時的薪金是一樣的，因為加薪的比率，根據其職位及工作的不同而有所差異。

終身僱用制的好處是僱員收入安定，有安全感；不會因恐懼失業而排斥日新月異的科技發展，願意協助新技術的引進；對公司有忠誠心，生產力相對提高。缺點則是僱用員工少了彈性，僱員本身也缺乏自我發展。

終生僱用制的採用，明顯地使公司方面認為員工是由公司長期訓練出來的。何況公司決定了員工終身的加薪幅度，甚至一生前途，其家庭生活和子女教育等等，都跳不出公司的「勢力範圍」。

四・年功序列制

日本的加薪制度，是根據所謂「年功序列」。簡單來說，即以工齡多少為每年加薪的基準，同時考慮到僱員的個人因素，例如擔當職位、專業需要及特殊表現之類，還有學歷資格等，一併加起來計算，並非純然論資排輩。

年功序列制與終身僱用制同是日本經營的特色，二者有不可分割的關係。僱員一經正式錄用，只要盡忠職守，工作和生活都可得到保

障，工資隨著工齡增加，到退休時還可領取一筆退休金。

另一方面，公司能有一批固定的職員，不愁他們「跳槽」，又可根據退休人數和發展計劃招聘新人。一般來說，愈是有年資的員工，離開任職的機構愈是吃虧，因為轉到新的機構時，年資是從頭計算的。這種近乎「從一而終」的慣性，看來與古代武士道的精神相通 —— 不鼓勵武士背叛自己的主人而去投靠別人；現代日本人對自己任職的公司雖然有所不滿，但較能忍耐，即使爭取，也在不離開公司的大前提下進行。

但日本企業與外國是有若干不同的，例如主動安排種種照顧員工的措施，培養僱員的歸屬感，使他們把自己的前途與企業的發展連在一起。

五·企業內工會

日本的企業經營，既有獨特的一套，所以他們的勞資關係，也與外國有別。除了全日本海員工會是跨企業的行業工會外，幾乎都是所謂「企業內工會」，即以某企業機構為單位，建立自己的工會，看來有點像一個公司的職員聯誼會，而又不局限於這一功能。

這種制度，與歐、美各國以行業為基礎的跨企業工會極不相同，避免了在同一行業的職員工會領導下，採取一致行動，影響全國的正常運作。某個企業內工會有所行動時，只是一個企業機構的事情，何況一個企業內工會的成員，分別屬於多個部門，意見不易達成一致，有利於資方在必要時採取籠絡、懷柔的措施，以便把事情平息下去。

另一方面，由於員工受終身僱用制度的保障，可以減少失業的顧忌，而敢於表白態度，爭取合理利益，使企業內工會不致淪為只做點聯誼事務的員工組織。而且這種工會的活動，與企業內員工的利益可以連成一體，普遍得到員工的支持，也被資方看重。

若干機構甚至在盈利時把上市的股票分給員工，使他們覺得公司

的盈虧，自己也有一份，工作起來自然加一把勁。工會的幹事受公司器重，資方也有代表參加工會，打破了勞資雙方的界限，關係也就不一定是對立的了。一般中小企業，則多不能照此完全辦理。

六·自主管理活動

世人對日本貨物的舊觀感如價錢便宜、不夠堅固、容易損壞等，雖然還未完全消失，日本製品卻以品質優良而且價格不菲的新形象，在市面上大量傾銷。

第二次世界大戰結束後，美國把「品質控制」的觀念輸入日本，促成了公司內的「全社品質管理制度」，現時已在日本工業的每一個部門中發展起來，集中一些較高級的員工，以「小集團活動」方式控制和保障公司製品的質素。這是日本經營的另一特色，對工業生產亦有一定的貢獻。

人的意欲使他們發揮出能力和創造力，以達到更高的理想，是很自然和合乎人性的，在付出了勞力而得到成果時，更會帶來滿足和喜悅。縱然日本有其特殊情況，如集團意識濃厚、企業忠誠心強烈、定型的僱用制度以及人民教育水平較高等等，「小集團活動」仍在自主管理的基礎上盛行，以解決不同的問題。

自主管理活動及組織的基本原則是：第一、每一員工都能適當地運用其創造力去完成工作，以增加其知識及技術；第二、大家互相尊重及合作，可使工作環境更佳；第三、公司的福利得以改進，並對社會有所貢獻。

基於這些理念，日本人致力於改善各種事物和工作，改革往往也能繼續實行下去，以期得到具體的成果。

七·舊精神新面貌

1947年日本通過了勞動基準法，使工業界的情況逐漸得到改善。

工作時間規定，每週四十八小時（即每日八小時），六天工作後有一天的休息，另根據僱員年資，每年有六至二十日的有薪假期。

事實上日本人平均的正式工作時間，是在規定之下的，以 1982年的統計為例，僱員每週工作四十小時，大部分人可以享有國家慶祝日、新年假期等，四分三的僱員每週工作五天，部分企業更有長期休假制度，有些還多給僱員幾天暑假。當然，日本人常有超時工作的習慣，例如下班後自動留下來多做一小時半小時，而又不領取加班費，實際工作時數是難以統計的。

一般來說，日本僱員的薪金並不太高，但可享有較完全的福利設施。僱員的退休金平均是退休前月薪的四十倍，其中部分或全部作為養老金。外國人較羨慕的，是日本人每年可領取兩次花紅，在經濟興旺的年代，加起來約等於四個月至半年的薪金。

總之，現代日本具備了一套外國看來頗為獨特的企業方式和管理制度，其中保留著不少傳統的精神，經過調整之後以現代的面貌出現。日本的企業經營其實是一個典型，並非甚麼神話。

—— 本文撰於 1980 年代中，曾於報紙副刊發表。時移世易，三十年後的日本，情況已有所不同了，老一輩的日本人會感歎今不如昔。

12 現代日本政制
與外交進程

一‧現代日本政制與政治發展

　　第二次世界大戰後的日本，在政治制度上，由明治維新後的天皇獨攬統治權的君主立憲制，改變為以天皇為國家象徵的議院內閣制。具體如下：

　　1. 天皇：在戰後日本，天皇制雖然被保留下來，但《日本國憲法》規定，天皇只是「日本國的象徵，是日本國民整體的象徵」。天皇「只能行使憲法所規定的有關國事行為，並無關於國政的權能。」天皇根據國會的提名任命內閣總理大臣；根據內閣的提名任命最高法院院長。天皇行使有關國事行為，如召集國會、解散眾議會及公告舉行國

會議員總選舉等等，都必須根據內閣的建議和承認。

2. 國會：《日本國憲法》規定，國會是國家的最高權力機關和唯一的立法機關，由眾、參兩院組成。兩院議員均由普選產生，其定額由法律規定。眾議院議員任期四年，但眾議院提前解散時，其任期隨之結束；參議院議員任期六年，每三年改選其中的半數。在眾議院被解散時，參議院同時休會，但在緊急需要時可舉行臨時會議。

國會的主要職權：制定憲法和法律；組織和監督政府；審核和批准由內閣編制提出的財政預算以及和外國締結的各種條約等。國會（主要是眾議院）有權對內閣的施政方針等提出質詢，監督行政活動；在必要時可以用通過不信任案或否決信任案的方式，迫使內閣總辭職。

3. 內閣：《日本國憲法》規定，國家的行政權屬於內閣。內閣是行政權的主體，一切負有行政職能的機關都必須在內閣的統一支配之下。內閣由總理大臣及其他國務大臣組成，但所有內閣成員都必須是文職人員，而不能是現役的武官。內閣總理大臣（首相）是最高行政首腦，他由國會提名經議員選舉產生，並經天皇任命。國務大臣均由總理大臣任命（或罷免），但其中二分之一以上必須從國會議員中選任。

4. 法院：即裁判所，《日本國憲法》規定「一切司法權屬於最高法院及由法律規定設置的下級法院。」

5. 地方政制：分全國為都（東京都）、道（北海道）、府（京都府、大阪府）、縣（43 個縣），作為一級行政機構。設廳（知事）。其下再分為市、町、村。市設市役所、市長。

二·戰後日本外交概況

1945—1956 年，日本從戰敗投降到加入聯合國，重返國際社會。

1957—1971 年，日本聲稱是「聯合國中心外交」，實則繼續追隨美國。1970 年宣佈無限期延長《日美安全條約》。1970—1980 年代，開展「多邊均衡外交」。1990 年以來，致力發展為「政治大國」，積極

參與國際事務。

1970 年代開始，中美關係發生了變化；1972 年，佐藤榮作內閣辭職，田中角榮（1918—1993）組閣。戰後日本在中、美、蘇三角關係中處境困難。1975 年，西方七國首腦會議，其重要性僅次於聯合國大會，日本成為「亞洲代言人」。1977 年，福田赳夫（1905—1995）首相與美國卡特（1924—）總統討論建立「世界中心的美日關係」。日蘇關係惡化，中日兩國簽署《日中和平友好條約》。1978 年，大平正芳（1910—1980）首相提出環太平洋共同體設想，重視亞太外交，努力鞏固美日關係，建立抗蘇態勢，推進太平洋經濟合作。

1980 至 1990 年代，日本積極謀求「政治大國」的外交傾向。1981 年，鈴木善幸（1911—2004）首相與美國列根（1911—2004）總統在華盛頓會談後，首次正式將日美「同盟關係」寫入聯合聲明，是否包括「軍事合作」，國內發生爭議。中曾根康弘（1983 年）提出「政治大國」、「國際國家」，日本成為世界最大債權國。1985 年，中曾根康弘（1918—）訪問法國，主要為討論有關政治大國的內容。

1987 年，日本人均國民生產總值約 2.2 萬美元，首次超過美國。

1980 年代後半，1987 年竹下登（1924—2000）發表國際合作構想的三大支柱：旨在和平的合作；擴充政府開發援助（ODA）；加強國際文化交流。

1989 年國際形勢劇變。1991 年蘇聯解體。1993 年自民黨下野，多黨聯合掌權。以美日歐為中心建立新秩序的全球考慮出現。二十一世紀以來，日本政策的要點是加強美日軍事同盟。

三 · 日本與美國的關係

1. 舊金山和會
1951 年 9 月，美、英等國在舊金山片面召開對日講和會議。1952 年 4 月 28 日，《舊金山和約》及《日美安全保障條約》（安保條約）生效。

《舊金山和約》是第二次世界大戰的對日講和條約。這是美國意圖以日本為反共的防壁，不包括共產國家在內的「單獨講和」。

　　《安保條約》承認美軍駐留日本，而美國期待日本的軍事力漸增。駐日美軍存在三種情形下可以使用：（1）為維持遠東和平與安全；（2）應日本政府的邀請，鎮壓內亂和騷動；（3）遇外部而來的武力攻擊時，有助日本之安全。

2.《安保條約》的內容

　　《安保條約》是美日規定軍事關係的條約（即承認美軍駐留日本的條約）。《安條條約》承認美軍駐留日本，而美國期待日本的軍事力漸增。駐日美軍存在三種情形下可以使用：（1）為維持遠東和平與安全；（2）應日本政府的邀請，鎮壓內亂和騷動；（3）遇外部而來的武力攻擊時，有助日本之安全。

　　而駐留軍之配備條件，由日美行政協定來決定。這條約是因為冷戰政策之展開，以及韓戰中日本戰略位置極之受到重視。美軍駐留及再軍備視為不可缺乏，但在對日平和條約正文中清楚記明，則在外交政策上有困難，故以個別的條約形式出現，成為美國太平洋軍事戰略的一環。美國在日本的軍事基地之設立、擴張、使用，跡近於無限制，是規定日本的對美從屬地位的條文根據。

3. 1950 年代的日美關係

　　《舊金山和約》使日本恢復獨立國家的地位，《安保條約》則使美軍仍然駐留日本，事實上日本仍處於「半獨立」的狀態。而且軍國主義的復活傾向日益顯露。1954 年防衛廳與自衛隊設置。由於再軍備的措施與主張非武裝的憲法之間，矛盾漸呈表面化，擔當政權的保守勢力準備修改憲法，但遇到反對而受挫折。1955 年，自由民主黨保守陣營的成立，確立了以後保守獨裁的體制。

　　五十年代後期，在國際間，日蘇國交恢復及加盟聯合國實現，使

戰後日本重新參與國際社會，經濟上則進入第一次高度成長時代，在東南亞市場的活動尤為顯著。日本向美國提出修改《安保條約》，1958 年 10 月開始談判。

4. 1960 年代的日美關係

在日本經濟迅速發展及軍事力量日益強化的背景下，遂有 1960 年改訂的《安保條約》。此即《日美共同合作和安全條約》，通稱《新日美安全條約》。目標是確立日美軍事體制和日美軍事同盟，把兩國政治、經濟、軍事等各方面的合作關係具體化。從此日本替代了美國的部分負擔，因為防衛義務增加了被捲入美國在亞洲的戰爭的危險性，日本國民遂展開大規模的反對運動，稱為「安保鬥爭」。

到了 1965 年前後，美國公然加入越南陸上戰爭，《日韓基本條約》締結，美、日、南韓三國共同軍事體制進一步發展。

5. 1970 年代以來的日美關係

1969 年 11 月，日美共同聲明，更使消極的軍事同盟條約變為積極化。1972 年，美國把沖繩施政權交給日本，使日本更熱心於美國的亞洲體制。美國看來，是尼克遜主義的展開，藉亞洲各國防衛力的增強，美軍由第一線開始撤退，而對確保「經濟大國」的日本來說，既開放了在亞洲經濟活動之門，又闢了增強軍力及派兵海外之路。帝國主義復活、軍國主義復活等問題，再度為世人所關切。

1974 年 11 月，福特（1913—2006）以美國總統身份訪日，與田中首相發表聯合公報，強調美日這兩個「有著許多共同政治和經濟利益的太平洋國家」。1975 年，福特在夏威夷宣佈「新太平洋主義」，再次強調「與日本的伙伴關係是我們戰略的一個支柱」，「是太平洋主義的一個基本前提」。美、日兩國在太平洋地區加強合作，是此後的發展方向。

不過日本仍主要隨國際形勢的改變而發展，中美建交之後，中日恢復邦交，默然防共的壁壘作用大減。越戰結束後，1980 年代日美關係再度密切（經濟）。其後仍然由於中蘇對立、美蘇對立的狀況下，

日本會處於一個重要的地位，但日本本身則顯然困惑，直至蘇聯解體、冷戰體制結束為止。目前，日本主要仍熱心於經濟的繼續發展；但是，為本身安全保障軍備的擴張欲望似乎越來越緊要。

四・現代中日關係的變化

現代中日兩國的關係，是承接著兩國之間長達十五年的戰爭狀態之後的，因此，戰爭雖然結束，兩國之間的正常關係並不能夠一下子恢復。而且，中國在日本宣佈投降的第二年，即 1946 年 6 月間，國共停戰會談破裂，進入了全面內戰的狀態。1949 年，中華人民共和國成立，國民黨退遷至台灣地區。

1950 年 6 月，朝鮮戰爭（韓戰）爆發，中國人民志願軍赴朝鮮作戰，與美軍對抗，而當時的日本，則是美軍在亞洲的大本營和軍需品供給地。換言之，中、日兩國仍處於對立的狀態。（日本與台灣當局簽訂《日華條約》）

1. 1949 年至 1972 年間的交往

中、日兩國的交往首先在民間進行。1952 年的《第一次中日民間貿易協定》是其開端。1952 年，在莫斯科召開國際經濟會議。1950年代的中日關係大致如下：

1952 年	雙方進出口貿易總額為 3,000 萬英鎊。
1953 年	朝鮮戰爭停戰協定簽定後 4 日，日本兩院通過《促進中日貿易》決議。（但不順利，原因是對美追隨）
1954 年	日內瓦會議（為解決印支問題而召開）
1955 年	萬隆 29 國會議；商品展覽。

其後中國商品展覽會的舉辦，京劇名伶梅蘭芳（1894—1961）在日本公演等等，使停頓了的關係逐漸有了發展。可惜，這樣的關係卻因長崎國旗事件而煙消雲散。所謂長崎國旗事件，是指 1958 年 5 月在長崎一間百貨公司舉行的郵票展覽會場中，一名右翼青年扯下了中

國國旗的事件。當時岸信介（1896—1987）政府對這事件完全不加解釋，中國方面認為是極大的侮辱，因而廢棄了中日之間的貿易協定，使中日關係再度陷於全面性的中斷。岸信介內閣策劃所謂「兩個中國」的政治姿態，是中日友好關係惡化的根本原因。

　　不過，日本方面，從 1959 年開始，已經有人從事於努力改善兩國關係。1959 年，石橋湛山（1884—1973，日本前首相）應周恩來（1898—1976）之邀前赴中國。1960 年 8 月，周恩來接見日本人，重申中日關係政治三原則：（1）不執行敵視中國的政策；（2）不參加製造「兩個中國」的陰謀；（3）不阻撓中日兩國正常關係的恢復。1962 年，松村謙三（1883—1971，自民黨顧問、眾議員）等人前赴中國，探求恢復兩國國交的方法。1970 年，日本「促進恢復日中邦交議員聯盟」成立於東京。直到 1971 年才有了轉機，中國乒乓球代表團往日本參加第一屆世界乒乓球錦標賽。隨著美國尼克遜總統訪華，中美關係改善，中國恢復在聯合國的議席，而中日兩國也在 1972 年 9 月展開新的關係史：田中角榮首相訪華，中日發表聯合聲明，兩國恢復國交，正式宣告結束中日十五年戰爭的結束。

2. 1972 年以來的中日關係

　　可是，《中日和平友好條約》的締結並不順利。中國方面由於堅持在條約中加入「反霸權」一項而使日本為難，其間中國漁船在釣魚台出現也曾使情形一度緊張。幾經曲折，終於 1978 年 8 月在北京簽訂了條約。跟著，兩國在經濟方面的交流更呈活躍，建立了一個相互依存的經濟合作體系。

　　以上是 1980 年代以前中日關係的概略。簡單地說，我們應該留意以下幾點：

　　（1）中日關係的發展並不是一個獨立的問題，而是與美國、蘇聯、中國、日本以至朝鮮都有相互的關係。

　　（2）日本對中國，一向採取獨特的「雙元政策」，即政治與經濟二

元發展；或者可以說，政府與民間的二元發展。一則方便日本的經濟利益，二則可以用來應付中國大陸與台灣之間的問題。而這一個方式，日本應是較早使用的國家，世界其他國家效法的頗多。

（3）中國方面，對於日本的向外經濟擴張和軍國主義復活等問題，一直都採戒心，尤其是在戰後初期，更大肆批判。1970 年代開始，可能由於政策的改變，每多強調「友好」的一面，但從若干地方可以看出，中國對日本並不是完全充分的了解。中國對於展開中日友好關係，似乎不曾儲備足夠的知識。舉例來說，中國派往日本留學的人數不少，但其中大多數是為了學習日本的先進科技而派出的，從事日本研究的人很少。相反的，日本前往中國考察和留學的人，幾乎都是研究中國的專業人士。

3. 中日兩國關係的進展

中國與日本是兩個相鄰的國家，有兩千年文化交流的歷史。無論對於中國或者對於日本，中日關係都是十分重要的。日本人從事中國研究，不遺餘力，甚至認為研究中國是認識日本本身不可缺少的一部分。中國人往往由於傳統的因素，輕視日本，加上近代兩國間不愉快的關係，到現時仍然有不少人毋視日本，不願意提及日本。其實，這是無補於現實的。以下是 1970 年代以來中日關係的一些重點項目：（1）貿易額逐年增加，居中國對外貿易的首位。（2）政府勒定的實現與民間貿易的發展。（3）實行低息貸款。（4）合資開辦企業。（5）引進技術和成套設備。（6）開關貿易的新方式。

五 · 平成時代的新局面

1. 政治大國與軍事大國的戰略目標

日本在 1980 年代初期已提出要擔當世界政治大國的目標。1988 年，首相竹下登使用「為世界做貢獻的日本」這一口號；次年，首相

海部俊樹（1931—）重申日本作為一個負有重大責任的國家，必須確切表明今後前進的道路。此後，日本把進入聯合國安理會常任理事國行列作為實現其政治大國目標的主要標誌之一。

1990 年代以來，日本通過兩條渠道致力爭取：（1）更多地參與聯合國的實際活動，以爭取國際社會的支持；（2）積極支持和推動聯合國內部正在進行的關於聯合國改革及其具體方案的討論，同時爭取各會員國尤其是安理會各常任理事國的支持。

踏入 21 世紀以來，日本繼續為實現政治大國戰略目標不遺餘力；與此同時，又出現了實現軍事大國的新動力。例如：不斷擴大自衛隊的國際軍事義務；制定並通過《恐怖防止法案》；加速使自衛隊成為具有戰爭實力的軍事實體。

2. 現代日本的諸問題

主要有三：（1）「象徵天皇制」的延續及皇位繼承問題。（2）「泡沫經濟」的崩潰和經濟復甦問題。（3）「55 年體制」的終結和政治不穩定問題。此外，就是社會意識的走向與生活觀念的變化：物質生活得到保障，家庭消費和個人消費發生了較大變化；用於教育、文化娛樂和個人發展方面的費用增加，人們更注重生活質量；人們的社會交際、個人生活和娛樂活動等，更趨於多樣化和個性化；隨著出版、廣播、電視和網絡技術的發展，日本作為先進的資訊社會有更進一步的發展；但物質生活的富裕給人們特別是青年人帶來一些負面影響，部分人只追求「快樂人生」和「個性自由」，做事往往過於自我中心，不願意受社會約束。

13 現代日本與亞洲
——從外交政策到政經發展

一・戰後日本的外交政策

1. 奉行和平主義外交

戰後日本奉行「和平主義」外交，並以日美同盟關係為基軸，努力提高本國的國際地位，將外交作為謀求本國安全與經濟發展的重要手段。

《日本國憲法》第九條規定：「日本國民衷心謀求基於正義與秩序的國際和平，永遠放棄以國權發動的戰爭、武力威脅或武力行使作為解決國際爭端的手段。」不過，戰前日本的侵略行為仍使亞洲國家

提高警覺，擔心日本軍國主義復辟，日本應否派遣自衛隊出國更引起爭議。

2. 以日美同盟為基軸

1951 年 9 月，美、日等國不顧蘇聯的反對，在排除中華人民共和國的情況下，簽定了《舊金山和約》，同時還有《日美安全條約》的簽訂。 1954 年 3 月，又簽訂《日美共同防禦援助協定》，日本至此完全被納入以美國為中心的亞太安全體制，與中、蘇等共產主義國家處於對立性的地位。 1956 年，日本與蘇聯復交，並加入聯合國，重返國際社會。

1950 年代中期，日本人民反對美軍基地和《日美安全條約》的「安保鬥爭」，一浪高過一浪，岸信介內閣將調整日美關係置於日本外交的首位， 1960 年與美國簽訂新的《日美安全條約》。從此日本確立了相對獨立的地位，作為美國在亞洲的主要盟友。

3. 聯合國中心外交

1957 年間，日本提出外交活動的三大原則：第一，以聯合國為中心；第二，與自由主義各國協調；第三，堅持亞洲一員的立場。但日本的外交政策直接受到美國影響，且於 1970 年宣佈無限期延長《日美安全條約》，其後更因世界形勢的變化和日本國民的反對，這種完全追隨美國的態度始有改變。

總的來說，戰後日美關係經歷了三個階段，即日本對美國的從屬階段、日美建立伙伴關係階段、日美全球性伙伴關係階段。 1989 年以後，由於東歐劇變和蘇聯解體，冷戰時代結束，日本外交進入新的階段。雖然仍以日美關係為根基，而以聯合國為中心，但置其重點於亞太地區，並積極參與建立國際新秩序。

二·作為「亞洲一員」的日本

1. 促進亞太經濟合作和文化交流

日本地處亞洲，戰後非常重視與亞洲各國的關係。在經濟方面，日本政府一直強調要尊重亞太地區的多樣性和開放性。進入 1980 年代，大平正芳內閣提出環太平洋經濟合作設想，鈴木善幸首相提出太平洋合作五原則，要使太平洋成為和平之海、自由之海、多樣之海、互惠之海和開放之海。

1985 年，中曾根首相提出亞太合作的四項具體原則：（1）尊重東盟的主動精神，以東盟為主導進行合作；（2）促進民間機構的主動精神，以民間為主導進行合作；（3）將合作限定在經濟、文化與技術等領域，不搞軍事合作；（4）不搞排他性的經濟集團，建立開放型合作體制。

此後，日本通過設立「東盟日本開發中心」，推動日本與東盟綜合交流計劃，發展東盟及「亞洲四小龍」的經濟關係，積極促進亞太經濟合作。日本產品亦帶動新潮流，例如日本電視劇、動畫、歌曲、電子遊戲機等，在亞洲多個國家和地區，都廣泛受到歡迎。

2. 加強與亞洲國家的政治及外交聯繫

在外交方面，日本希望成為「政治大國」或「國際國家」，亞太地區是施展其抱負的重點，表明要在「亞洲一員」外交的基礎上，更重視在整個亞太地區（包括東亞、北美和澳洲、紐西蘭）發揮其作用。

日本近年以對華關係作為外交方面的一大支柱，強調日美中關係是決定亞太地區穩定的關鍵。由於日本在歷史上曾對亞洲各國造成巨大災難，戰後日本為了消除亞洲鄰國的疑慮，歷屆首相反覆對亞洲各國宣稱，日本不成為威脅別國的軍事大國。但亞洲多個國家的人民認為，日本對戰前侵略行為的反省仍不足夠，日本國內的一些言論和舉動，令人擔憂軍國主義會死灰復燃。

三 · 日本與中國的關係

1. 與中國維持民間交往

現代日本與中國的關係，是承接著長達八年的中日戰爭之後，雖然日本戰敗投降，但兩國之間的關係並不能夠一下子恢復正常。1949年中華人民共和國成立，國民黨撤退到台灣，日本追隨美國的外交政策，對中華人民共和國未予承認，1952年4月且與台灣當局簽署《日華條約》。

不過，日本與中國大陸維持經濟、文化方面的民間交往。1952年簽署《第一次中日民間貿易協定》後，日本舉辦中國商品展覽會，京劇名伶梅蘭芳赴日本公演，日本松山芭蕾舞團來華訪問，這些往還，使雙方停頓了的關係有所發展。這種對華「二元外交」的模式，亦為其他國家所採用。

2. 中日關係的挫折和改善

1958年5月發生「長崎國旗事件」，使中日兩國關係再度陷於全面性的中斷。岸信介內閣策劃所謂「兩個中國」的政治姿態，是中日關係惡化的根本原因。不過，日本方面亦有人致力於改善兩國關係。1959年，日本前首相石橋湛山應周恩來之邀來華；1962年，日本自民黨顧問、眾議員松村謙三訪問中國，同年簽署《中日長期綜合貿易備忘錄》，達成此後五年的貿易協定。1960年代的中日關係，已從民間往來發展到半官方的層次。

3. 中日邦交正常化

1972年美國總統尼克遜訪華和發表《上海公報》，在日本引起很大震動。同年，日本首相田中角榮訪問中國，雙方就恢復外交關係達成協議，並發表了《聯合聲明》，中、日兩國正式建交。1978年《中日和平友好條約》簽訂後，兩國的交往趨於頻密。

中日關係正常化，對穩定亞洲局勢有重大意義，亦有利於中國現代化的進行，日本對中國的改革開放採取支持態度。但因日本沒有認真對待過往侵華的歷史，以致時常引起事端。例如日本政要參拜靖國神社，亞洲國家常為此提出抗議；釣魚台問題的紛爭，一直未能解決；而中方貿易逆差巨大，也是兩國關係維持正常化所不容忽視的。此外，台灣問題以及美日關係，對中日關係正常化，也造成一定影響。總的來說，中、日兩國的和平友好是亞太地區穩定和發展的基礎，中日關係是兩國在二十一世紀的重要外交課題，日本和中國均致力於加強其發展。

四‧日本與其他亞洲國家的關係

1. 日本與朝鮮半島的關係

日本自 1910 年起，曾經在朝鮮半島進行了長達三十六年的殖民統治。戰後日本配合美國的遠東戰略，協調美國的朝鮮半島政策，在朝鮮戰爭（韓戰）之後尋求朝鮮半島的穩定，藉此確保日本自身的安全。

冷戰結束後，日本為了增大在東北亞地區的地位和發言權，積極探索新時期的朝鮮半島政策，加強與半島上南、北兩個政權接觸。一方面努力開闢「日韓新時代」，與南韓（大韓民國）的關係推向新階段；另一方面又致力改善與北韓（朝鮮民主主義人民共和國）的關係，爭取實現雙方關係正常化。

2. 日本與東南亞國家的關係

戰後日本與東南亞國家的關係，是從賠償談判開始的。1956 年，日本與菲律賓簽署了賠償協定和關於經濟貸款交換文件；1958 年與印度尼西亞就賠償談判達成協議，又先後與泰國、馬來西亞、新加坡簽訂了無償提供經濟技術援助、贈款等協定。隨著戰爭賠償問題的解決，日本與東南亞國家實現了邦交正常化。

此後日本致力開展經濟外交，確保日本的資源來源，同時開闢了東南亞市場，使日本經濟發展受惠。進而推行「政經並重」的外交，努力打消東盟國家對日本的戒心；又加強與東盟的戰略性合作，突出日本的作用。冷戰結束後，日本感到有必要推出新的亞洲政策，消除亞洲國家對日本根深柢固的不信任，與東盟的聯繫正逐漸加強。

3. 日本與南亞國家的關係

日本與南亞國家有著傳統的友好關係，早在 1950 年代初期，就與印度、巴基斯坦等主要南亞國家締結了和平條約。其後由於印度採取親蘇政策，日本與南亞國家的關係基本上處於冷卻狀態，直至 1980 年代，情況始有所改變。

1984 年，日本中曾根康弘首相訪問印度和巴基斯坦，與南亞的關係重新提升，冷戰結束後更有進一步的發展。1990 年海部俊樹首相提出發展與南亞國家關係的三個方針，即：(1) 為該地區的和平與穩定提供援助；(2) 擴充和加強與各國的經濟合作；(3) 擴大文化交流。在文化交流方面，日本注重為歷史文化遺產的保存、修繕提供合作，並通過聯合國科教文組織基金，分別向孟加拉國、巴基斯坦及斯里蘭卡等國提供援助。

4. 日本與西亞國家的關係

日本與西亞國家以至包括北非埃及在內的中東國家的關係，自 1960 年代成立中近東非洲局以後續漸加強，包括與中東國家的經濟合作，至 1980 年代中期且力圖在中東和平問題上發揮作用。其後由於伊拉克入侵科威特，日本對伊拉克實行經濟制裁，又向以美國為首的多國部隊追加九十億美元的支援，及派遣自衛隊掃雷部隊到海灣，以顯示日本的國際貢獻。

海灣戰爭後，日本調整其中東政策，從過去親阿拉伯的立場轉向中立的立場，並加強與以色列的關係。踏入二十一世紀，美國在「九一一事件」後出兵阿富汗，又揮軍推翻伊拉克侯賽因政權；日本亦

派出自衛隊負責伊拉克重建工作，但反對的聲音亦很強烈，更因三名日本人被伊拉克武裝份子挾持事件，激發國內要求自衛隊撤出的示威遊行。人質事件雖然解決，但日本政府的中東政策仍面臨嚴峻的考驗。

14 現代日本與國際社會

　　戰後日本曾經由美軍佔領，1952 年恢復獨立。此後致力於復興經濟，成為僅次於美國的經濟大國；另一方面則發展與世界各國——尤其是西方國家的關係。1980 年代以來，更積極參與國際事務，包括經濟和科學技術協力，以及加強國際文化交流等；在人類共同課題的對策方面，日本也密切注意。不過，日本會否出現軍國主義復辟，西方國家對此不表關心，亞洲國家的反應則較為激烈。

　　以下是戰後日本參加國際社會活動的幾個主要項目：

一・經濟協力活動

　　日本主要以「政府開發援助」（ODA）進行國際經濟協力活動，是

世界最大的援助國之一。1989 年成為世界第一位，1991 年起又連續五年維持世界第一位。1995 年的實績為 147 億美元（1.4 兆日元）。目前由日本給予援助的國家、地區超過 150 個之多。

（1）技術協力──這是協助被援助國培養所需人才，並以加強相互理解和親善為目的。這方面的活動，主要經由「國際協力事業團」（JICA）進行，包括：派遣專家及青年海外協力隊，供給器材，接納研修生等。

（2）無償資金援助──亦即提供無償的資金，這是對開發水產事業、防止災害、文化活動、糧食的增產，以及對難民營等提供各種的援助。

（3）政府直接借款（日元借款）──以長期低利息的方式貸款給開發資金。提供日元借款在 1993 年達到 33 億美元，居世界第一位。這些資金對東盟（ASEAN）諸國的經濟成長，有很大的貢獻。

（4）透過國際機構進行的經濟協力──日本也經由「國際復興開發銀行」（IBRD）、「國際開發銀行」（IDA）、「亞洲開發銀行」（ADB）、「非洲開發基金」（ADF）等國際機構，實行對外援助。

二‧科學技術協力

日本的科學技術政策有七個重點措施，其中一項是「強化國際性的科學技術活動」，具體而言，包括：

（1）與美國、英國為首的大約二十個國家締結科學協定，推進國際間的研究。

（2）參加「人類尖端科學計劃」（Human Frontier Science Program，HFSP），提倡幾項國際研究計劃，如：國際熱核融合爐的開發（ITER）、宇宙基地計劃等。

（3）推進國際研究交流，例如：引進外國籍研究員，以及在重要的國際共同研究中讓研究員能夠直接交換意見等。

三‧國際文化交流

　　日本於 1972 年設立「國際交流基金」(The Japan Foundation)，作為實施國際文化交流的政府機關。1989 年訂定「國際文化交流行動計劃」，以預算的擴充、事業內容的充實、人材的育成、海外關係事務所數目的增加等方面作為努力的目標。推進文化貢獻的重要措施，有以下事例：

　　(1)締結文化協定，1995 年日本與 45 個國家締結協定。

　　(2)1991 年，國際交流基金設立了美日文化中心。

　　(3)近年來，海外對日本及日語的興趣日漸高漲，日本在派遣教師、捐贈教材、文獻和提供資金等活動，都在持續進行。

　　(4)留學生和其他人物的交流。在 JET 的計劃下，募集外國大學畢業生到日本，協助初中、高中進行語言的指導；1994 年，有 11 個國家的 4,200 個青年訪問日本。1994 年 5 月，在日本的外國留學生約有 54,000 人。在 1980 年以來的二十年間，增加約十倍之多。

　　(5)日本長時期與聯合國教育科學文化組織(UNESCO)共同協力救助文化遺跡，並協助國際間推廣此類活動。1989 年，上述組織創設了「保存文化遺跡日本信託基金」，對吳哥窟及莫哥城等遺跡的修復計劃提供了協助。

四‧人類共同課題的對策

　　(1)日本提倡加強軍備管理及擴大裁軍範圍，如「非核三原則」(不開發核子武器、不擁有核子武器、不准攜入核子武器)等政策。在實際事項上，日本鼓勵各國加入《核子不擴散條約》(NPT)，並提倡一般武器的移轉需先在聯合國登錄的制度，又在日本國內主辦裁軍會議。

　　(2)日本致力於世界環保問題。日本在經歷了高度的經濟成長並

克服了各種產業的公害後，確信環境與經濟可以在經濟發展中予以調和，並保持持續成長。這種思考模式也反映在積極從事以下的問題上：地球溫暖化、沙漠化的防止，保護臭氧層、野生動物，以及森林保育等方面。此外，為了提升發展中國家對於環保的處理能力，日本也展開了各式各樣的協力活動，如：資金的援助、環境管理技術的轉移及參加共同作業等。

（3）日本對於防止毒品流通方面也提供協助。日本位於世界三大毒品生產地的兩個地區——即亞洲、太平洋區域之中，日本與這些地區的合作重點，是提供資金方面的援助及舉辦國際防止毒品會議。由於日本的倡導，1992 年設置了東南亞區域毒品對策的國際機關。

（4）日本為了有效防止恐怖主義，除了積極參與並提供國際上的協助外，對救助人質的安全做出最大的努力，對恐怖份子堅持「絕不讓步」的原則。

（5）在解決難民問題上提供協助。日本在對難民問題上，是以「比達成世界和平還要廣泛的問題」作為思考角度予以協助。為此，日本參加有關的國際會議，透過國際機關給予資金、物資、糧食的協助，並派遣和平協力隊等。1979 年至 1993 年間，援助的總額達到 54 億美金。

（6）參加聯合國維護和平的行動，並有非武裝人員出國之舉。然而國內外對此有不同聲音，引起討論。

第三輯

出版與文娛活動

15 近代日本出版文化的興起
—— 明治時期報刊述略

一·近代出版活動的發端

　　出版報紙和雜誌是近代文化活動的一環，報刊又是文化發展的工具之一。日本近代報業的真正產生和形成，是明治政府成立以後的事，比歐洲近代報業的興起遲了二百年左右；不過，日本報業從最初時起，就與當時的政治產生了密切的關係，並沿著日本社會變革的特殊軌跡發展下去，對文化、思想、經濟各方面都有巨大的影響。①

---

① 春原昭彥著《日本新聞通史》四訂版（東京：新泉社，2003 年），載錄 1861 年至 2000 年間日本報業的發展和主要新聞記事。山本文雄編著，諸葛蔚東譯《日本大眾傳媒史》增補版（桂林：廣西師範大學出版社，2007 年），對明治時期的報刊有詳細敘述。

近代報刊能夠在日本出現，主要由於兩個條件：首先是封建制度的崩潰，只有這樣，民眾始能置身於全國性的關係之中，才會要求知道廣泛的社會消息；而且，廢止了對報導活動的嚴厲縛束，然後可以回應民眾的這一要求。其次是印刷術的改善，否則便沒法迅速地產生向大眾報導各種消息的媒介物。

如所周知，在德川幕府（1603—1867）鎖國政策下的日本，除中國外，另一個僅有的通商國家是荷蘭。1853年（嘉永六年）美國海軍提督培理叩關，日本被迫於次年開國。自此，長崎的荷蘭商館館長遂獻上荷蘭東印度群島荷蘭總督府的機關誌 *Javasche Courant*，以代替舊有的《荷蘭風說書》。幕府認為這是了解海外情況的好材料，於是設立「蕃書調所」（即後來的「洋書調所」）進行翻譯，由1862年（文久二年）起發行《官版巴達維亞新聞》。譯報之外，又從事翻刻寧波、上海、香港各地英美人士所出版的中文報刊，並加上日本式閱讀法的符號，例如《官版中外新聞》、《官版六合叢談》、《官版香港新聞》等。1865年（慶應元年）間，曾任美國駐日本領事館譯官的美籍日本人焦賽夫‧海科（Joseph Heco，後改名濱田彥藏，1837—1897）在橫濱所創的《海外新聞》，是日本報紙的正式開始。

不過，在維新戰亂期間發行的近二十種報刊，才有一些關於國內事情的報導，而且表達了對政治的見解。京都、大阪一帶的報紙，都持「勤王」觀點；江戶、橫濱一帶的報紙，則多「佐幕」主張。1868年（明治元年），明治新政府軍隊進駐江戶後，就立刻取締了所有佐幕派報紙，並逮捕了《江湖新聞》的主辦人福地源一郎（1841—1906）。隨後江戶易名東京，定為日本國都，並逐漸發展成為新的文化中心。但這時的日本，對報刊仍未有普遍的需求，即使是沒有遭受禁止的報紙，其壽命也不長。1869—1870年間，僅有少數為時短促的報紙出現而已。印刷術的落後，是一個很大的限制，上述報刊全部都是木版或木刻活字印刷，當時的書籍，例如銷數達到十萬冊的福澤諭吉的《西洋事情》初編，也是這樣印成的。

雖然如此，幕末時代的日本，在出版事業方面是奠下了一些有益的基礎的。第一、幕末最具名氣的出版商，在江戶有「老皂館」的萬屋兵四郎（1818—1894），「須原屋」的茂兵衛，「山城屋」的佐吉、政吉，在京都則有村上勘兵衛、井上治兵衛等，這些人在進入明治時代以後仍有相當的活動；第二、日本最早的鉛字，是長崎的本木昌造（1824—1875）發明的，他在 1852 年試製成功，1870 年他的弟子陽其二用於印刷《橫濱每日新聞》，1872 年他的另一弟子平野富在東京神田設立活字販賣店，日本的新式印刷可以說是在這時開始的。當然，要到日本大舉學習西方新思想、新事物，教育文化事業日趨普及之後，具備了近代的條件，日本報業才有飛躍的進展。

二‧「文明開化」與報業發展

明治政府充分認識到報刊是組織統一國家所需的工具之一，遂於 1870 年左右開始採取助長報業發展的方針。1871 年 1 月創刊的《橫濱每日新聞》，是日本最早的日報；翌年更有《東京日日新聞》、《郵便報知新聞》、《日新真事誌》的創刊，宣示了報業時代的到來。當時的報紙都率先倡導「文明開化」，排除舊慣和陋習，介紹歐美文物制度，和報吹教育普及等。這些報紙就算在 1874 年以後，演變成為站在政府一邊的「官權新聞」，以及主張設立民選議院，宣揚自由民權以對抗藩閥政府的「民權新聞」，有關文明開化的倡導仍然是其根本。英人布拉克（John R. Black）所辦的《日新真事誌》，更顯著地有此傾向。東京曾一度出現所謂「新聞茶館」，顧客只需付少許費用，便可入座一邊喝茶，一邊聽讀報紙所登的新聞消息。事實上，報紙也曾與人力車和煤氣燈並列，成為文明開化風氣的三大象徵之一。

除了以政論為主的官權、民權兩派報紙之外，還有以一般市民為對象、著重以新聞為本位的所謂「小新聞」（即小報），如 1874 年創於東京的《讀賣新聞》、1875 年創辦的《東京繪入新聞》（附有插圖）等，

大體上也配合著時代的潮流。大多數的「小報」都在 1874—1879 年間問世，除上述《讀賣新聞》外，另一最具代表性的報紙是 1879 年創刊於大阪的《朝日新聞》。這些報紙因為不大涉及政治鬥爭，沒有受到政府當局的干預，反而獲得順利發展。相反的，當時的「政論報紙」以及在八十、九十年代曾經一度盛行的「政黨報紙」，有的衰落停刊了，有的轉變了辦報方針，有的甚至被日益壯大的「小報」收購了。

雜誌方面，推為日本雜誌元祖的《西洋雜誌》（1867 年創刊），有名的「明六社」的《明六雜誌》、福澤諭吉的《民間雜誌》、小野梓（1852—1886）的《共存雜誌》，其基本路線也是指向文明開化的。醫學、農業、教育及其他學術性的雜誌也開始出版，而都屬於啟蒙性質。至於《東京新誌》、《花月新誌》等文學雜誌，以及反政府的政論雜誌如《評論新聞》、《近事新聞》等，均不見有反對或否定文明開化的暗流。

要之，明治初期報刊的發行，在中央和地方都是受政府要人或地方政廳保護的。但當政論報刊中出現了反政府的言論後，政府便採取了一連串的措施。1873 年，明治政府修改了 1869 年初制定的《報紙印行條例》，增加了很多嚴格限制報紙出版發行的條款。1875 年又接連發佈了《報紙條例》和《讒謗律》，違反規定者，輕則罰款、停售，重則監禁、停刊。言論界受了極度的限制和壓迫，報人和記者遭懲處的很多。真正意義的、以確立人權為目標的文明開化之倡導，至此殆不可能，所謂「文明開化」的宣傳，只能在不妨害政府權力的情形下進行。

三・自由民權運動時期的報刊

自由民權時代，大抵是指以 1882—1883 年（明治十五、十六年）為頂點的前後五、六年間。這時期的報刊，其中心內容是要求制定憲法、開設國會及國民參政權的擴大等等，對於憲法內容和國會、內閣組織的討論，是頗為活躍的。

上文提過，1874 年以來，日本的報紙已有官權與民權之分，前者指《東京日日新聞》，後者則有《郵便報知新聞》、《橫濱每日新聞》、《朝野新聞》、《東京曙光新聞》。這傾向在 1877 年後仍然繼續，自由民權的主張年盛一年，1879 年《橫濱每日新聞》移至東京，改名《東京橫濱每日新聞》，而成為民權派社團組織之一的「嚶鳴社」的機關報，也是民權派方面最有力的喉舌。1881 年又有以名門望族西園寺公望為社長、中江兆民（篤介，1847—1901）為主筆的《東洋自由新聞》，本來是一家很有特色的民權派報紙，但因天皇干預，敕令西園寺退出，致該報出版僅月餘即停辦。這一年明治政府被迫頒佈天皇詔書，承諾在 1890 年開設國會，各種政治勢力瞬即活躍起來，結成政黨，其中以「自由黨」、「立憲改進黨」、「立憲帝政黨」最大。1882 年創於東京、以馬場辰豬（1850—1888）為主筆的《自由新聞》，是自由黨系的報紙；東京的《東京日日新聞》、《明治日報》、《東洋新報》和大阪的《大東日報》，是帝政黨亦即政府方面的報紙；《東京橫濱每日新聞》、《郵便報知新聞》、《大阪新聞》是改進系的報紙；《朝野新聞》則具有自由、改進兩黨的中間色彩；《時事新報》和《朝日新聞》中立，但前者對改進黨表明好意，後者則對政府顯示了消極而具好意的態度。

　　以上情勢在地方報紙上也可看到，1879 年府縣議會開設以後，地方報紙逐漸分裂為官權派與民權派，1881—1882 年以後更趨明顯。至於以報導為本位的「小報」，在這時代中也不得不沾染政治色彩。這些報紙對於政論本來毫不關心，但其投函一概批判政府的設施；而當政黨出現後，都支持改進黨、自由黨，否則也採取反政府的中立態度。《讀賣新聞》稍稍接近改進黨，《東京繪入新聞》接近自由黨，有些報紙甚至執行了政黨機關報的任務，如《繪入自由新聞》、《自由燈》之於自由黨，《改進新聞》（後改為《開花新聞》）之於改進黨等等。

　　總之，這時期的報刊都傾向於支持自由民權。不過 1883 年由於改訂新聞紙條例中的保證金制度，使弱小的政黨機關誌迫於停刊，一些無黨派色彩的時事評論報刊，也多少受到牽連。

四·國民主義風行的時期

由 1886 年（明治十九年）左右以至 1895 年中日甲午戰爭結束為止的十年間，日本報界的發展，從新聞企業方面來看，是營利事業化的開始；從言論內容方面來看，則是國民主義由開始倡導以至成為潮流的時代。

1886 年的日本社會，扼要地說，正是維新以來的改革活動大致完成之後，在政治方面，前一年已開始了內閣制度；經濟方面，則是承接兩、三年來的不景氣而轉趨好景之時，向著資本主義作進一步的發展，企業增加，規模擴大。報刊企業化，作為營利事業的一種，是必然的趨勢。為了爭取眾多的讀者，態度不宜偏於一黨一派，記事也力求平易及有趣。向來的「小報」在版面上已具備了現代報紙「新聞大眾性」的特點，內容又投合大眾的需要，在新的形勢下極為有利，因而迅速地發展起來。早年的大報，至此被迫走「小報化」的路線，如《郵便報知新聞》便是最先的一例，否則便往往遭遇停刊的厄運了。

至於以新鮮獨特面貌出現的中型報紙，應舉德富蘇峰（1863—1957）的《國民新聞》和黑岩周六（1862—1920）的《萬朝報》。前者創於 1890 年，這是從自命為「國民立場」的角度出發而又具有商業性質的報紙，已不同於過去的政論報紙或政黨報紙。後者創於 1892 年，首先開闢了「社會新聞欄」，專門報導犯罪、獵奇、黃色之類的新聞，揭露社會名流的私隱醜聞，贏得了下層讀者的歡迎；其後進行改革，在青年一代中間展開了有關人生問題的討論，一度掀起了「日本主義」的熱潮，並聚集了一批優秀的人材如幸德秋水、堺利彥等。

明治初年以來的改革，產生了一些新的社會問題，例如中央集權使地方疲敝，受政府保護的資本與純粹的民間資本隔絕，貧富懸殊也日見擴大等等。明治政府致力於「歐化」政策，進行外交活動以圖修改與西方國家簽訂的不平等條約等，接待外國人的迎賓館——「鹿鳴館」的舞會、宴會，便成為日本貴族和官僚進行國際社交活動的場所。而在民間，則掀起了一股反歐化主義的勢力，反對軟弱的外交方針。

三宅雪嶺（1860—1945）等「政教社」一派的《日本人》雜誌，陸羯南（1857—1907）的《日本新聞》，開始倡導以平民為基盤的、從下而上的國家主義，批判藩閥政府。此外，近衛篤麿（1863—1904）的《精神》、政教社的《亞細亞》等，也起來呼應。至於德富蘇峰的《國民新聞》，連同他前此發行的《國民之友》，則對政府的貴族主義傾向表示強烈的不滿，而高唱「平民主義」，可以說是鼓吹由下而上的歐化主義。

1888 年，大阪的《朝日新聞》又發行《東京朝日新聞》，肇東西新聞界制霸之緒。《大阪每日新聞》則在本山彥一（1853—1932）的指導下承繼了《大阪時報》，逐漸發展為實業本位的報紙。

為了應付廣大讀者的需求，印刷設備的改善是必然的。《讀賣新聞》和《朝日新聞》先後在 1876 年和 1882 年開始使用紙型版；1890 年起《東京朝日新聞》且使用每小時可印一萬五千張的法國馬里諾尼式輪轉印刷機，以往的平版印刷改為圓筒兩面同時印刷。不過，這時仍未能在紙面上加插照片。

報界的一大特徵是文學的興盛。文學界因坪內逍遙的覺醒而產生了活潑的氣象，不單只報刊上有小說的連載，還出現了不少俳句、和歌、詩的專門雜誌。另一特色則是歷史作品的流行，這顯示了日本人進入回憶德川期的時代，與國家主義的抬頭不無關係。此外，《少年園》、《日本之少年》等為少年而設的雜誌，《女學雜誌》、《日本之婦女》、《家庭雜誌》等以婦女為對象的刊物，還有宗教、哲學之類的專門雜誌，也是在這時期內出現的。

至於這時期出版的圖書，亦與上述情形相應。一般來說，有關國家主義和歷史問題的書籍是十分顯著的。博文館的《日本文學全書》、《日本歌學全書》，田口卯吉的經濟雜誌社所翻刻的《群書類從》等等，是規模較大的出版物。

最後，還需指出，日本的出版界到了這時，可說已經進入資本主義的階段了。1886 年的富山房，1887 年的博文館、民友社，1888 年的福音社、目黑書店，都是明治、大正時期相當活躍的大出版社。

五‧報紙企業化時代的到來

自中日甲午戰爭結束後，直至明治末年為止，日本報界的企業化更向前推進了一步。報紙、雜誌都以營業為本位，一面避去了言論和主張，注重報導；內容亦往往以趣味為主，文學作品和娛樂事業的版面擴大了，廣告增多了，有關社會、經濟的報導也日見頻繁。日俄戰爭後，還有「地方版」和晚報的發行。

在十九世紀末到二十世紀初，有「大眾報紙」之稱的《萬朝報》，其發行量達到十二萬份，居全國之首。1904年，《大阪每日新聞》和《大阪朝日新聞》分別達到二十萬份，《萬朝報》以十六萬份退居其次。1907年，《大阪朝日新聞》和《報知新聞》均達三十萬份，《大阪每日新聞》二十七萬份，《萬朝報》則為三十萬份。上述數字充分的反映出日本報紙發行量的增長極其迅速，這現象與日本兩次對外戰爭的勝利以及日本產業革命的基本完成，是有著密切關係的。印刷技術的改善，通訊網和發售網的擴大以及資本的增加等，都是必需的。具有雄厚勢力的資本，在新聞界中的決定性日見顯著，如1910年後《日本》之讓與伊藤欽亮（1857—1928），島田三郎（1852—1923）的《每日新聞》售於《報知新聞》，《大阪每日新聞》先後收購《電報新聞》及《東京日日新聞》而活躍於東京等，都是極好的例子。

在這情況下，黨派機關報刊的衰微是不必説的，編集長、主筆、名記者的權威已大不如前，德富蘇峰、黑岩周六雖是記者，卻以經營者身分而有名。在這時代揚名的，毋寧是村山龍平（1850—1933）、三木善八（1857—1931）之類的經營者。記者選擇報社，往往視乎職位和報酬的高低，很少是考慮到自己的主張的。內村鑑三（1861—1930）、堺利彥、幸德秋水之退出《萬朝報》，只是一個異常的例子而已。

但這並不是説，這時期並不顧及言論主張。在十九世紀末年，主張「日本膨脹」的言論頗強。1900年中國發生義和團事件以後，日本

希望進一步與歐美列強爭奪中國的利益，加上國內資本主義日見發展，輿論界進而轉變為帝國主義的鼓吹，沿著強硬對外的路線，依次發展為對俄強硬論、對俄主戰論、反對日俄的講和條約和肯定日本吞併朝鮮。至此，明治二十年代的自下而上的國家主義、歐化主義，不知不覺地演變成以國家權力為背景的帝國主義了。在當時的新聞界、雜誌界中，這種言論傾向是很普遍的，只有三、四種報刊例外。

這時期的另一個特色，是社會主義言論的抬頭。在甲午戰爭後的日本社會中，勞資雙方的利害衝突明顯的存在，無論甚麼報紙都不可避免的涉及此類問題。有些報刊是以社會改良為目標的，如板垣退助（1837—1919）的《社會新報》、黑岩周六的《萬朝報》、秋山定輔（1868—1950）的《二六新報》、島田三郎的《每日新聞》等，但都屬於營利性質，其社會主義主張大抵不得不限於與資本勢力不相矛盾的範圍之內。《每日新聞》和《萬朝報》在日俄戰爭前夕主張「非戰論」，結果在言論上受到挫敗。而站在勞工階級立場的，由社會主義者及其支持者所辦的報刊，有《勞動世界》、《平民新聞》、《社會主義》、《直言》、《光》、《新紀元》、《世界婦人》、《社會新聞》等，《六合雜誌》也在這一線上。不過，1909年發生了藉以鎮壓社會主義運動的所謂「大逆事件」，幸德秋水等人判處死刑，有關社會主義的圖書都禁止發售。

這時的雜誌界，也正如前所言，是繼續走資本主義化的路線。在明治二十年代獲得成功的博文館，於1895年創刊綜合雜誌《太陽》，另出版《少年世界》、《文藝俱樂部》等，以後還次第增加其種類，稱雄於雜誌界。較為重要的雜誌，尚有《日本人》（後改為《日本及日本人》）、《中央公論》。此外，甲午戰爭後竹越與三郎（1865—1950）的《世界之日本》，日俄戰爭前夕山路愛山（1865—1917）的《獨立評論》，和日俄戰爭後的《新日本》（富山房）均為代表。

不過，明治末期的報界和出版界，在帝國主義的重壓下正日益失去言論的自由，以至於大正時代。

16 近代日本的名著

　　明治維新是日本擺脫幕藩體制的羈絆而成為資本主義及近代天皇制國家的起點。自此以至第二次世界大戰結束的七十餘年間，日本的發展是十分迅速的，它的演變過程從國內政治和對外行動中充分的表現了出來，而在思想、文化等方面，也明白可見。不僅如此，近代日本的思潮，在一定程度上推廣和影響了國家的決策，甚或成為與統治階層相抗衡的力量。本文擬通過明治時期、大正時期和昭和前期在政治上、社會上及文化上具有代表性或產生過影響力的著作，就思想、文化的趨向簡略說明近代日本發展的脈絡。[①] 但是，近代日本的名著為數

---

① 本文主要參考自由國民社編集部編《明治‧大正‧昭和の名著—總解說》(自由國民社，1977 年) 及每日新聞社圖書編集部編《日本の名著》(每日新聞社，1963 年)，桑原武夫編《日本の名著 —— 近代の思想》(中央公論社，1962 年)、石田一良編《日本思想史概論》(吉田弘文館，1963 年)、橋川文三‧松本三之介編《近代日本政治思想史》I‧II (有斐閣，1970—1971 年) 等。

著實不少，無法盡錄，僅舉其要；這數十年間的歷史演變更是千頭萬緒，尤非這篇短文所能概括。筆者目的，只是想提供一點線索而已。

一・明治時期（1868—1912）

日本的近代化能夠成功的原因之一，是明治政府體認到汲取新知識的重要性，積極推行「文明開化」政策，與「富國強兵」和「殖產興業」一同作為指導改革的總方針。1868年（明治元年）頒佈的《五條誓文》中，有「求新知識於世界，以振起皇基」一條，極具象徵性的意義。明治最初的十年間，文化史上往往稱之為「文明開化期」，在政治上，這正是集權的藩閥官僚政府成立並逐步實現其具體措施的時期。而在思想方面達成這個任務的，是當時的啟蒙思想家，主要為集結於1873年（明治六年）創立的「明六社」旗下的西村茂樹（1828—1902）、西周（1829—1897）、中村正直（1832—1891）、加藤弘之（1836—1916）、福澤諭吉、森有禮（1847—1889）等人。他們分別從哲學、政治、經濟、歷史、科學等不同角度，介紹有關近代社會的理論，藉此打破傳統的倫理和想法，換句話說，就是從事西洋思想的攝取和移植。所採用的方法不外兩種，一是直接迻譯外國的作品，另一則是在西洋思想的啟發之下，寫成適合日本國情的論著。

早期的啟蒙思想家，首先覺察到國家體制的確立和個人在政治中的權利等問題的重要性。加藤弘之著《立憲政體略》和《真政大意》，主張立憲政體和天賦人權論，後者更認為政治應以安民為著眼點，而政府的職務是保護國民的生命、權利、財產及教導國民。曾赴英國的中村正直，翻譯了森姆耳・史麥斯（Samuel Smiles，1812—1904）的《自助論》（*Self Help*），改名《西國立志篇》，於1871年（明治四年）出版。該書描述自古以來三百餘名立志成功的人物的事跡，以動人的譯筆鼓吹自助精神，備受讀者歡迎，重版多次，對青年階層的鼓舞極大，甚至給譽為「明治的聖經」。中村的另一本譯作《自由之理》——

即米勒（J. S. Mill，1806—1873）的《自由論》（*On Liberty*），也成為文明開化期自由思想的經典。[①] 在明六社諸人中，影響力最大的應推福澤諭吉，雖然後人對他的評價不一，但他在明治初年居於「國民教師」的地位，而他的《勸學篇》和《文明論之概略》是當時文化方向的指標，均為不可否定的事實。《勸學篇》初編於 1872 年（明治五年）出版，至 1876 年（明治九年）為止，共寫成十七編，各印二十萬部，全數凡三百四十萬部，至於大量的翻印本還未計算在內，可見流傳之廣。福澤認為先進的學問不是儒學者、和學者的空談的學問，而是實用的、實證的「實學」，投身於實學可以得到個人的獨立自主，從而以此為基礎，推進日本的文明和達成國家的獨立。1875 年（明治八年）刊行《文明論之概略》，更強調為了國家的獨立，人們不得不進於文明，日本不得不達於西洋文明之境。在社會觀方面，作者提倡市民的社會改造理論；在歷史觀方面，則主張以文明史觀代替治亂勸懲的儒教史觀。整體來說，本書是圍繞著當時最大的課題 —— 文明開化而展開系統性論述的巨著，是使日本的啟蒙思想達於巔峰的代表。[②]

　　陸羯南在他的《近時政論考》中說，排斥封建性的依賴心而獎勵社會革新及實利主義的，當推福澤諭吉；打破封建性的畏縮心而倡導國權主義和愛國心的，則是加藤弘之、津田真道（1829—1902）等人。換言之，即使集結在明六社的啟蒙思想家，他們的思想動向決非相同性質，不可一概而論。《明六雜誌》是集合各人思想的結晶，充分反映出啟蒙思想的總路向，卻是不成疑問的。各人後期思想言論的轉變，此處不擬敘述，但應該一提的是，開化期的啟蒙思想實可大別為「自由民權論」和「國權論」兩個方面，前者急於倡導及實踐輸入的政治理論，後者則具有跟較為守舊的儒教主義結合的因素，此後日本思

---

① 周佳榮著《近代日本文化與思想》（香港：商務印書館，2015 年），頁 18—20。

② 福譯諭吉的著作譯成中文的，有群力譯《勸學篇》（北京：商務印書館，1958 年）、北京編譯社譯《文明論之概略》（北京：商務印書館，1959 年）。

想界的演化，大抵是沿著這兩條路線而發展的。無論如何，福澤諭吉在促進日本偏激思想一事上，應負相當的責任。

但是維新政府並非完全平穩、毫無阻礙。從民間而來的、攻擊政府專制的自由民權運動大起，而以懷著不滿情緒的士族為中心的叛亂也相繼發生，遂有 1877 年（明治十年）的西南戰爭。其後，民權運動一轉而集結為開設國會運動，植木枝盛（1857—1892）的《民權自由論》、中江兆民的《三醉人經綸問答》等，成為這個運動的理論基礎。《民權自由論》是為一般群眾而寫的普及民權思想的小冊子，基於天賦人權的理念，主張不論貧富都享有政治上的平等權利，對否定「下等人民」參政權的意見，予以批判。1879 年（明治十二年）此書出版時，植木枝盛僅二十三歲，不過此書卻成了他一生的代表作。而中江兆民在八年後，即 1887 年（明治二十年）刊行的《三醉人經綸問答》，則是一冊展望日本此後政治思想發展的預言書，作者以代表西洋近代民主主義思想的「洋學紳士」、代表擴張的國權主義的「豪傑君」及代表現實的改良主義的「南海先生」三人之間的辯論，闡明日本政治的三種基本理念。應該注意，植木、中江等民權思想家有一個共通的立場——明確的人民主權，這點與明六社的啟蒙思想家是有本質上的差別的。雖然在 1881 年（明治十四年）左右，由於內外諸因素，使到運動急速地衰退下來，但是，在近代日本史上，這是最早的民主主義高漲的時期，又適逢憲法制訂的前夕，故此亦可以說是迫使日本選擇國家進路的一個運動。可惜隨著而來的，是保守主義之再興。

教育與國民的啟蒙以及引導民心歸向有不可分割的密切關係。維新政府早在 1872 年（明治五年）頒佈的《學制》，是一個有關教育改革的重要法令，確定了國民教育的方向。但面對著明治一〇年代前後自由民權風潮的高漲，政府當局覺得應該加強灌輸國家主義和儒教主義的教育。天皇的侍講元田永孚（1818—1891）奉旨編纂《幼學綱要》，於 1875 年（明治八年）完成，1881 年（明治十四年）刊行，其後並由宮內省頒發到全國各學校中，作為教導幼童忠孝仁義的欽定修身書，

廣泛使用。此外，1890 年（明治二十三年）天皇又頒《教育敕語》，意圖使到維護天皇制國家的教育更為鞏固；而國粹主義者井上哲次郎（1855—1944）的《敕語衍義》，是最能符合官方論調的一冊解說書。

顯而易見，自明治二〇年代開始，反對歐化主義的運動急激地展開，而保守的國家主義、國粹主義的抬頭，實是必然的現象。隨著憲法頒佈、議會開設等等，作為近代國家的體制漸次整備；更由於中日甲午戰爭和日俄戰爭兩役的勝利，使日本置身列強之林。但帝國主義國家所具有的種種矛盾，也漸次呈露，幸德秋水《二十世紀之怪物帝國主義》是反帝國主義論、反戰論的代表作，對於偏僻的愛國心和野蠻的軍國主義，尤加以激烈的批判。橫山源之助（1871—1915）的《日本的下層社會》，則是最早從工人立場所見的勞工實態調查資料，是對帝國主義的確鑿的控訴。順帶一提，這二者都是走向社會主義的先導著作，反響至大。

另一方面，明治文學的步伐則較為緩慢。它在西洋文學思潮的衝擊下，於明治二〇年代才開始了近代文學的時代，坪內逍遙的《小說神髓》否定了向來勸善懲惡的表現手法，主張尊重心理的、客觀的態度，正式宣告了明治文壇的革新。二葉亭四迷（1864—1909）受其影響而創作了《浮雲》，成為近代日本小說的先驅。不過此後寫實主義文學並無顯著的進展，到了明治三〇年代，自然主義文學興起，作家輩出，島崎藤村（1872—1943）的描寫一個出身部落民族的教師反抗封建差別待遇的長篇小說《破戒》，是這一思潮達到頂點的代表作品。夏目漱石（1867—1916）和森鷗外（1862—1922）則站於反自然主義的立場，開展其獨特的風格，並稱近代日本兩大文豪。前者的《我是貓》、《少爺》（又譯作《哥兒》），後者的《青年》和《雁》等作品，從較為廣闊而理智的角度，對自然主義文學的弱點 —— 缺乏遠大理想和解決現實問題的衝動，大加撻伐。夏目漱石的門人輩出，在文學界所造成的影響是頗為深遠的。至於森鷗外，在「大逆事件」之後，發表了《施工者》、《沉默之塔》、《妄想》等，宣揚一種從社會生活中隱退、

旁觀人生的態度。

二·大正時期（1912—1926）

這個時期，正如「大正民主主義運動」所象徵的一般，是一個渴望著從舊秩序的解放以建設新社會的時代。所謂大正民主主義運動，是指大正年間要求民主主義改革的運動和思想潮流，以 1913 年（大正二年）反對藩閥、軍閥統治的「第一次護憲運動」為出發點，而以縮減特權階級的力量、置議會和政黨於政治的核心、擴大人民參政範圍等為中心目標。在理論方面，吉野作造（1878—1933）的「民本主義」和美濃部達吉（1873—1948）的「天皇機關説」，是主要的支柱。1916年（大正五年）吉野在《中央公論》雜誌上發表長達九十八頁的〈説憲政之本義論其貫徹到底之途〉一文，倡議把政治從小部分特權階級的手中取出來，交給一般的民眾，在明治憲法的範圍內達成立憲主義實質的最大限。吉野將 democracy 譯成「民本主義」，不譯「民主主義」，是為了迴避與明治憲法的衝突。天皇機關説是與「天皇主權説」對立的一種憲法學説，基於「國家法人説」的理論，認為統治權在於法人——國家，天皇只是以其最高機關的身分來行使統治權。本來這是明治末年一木喜德郎（1867—1944）等學者對立憲憲法的解釋，在否定以議會作為國民代表機關的意義和君民同治説等方面，與天皇主權説是完全相同的。但美濃部達吉在 1912 年（明治四十五年）發表了《憲法講話》一文以來，天皇機關説即從本質上轉換為議會主義憲法學，成為大正時代學界的定説和政黨內閣意識形態的基礎。

第一次世界大戰期間，日本的財閥資本有了顯著的發展，但是，勞動人民卻日形貧困，大多數的國民都苦於物價騰貴，難以維生。1918 年（大正七年）夏，以富山縣魚津町為開端的「米騷動」，瞬間演變為全國性的大騷亂，民本主義更藉此向勞工運動、農民運動、婦女運動、部落解放運動等較為具體的方向迅速地發展起來。1916 年（大

正五年）間，河上肇（1879—1946）在《大阪朝日新聞》連載《貧乏物語》，翌年以單行本形式出版，使世人對社會問題的關心更為提高。他認為最大的社會問題是資本主義特有的「貧困」問題，在闡述了大多數人如何貧困和何以貧困之後，試圖找尋消弭貧困的方法，但答案仍是以人道主義為基礎的、缺乏現實性的理論。作者後來曾刪去有關「貧困根治策」的部分，甚至停止了印行該書。順帶一提，作者隨後轉而傾向唯物史觀，成為一個馬克思主義者，並且發表了《第二貧乏物語》，而解決貧困的方法，也從「人心的改造」變為「社會之改造」。無論如何，《貧乏物語》對於大正民主主義運動中尚未解決的經濟理論，提供了一方面的見解，雖欠缺完整，但具有一定的作用。

此外，被稱為「貧民街聖者」的賀川豐彥（1888—1960），發表了自傳式長篇小說《超越死線》，極為暢銷。而右翼的北一輝（1883—1936）也發表了《日本改造法案大綱》，深受青年將校所推崇，甚至成為急進的法西斯主義的「聖典」。大正思想的特徵之一，是強調自我的自由與創造的個人主義，朝永三十郎（1871—1951）《近世中「我」之自覺史》、厨川白村（1880—1923）《近代之戀愛觀》等，可說是這方面的代表。還有，細井和喜藏（1897—1925）的《女工哀史》等優秀的報告文學，也應重視。該書作者是纖維工廠的一名職工，基於本身的生活經驗和實況調查，記錄了第一次世界大戰後日本獨佔資本主義確立時期女工在工廠勞動的悲慘情形，具有很大的社會意義。

文學方面，即呈現著複雜多樣的現象。夏目漱石、森鷗外等大作家仍然活躍；而作為自然主義文學之一歸結的、以表現自身體驗為主的「私小說」中，產生了志賀直哉（1883—1971）《暗夜行路》等傑作；標榜耽美與享樂的永井荷風（1879—1959）和谷崎潤一郎（1886—1965），也是時代的寵兒。不過，揭起尊重自我、相信人格的《白樺》雜誌的武者小路實篤（1885—1970）、志賀直哉、有島武郎（1878—1923）、里見（1888—1983）等人的作品，可以說是大正市民文學的代表。接著，在《新思潮》雜誌上發表作品的芥川龍之介（1892—

1927）、菊池寬（1888—1948）等「新現實派」，在文壇上開拓了新的境地。

可是，隨著 1923 年（大正十二年）發生的關東大地震，這個時代亦宣告結束。其後，大眾運動雖獲得了「普通選舉法」，一償其宿願；但同時制訂用以壓抑反體制運動的「治安維持法」，大大加強了軍國主義國家的色彩。

三・昭和前期（1926—1945）

昭和時代以金融危機開其端，加上世界性的恐慌和農村不景，使不景氣慢性延續下去。全國充滿了失業者，人們在色情和怪奇等無意義的事情中尋求逃避。在這情形下，無產階級運動成立統一戰線，有飛躍的進展。但政府採取了徹底的彈壓政策，在 1928、1929 兩年（昭和三、四年）大事檢舉共產黨員等，即所謂「三一五事件」和「四一六事件」，使共產主義者的運動頻於全盤潰散的地步。

在這個時代中，有不少唯物史觀的名著出現，例如從世界史觀點和經濟、政治動力來分析明治維新的服部之總（1901—1956）的《明治維新史》，分析日本資本主義發展及其特質的野呂榮太郎（1900—1934）的《日本資本主義發達史》、平野義太郎（1897—1980）的《日本資本主義社會之機構》等。同時，無產階級文學亦迎接其最旺盛的時期，其中以小林多喜二（1903—1933）的《蟹工船》、《黨生活者》和德永直（1899—1958）的《沒有太陽的街》呼聲最高。

與社會主義運動高漲相對抗的，是以軍部內的青年將校為中心的法西斯式的「改造國家運動」，這運動不久且專以打擊政黨和重要大臣來實現軍部政權作為主要目的，使日本的危機更加深化。以「滿蒙為帝國生命線」的大陸政策論掀起了一連串的侵華事件，1937 年（昭和十二年）終於正式爆發了中日戰爭。大戰期間，從軍記者石川達三（1905—1985）的《活著的兵隊》，由於描寫過於生動而遭禁制；火野

葦平（1907—1960）的「兵隊三部曲」——《麥與兵隊》、《土與兵隊》、《花與兵隊》，則成為暢銷書。

　　回顧戰前的文學界，在初期的無產階級文學全盛時期，橫光利一（1898—1947）、川端康成（1899—1972）、中河與一（1897—1994）等新感覺派的作家曾放異彩，而產生了川端的《伊豆舞孃》、《雪國》等作品。戰時由於國家總動員法，作家亦被徵調前赴戰線從事報導及文書等工作，1942 年（昭和十七年）「日本文學報國會」成立，文學也成了支持戰爭進行的事業之一。但另方面，竹內好（1910—1977）的《魯迅》、武田泰淳（1912—1976）的《司馬遷》（戰後再版改題《史記之世界》）等少數知識分子的著作，別具一格，以透澈的眼光來看這個混亂的世局，而託希望於未來的時代。

　　　　　　　　　　—— 原載《抖擻》雙月刊第 36 期（1980 年）

17 近代日本文學 與文藝思潮

　　日本文學近年來在世界各地逐漸受到注重，主要是由於 1968 年（昭和四十三年）著名的日本作家川端康成榮獲諾貝爾文學獎所引起的，但與日本著作大量譯成外文出版，以及日本國際地位的急劇提高，也有相當的關係。中國是日本的近鄰，在接觸日本文化方面有較大的便利，翻譯日本文學作品（尤其是小說）的風氣正日趨活躍；不過，較常見的幾種有關日本文學史的論著，對於一般並非有意探研日本文學的讀者來說，或許仍然稍嫌詳瑣。以下擬從思想趨向和文學史的角度，概略介紹近代日本文學的發展，舉述主要的文學作品，並希望藉著提供較全面的背景知識，俾於理解當代日本文學，或有絲毫助益。

一般認為，明治維新是日本擺脫長達數百年的封建制度而走向近代化的開始，而 1945 年日本宣佈戰敗投降則為現代日本的發端。從日本文學史的演進來看，這樣的分法也是合理的，因為明治時期以降的日本文學，雖不至於跟傳統文學全無連帶關係，但基本上是受了外國文化的刺激和影響而展開的，以截然不同的新姿態出現，與傳統文學涇渭分明；而在第二次世界大戰期間，這個曾經燦爛一時的日本文壇，幾乎陷於完全窒息的地步，要到戰爭結束後始重新活躍起來。此外所要討論的範圍，時間上是由 1868 年（明治元年）起，至 1945 年（昭和二十年）為止，包括明治時期（1868—1912）、大正時期（1912—1926）及昭和前期（1926—1945）；內容上則集中於作為日本文壇主流的小說創作，間亦旁及詩歌、評論等。

　　首先需要指出：日本在走向近代化的過程中，文學的步伐是比較緩慢的，1887 年（明治二十年）以前，只能說是近代日本文學的啟蒙期，在「歐化主義」支配下出現的若干文學作品，雖然帶有多少新時代的氣息，但真正的近代文學並未興起，要到寫實主義、浪漫主義、自然主義等文學潮流相次更替，始創出了「明治文學」的高峰。

一・啟蒙思潮下的文學

　　明治初年的日本，是一個以政治為中心的時代，當舉國上下都熱心於輸入歐美的近代技術、社會制度和風俗習慣，進行「文明開化」以建設新社會之際，文學界卻仍是德川幕府末期消遣文學的延續，流行著所謂「戲作」，意即非正式的遊戲文學。這些作品中，以假名垣魯文（1829—1894）的《西洋道中膝栗毛》（1870）、《安愚樂鍋》（1871）等最具代表性，較能沾染一點時代氣味。前者是西洋徒步旅行記之意 [1]，寫

---

[1] 「栗毛」是馬的一種，「膝慄毛」是身份地位不高、無法騎馬的人，以自己的膝蓋代替馬匹行走，即徒步旅行之意。參閱中村義裕著，陳亦苓譯《日本傳統文化事典》（新北：遠足文化事業股份有限公司，2017 年），頁 468—469。

日本人到倫敦去參觀博覽會的所見所聞；後者即圍著吃火鍋的意思，取材於明治初年的一家牛肉鋪，把人們高談闊論的內容記錄下來。雖然只是市井狀態的表面描繪，總算反映了當時的新風俗了。

到 1877 年（明治十年）以後，因為福澤諭吉、西周等啟蒙思想家對外國知識學問的倡導，打破了向來以儒家學説為中心的文化領域，文學風氣也漸有所改變。首先是翻譯文學開始盛行，《魯賓遜漂流記》、《伊索寓言》、《阿拉伯之夜》、《八十日環遊世界》之類的通俗作品，都先後有了日譯本。大體來説，這時期的譯作多數缺乏藝術性的價值，但頗能使當時習染了江戶文學餘流的日本人耳目一新，又可滿足他們的好奇心和求知慾，所以出乎想像的得到知識界的歡迎，並且成為新文學來臨的先聲。

同一期間，又有政治小説的產生和流行，這明顯是自由民權思想的發展所促成的。作家們把政治理想和自己的政見寓於小説之中，而表達的方式則各有不同。例如有政治小説第一名著之稱的矢野龍溪（文雄，1850—1931）的《經國美談》（1883—1884），取材自古希臘史，把討論民主的歷史著作小説化，從而宣揚了作者所隸屬的「改進黨」的政治理想；東海散士（柴四郎，1852—1912）的《佳人之奇遇》（1885），用較浪漫的筆法寫日本志士在外國與女政治家邂逅，從言談中説出祖國獨立自治的情況；末廣鐵腸（1849—1896）的《雪中梅》（1886）及其續集《花間鶯》（1887），則以宣傳體裁敍述即將設立國會的政黨的政治主張，比較寫實地描繪了當時的社會狀態。總的來説，這些傳奇、空想性質的政治小説，由於過分注重說理之故，一般都以政治演説式的、慷慨激昂的調子貫串全篇，文學價值不大，但對於當時的政治社會則有一定程度的影響，在反映時代思潮方面是頗具意義的。而且，政治小説與先前的翻譯小説相應合，明顯地把文學從「戲作者」手中移交給新式的知識人士，提高了文學在社會上的地位，為以後的發展鋪路，更是值得肯定的。

順帶一提，這時的詩壇上流行著的，是採取西洋長詩形式與精神

的「新體詩」，跟傳統的「短詩形」（和歌、俳句、漢詩）大異其趣。總言之，啟蒙期的日本文學是處於一個過渡的階段，傳統文學的餘流日見消減，「尊重洋風」的歐化主義改變了文學界的面貌，更逐漸成為支配的力量，真正的近代文學並未興起，不過此後的文學潮流卻多少藉著這「發端」而展開。

二・寫實主義文學論的興起和實踐

　　十九世紀八十年代，以客觀態度如實地表現自然與人生的寫實主義作品，開始取代明治初期的「啟蒙文學」——翻譯小說和政治小說——的地位，成為近代日本文學的先驅。最初為這一文學思潮奠定理論基礎的，是坪內逍遙所寫的文學評論《小說神髓》（1885—1886），主張在創作中應該尊重心理的、客觀的態度，而否定向來勸善懲惡的手法。這種見解為過渡時期的日本文學指出一個邁進的方向。坪內為了把它實踐出來，並寫成一本叫做《一讀三歎・當世書生氣質》（1885—1886）的小說，刻劃當時的學生群像，雖然小說中仍然殘留著舊文學的影子，但它的劃時代的意義，是應該肯定的。作為近代寫實主義萌芽期的小說論，《小說神髓》是日本近代文學的濫觴之作。①

　　跟著，曾在東京外語學校俄語科就讀的二葉亭四迷發表《小說總論》（1886）以響應並加強坪內逍遙的主張；又捨棄在文章中使用「文語文」的習慣，改用「口語文」，以便更貼切地描繪現實。他的連載小說《浮雲》（1887—1890），便是最先用「言文一致」的新文體寫成的作品，內容講述一個善良的近代知識分子在明治官僚政府的專制下的遭遇和挫折，把小市民的焦躁和不安的心理維肖維妙地刻畫了出來。這部作品被認為不同於坪內等人來自上層的文學改革的作品，而是從下層進行文學革命，是近代日本文學的里程碑。可惜在當時不受社會歡

---

① 劉利國，何志勇編著《插圖日本文學史》（北京：北京大學出版社，2008 年），頁 75—77。

迎，結果只好中斷寫作計劃。或者可以說，自由民權運動在明治政權的鎮壓下失敗，是從根本上限制了日本近代小說發展的原因。無論如何，深受俄國文學影響的二葉亭四迷，在翻譯方面有不少功績，口語體的筆調在他的作品中日見成熟；不過，日本小說的口語體，卻要遲至明治末年始能正式確立起來。

直到明治二十年代，寫實主義文學仍無顯著的進展，在文壇上較為活躍的，是具有寫實傾向的「擬古典主義」。所謂擬古典主義，是指擬古派的文學，換言之，就是重視中世和近世的日本文學。這一派別明顯是針對極端的歐化主義而作出批判和反省，以「硯友社」的一班作家與幸田露伴（1867—1947）為主要代表。硯友社是 1885 年尾崎紅葉（1867—1903）、山田美妙（1868—1910）等文學青年所結成，並出版機關刊物《我樂多文庫》，其後加入的還有川上眉山（1869—1910）、廣津柳浪（1861—1928）等人。他們繼承《小說神髓》的精神，否定文學的功利性，而致力於模仿近世文學，受近松門左衛門（1653—1724）和井原西鶴（1642—1693）的影響頗大。尾崎紅葉的雅俗折衷文體，尤為文壇所器重；而與紅葉齊名的幸田露伴，其文筆則具雄渾的氣魄。幸田露伴的《五重塔》（1891）與尾崎紅葉的《金色夜叉》（1897）互成強烈的對比：前者寫一個不顧世俗人情、不畏迫害的木匠，一心一意以自己的力量建成一座五層塔，這塔雖經受了暴風雨的肆虐，依然屹立，作品旨在讚美藝術的永恆不朽和藝術創造者的超人意志；後者描述一個給愛慕金錢的情人拋棄的知識青年，後來變成冷酷無情的高利貸者，企圖對這個使他的情人墮落的社會進行報復，作品強調了他肯甘心作金錢的奴隸才有可能採取行動。如果說紅葉是寫實派，露伴則是理想派，日本文學史上特稱這時期為「紅露時代」。

中日甲午戰爭（1894—1895）以後，日本社會隨著資本主義的急激發展，產生了種種不合理和矛盾的現象，這些社會悲劇成為川上眉山、廣津柳浪等作家們的素材，因而出現了不少著意以客觀態度作深刻描寫的「悲劇小說」。不過，寫實主義的發展已經到了盡頭，浪漫

主義的潮流為日本文壇帶來另一類風格截然不同的作品。

三‧浪漫主義文學的出現和轉向

浪漫主義在日本文學界嶄露頭角，明顯可見，是受了俄國、北歐和法國文學的影響，但與日本加強其資本主義國家體制，亦有相當的關係。人們對於現實的壓抑日漸表露出反抗的精神，企圖從藝術的觀念中求取自我的解放。1890 年，曾以軍醫身分留學德國的森鷗外發表的《舞姬》，是一篇以德國風物為背景的短篇小說，寫一個青年為了自己的前進而拋棄了他所愛的窮舞女，致使她發瘋的悲劇，小說中浪漫的異國情調，給予讀者極其新鮮的感覺。他的翻譯小說《即興詩人》（1892）同樣受到很高的評價，成為浪漫主義的代表之一。換言之，森鷗外的創作和翻譯，還有他的文學評論，對於西歐文藝思潮的移植，都有相當的功勞；而於浪漫主義思潮的抬頭，也是一大刺激。

1893 年（明治二十六年）創刊的《文學界》雜誌，專注於介紹西歐浪漫文學家和追求美的理念。在這個雜誌上，有北村透谷（1868—1894）的評論、島崎藤村的浪漫詩和女作家樋口一葉的小說等，實為文壇上一時的重鎮。特別值得留意的是北村透谷，因為他否定了紅葉和露伴的文學，而致力於達成以近代的自我自覺為基礎的新文學，出色的論文如〈厭世詩家與女性〉、〈內部生命論〉等，與自我閉塞的時代狀況互為對峙。但他後來陷於孤立和絕望，自殺而死。此後的《文學界》，便傾向於上田敏（1874—1916）所主導的藝術至上主義了。

此外，尚應一提的有：高山樗牛（1871—1902）的浪漫傷感的歷史小說《瀧口入道》（1894）、泉鏡花（1873—1939）的神秘而浪漫的觀念小說《夜行巡查》（1895）及國木田獨步（1871—1908）的初期作品等。另一方面，德富蘆花（1868—1927）的社會小說《黑潮》（1902）和家庭小說《不如歸》（1898—1899）等，也是在浪漫主義傾向的時期內出現的，別具一格；他的半自傳體小說《回憶錄》（1900—1901），描

寫明治思潮及世相的轉變，並企望個性的自由發展，可以作為浪漫主義小説的代表之一。

但浪漫主義的風氣是很短暫的，這時期不少代表性作家，後來均轉向成為自然主義文學的開拓者。其實，近代日本文學中的浪漫主義，可以説僅是明治文學主流 —— 自然主義 —— 的開路先鋒而已，它那尊重人性和強調自我意識的特徵，正是自然主義的基本出發點。

四‧自然主義思潮及其反動

如上所述，接連著寫實主義文學而發展的，是擬古典主義和浪漫主義文學，但真正承繼寫實主義潮流的，是明治後期的自然主義 —— 這是法國作家左拉（Emile Zola，1840—1902）和莫泊桑（Guy de Maupassant，1850—1893）所確立的，從科學觀察來探求及分析人類生活的一種文學思潮。日本的自然主義文學運動，主要便是在其影響下發展起來的，但在性格上則頗有相異之點。

在明治初期和中期，已有移植左拉的「實驗小説論」的嘗試，不過日本自然主義的文學運動，主要導源於《小説神髓》所鼓吹的寫實主義和《文學界》雜誌上有關左拉理論的介紹。它的先驅作品是國木田獨步的著名散文《武藏野》（1901），以極動人的筆法描繪武藏野這個地方的幽寂的自然風光。而確立這一文學思潮的代表作，一是島崎藤村的長篇小説《破戒》（1906），以信州為地方背景，描寫一個特殊部落出身的青年教師反抗封建差別待遇，揭露了日本部落民族遭受歧視和壓迫的非人生活；另一是田山花袋（1871—1930）的短篇小説《蒲團》（1907），刻畫人性愛慾心理，不加掩飾地暴露了人心深處的醜惡，打消了《破戒》中所含的憧憬的傾向，而強調現實的傾向，帶來了真正意義的自然主義。一時之間，作家輩出，聲勢浩大，無論在作品的內容上或形式上，都向前推進了一大步，終於發展為近代日本文學的重要支柱。

自然主義作家既以確立自我意識及忠於自我為目的，而在新時代的日本，封建遺制的渣滓雖多，但自我受到抑壓的最大來源是家的問題。被譽為自然主義最大傑作之一的島崎藤村的《家》（1910），以及田山花袋的《生》、《妻》、《緣》（1908—1910）三部曲，德田秋聲（1871—1943）的《新世帶》（1908）、《足跡》（1910）、《黴》（1911），正宗白鳥（1879—1962）的《往何處》（1908）、《二家族》（1908）、《泥人形》（1911）等，大體都是以家作為課題的。

　　自然主義文學興起的現象，反映出日本資本主義社會的現實經已十分發達，可是，這時候的市民社會並未十分成熟，以致作家們無法充分地把社會上的人物描寫出來，結果逐漸流於以表現自身體驗及心境為主的所謂「私小說」和「心境小說」，作品的素材僅是作家們身邊的雜事而已。這一類型的文學創作在大正中期至末期最為普遍，此後也一直佔有若干的地位。

　　而且，由於自然主義文學中的現實描寫，只揭示了人類的卑微和心態的醜惡，缺乏遠大的理想和解決現實問題的衝動，所以到了明治末年，便出現了針對的力量，結果導致一股反動的、具有唯美主義傾向的文學潮流在日本文壇上抬頭，對自然主義文學的弱點加以批判，帶來一個追求崇高理想、以理智態度解釋現實的新境界，這就是所謂新浪漫主義文學的誕生。永井荷風的充滿詩情的官能描寫，谷崎潤一郎的享樂的、耽美的作品，都是典型的代表，把自然主義所注重的客觀轉為主觀，現實的世界變成夢想的境地。

　　至於離開文壇主流而開創獨特風格的作家，則有森鷗外和夏目漱石二人。森鷗外在浪漫主義時代已見活躍，但他的作風由初期的浪漫傾向漸漸變為現實傾向，他的主要作品，如《性生活》（1909）描寫一個哲學家由少年時代至青春期的性生活史；《青年》（1910—1911）刻畫一個立志當作家的知識青年對於現實生活的幻滅；《雁》（1911）描述一個漂亮的小姐，為了使貧困的父親獲得幸福而嫁給放高利貸的人做姨太太，她盼望有可靠的男人來挽救自己的命運，後來她所思慕的

醫科大學生卻到外國留學去了。此外，森鷗外又撰寫了一些著名的歷史小說。夏目漱石則以《我是貓》（1905）、《少爺》（1906）等作品批判世俗的傾向而獲得讚賞，前者以幽默、誇張的筆法，寫一隻貓對其飼主及周圍的人的觀察和批評，對當時日本社會的虛偽、醜惡作了辛辣的諷刺；後者寫一個具有任俠好勇氣質而剛投身教育的青年，與學校內外愚蠢惡俗的環境及封建勢力相抗衡，終至辭職的經過；隨後發表的《虞美人草》（1907）、《三四郎》（1908）、《坑夫》（1909）等更受歡迎。夏目漱石晚年並挖苦人類的利己主義，追求「則天去私」的倫理精神。他和森鷗外都具有高度的外國文學修養，從較為廣闊而理智的角度來批評低俗的自然主義文學，在文壇上造成的影響是十分深遠的。

五‧從白樺派到新思潮派

到了大正時期，由於教育水準的提高和出版事業的興盛，文學也漸次普及於民間。這時文壇上有兩個現象：一方面是明治時代的作家繼續從事活動，且隨著近代精神的成長而更加充實，例如自然主義作家島崎藤村的《新生》（1918）、反自然主義作家森鷗外的歷史小說《阿部一族》（1913）、夏目漱石的追求自我的《心》（1914）和《明暗》（1916）、永井荷風及谷崎潤一郎的唯美作品等，都是主要的成績。另一方面，則是圍繞著最能反映大正時期文學趨向的《白樺》雜誌（1910—1923）的一班文學青年的活動，他們以人道主義、理想主義的立場，為低沉的文壇注入清新的空氣，在知識分子之間，喚起了共鳴。代表作家是武者小路實篤、志賀直哉、有島武郎等，他們更企圖在現實生活中實踐其理想主義的文學世界，武者小路實篤與志同道合者在宮崎縣木城村購置土地，設立「新村」，以及有島武郎的「農地解放」主張等，便是明顯的例子。

緊接著大正中期白樺派的全盛時代而抬頭的，是在第三次（1914）、四次（1916—1917）《新思潮》雜誌上發表作品的芥川龍之介、

菊池寬等人，他們的作風和明顯的主知傾向，又以多方面的取材和富於技巧的變化來重新處理現實的日常生活，稱之為新現實主義。

芥川的短篇小說以歷史題材居多，但明顯的具有作者生活時代的特色。《羅生門》（1915）便是著名的一例，以托古喻今的手法，揭露了弱肉強食的現象和自私為己的人性；內容描寫一個下人被解僱後走投無路，在一座荒涼的羅生門下避雨，看見一個老太婆拔死人的頭髮，當他曉得這是為了做假髮賣錢糊口時，得到了啟示，為了自己能夠活命起見，便把老太婆的衣服剝光搶走了。《鼻子》（1916）描述一個長著五、六寸長鼻子的和尚時常受人恥笑，他設法把鼻子弄短後，反而遭受更多的奚落，使他苦惱萬分，有一天鼻子忽然恢復了原狀，但他也心安理得。芥川作品內在的懷疑與虛無感，尤其反映了知識分子在大時代變動中的苦惱，他的自殺，也象徵著大正文學的結束。

六・無產階級文學和新感覺派

第一次世界大戰結束後，隨著社會和經濟的變動，社會主義思想在文學界開始萌芽，1924 年（大正十三年）《文藝戰線》雜誌創刊後，在文壇上逐漸形成一股力量。1928 年（昭和三年）「全日本無產者藝術聯盟」組成，並出版機關刊物《戰旗》，成為左翼文學的據點，其急進傾向，與《文藝戰線》（後改稱《文戰》）的社會民主主義傾向相對峙，且較佔優勢。《戰旗》派的主要代表，如小林多喜二的刻畫海上工人遭受殘酷壓迫情形的《蟹工船》（1929），和描寫革命先鋒從事地下活動、在軍需工廠裡組織工人進行鬥爭的《黨生活者》；還有德永直以 1926 年參加共同印刷公司大罷工為題材的《沒有太陽的街》（1929）等。《文戰》派則有葉山嘉樹（1894—1945）的短篇《水泥桶中的一封信》（1926），藉著一個女工因她的情人掉進粉碎機裡，被碾碎及轉窯燒成水泥一事，向已經發展到帝國主義階段的日本社會提出控訴；他

的長篇小説《生活在海上的人們》(1917—1923)則以親身經歷為基礎，描寫 1920 年代日本水手的鬥爭生活，作者甚至被譽為日本無產階級革命文學的奠基者。在上述這一類作品中，政治觀念的強調多於人性的探討，對於階級意識形態的描寫是頗為突出的。

1931 年（昭和六年）九一八事變以後，無產階級文學受到強烈的彈壓，消沉了下去；同時，文壇上自大正時期以來的自由主義傾向，也因著法西斯主義的崛起而漸次喪失；至於在大正末期至昭和初期與無產階級文學互為對等勢力的近代主義文學 —— 新感覺派，一樣沒有太大的進展。所謂新感覺派的代表，是以《文藝時代》雜誌（1924—1927）為據點的新進作家，他們頗受西歐的前衛藝術所影響，強調用敏銳的感覺來掌握取材對象的表現技巧。可惜這一流派在日本文學界中未有深厚的思想根基，更由於缺乏外在的發展條件，不久即告結束。重要的作品有橫光利一的《日輪》(1923)、川端康成的《伊豆舞孃》(1925)、片岡鐵兵（1894—1944）的《網上的少女》(1924)等。這一潮流之所以受到重視，並不單只因為它初期的成就，也由於它是現代日本文學的先驅風氣之一，與現代文壇有密切的關連。

太平洋戰爭爆發後，言論和印刷紙張受到了統制，各派文藝都陷入停滯狀態，僅有支持戰爭的所謂「戰爭文學」在受到獎勵的情況下獨步文壇，近代日本文學的發展，至此告一段落。

七·結語

在整個日本文學的發展過程中，近代文學是一個很獨特的階段。從上面簡略的敍述可見，短短七、八十年之間，多種不同主義和流派的文學思潮，此起彼伏，後者往往是前者的反動，但也是前者的部分繼承。這樣急劇轉變的現象，明顯是因著外國文學和觀念不斷輸入所造成的；而同時與日本社會的變動，也有很大的關係。大體來說，近代日本的文學創作，固然到處都可見到外國文學的影響，不過傳統日

本文學的形式與精神，仍時常或隱或現地以新的姿態呈現出來，加強了風格別緻的日本的特色。我們尤應注意每一種文學思潮的內蘊，與外國的文學思潮是不盡相同的，發展上的差異更多；所以，如果我們把近代日本文學當作歐西文學的翻版，是十分不正確的看法。

日本的現代文學，是在經過徹底破壞的近代文壇的廢墟上重建起來的，紛紜的局面，仍可找出三個主要的類型：第一、是戰前既有文學的延長，即所謂「戰前派文學」；第二、是描寫戰爭給人們的心靈帶來創傷，否定傳統文學並追求新文學樣式的「戰後派文學」；第三、是承繼無產階級文學的「民主主義文學」。[①] 換言之，「近代」日本文學的潮流，並非完全成為過去，時至今日，依然繼續發揮著相當的作用。不妨認為，現代日本文學是以大正時期的新感覺派和無產階級文學為起始的。

---

① 平獻明著《當代日本文學史綱》(瀋陽：遼寧教育出版社，1993 年)，對民主主義文學、無賴派文學、戰後派文學等不同流派的作家和作用，有分門別類的介紹。

18 日本漫畫
與動漫文化

　　現代意義的漫畫，是通過印刷品有意識地加以傳播的一種繪畫文化，主要以報刊作為載體，在十八世紀才出現其雛型。這起源於英國一些畫家繪製單幅漫畫，對政治、時尚和社會現象進行評論，藉此表達自己的觀點；後來逐漸出現故事情節，每幅畫下面有解說文字，並使用氣泡形的吐話圈。當時人們把漫畫用單頁的形式印刷出版，黑白和彩色都有；後來又把單頁畫片集中起來，以雜誌的形式出版。

　　1841 年，《笨拙》(*Punch*) 漫畫週刊在倫敦創刊，成為歐洲漫畫的一大支柱，還把雜誌上刊登過的漫畫結集成書。1867 年，又有《朱迪》(*Judy*) 等同類漫畫雜誌相繼出版。十九世紀下半葉，歐洲移民把單頁漫畫帶進美國；不過在此之前，1840 年在波士頓已有單頁漫畫小報

《雜碎》（*Scraps*）的出版。1876 年，德國移民創辦了德文漫畫週刊《潑克》（*Puck*），次年出版英譯本。1882 年，《評判》（*Judge*）和《生活》（*Life*）出版，這三份雜誌共同孕育了美國初期的漫畫。

1880 年代是連環漫畫的新起點。報業人士在其報紙上，或星期日特刊或增刊上，競相刊載漫畫，以提高報刊的發行量。這為漫畫提供了廣泛的載體，大大促進了漫畫的發展；漫畫多數採橫向條狀的形式，每一條的尺寸以報紙的橫向寬度為限。

1895 年，《紐約世界報》星期日副刊的娛樂版上，出現了題為《黃孩兒》（*Yellow Kid*）的連環漫畫，主角是一個年約六、七歲的貧民窟小孩。美國人把《黃孩兒》稱為世界上第一部連環漫畫。

一·近代日本的漫畫

1. 早期漫畫報刊的創辦

1862 年（文久二年），《日本笨拙》（*Japan Punch*）在橫濱創刊；其後曾休刊，而於 1865 年復刊。1868 年（明治元年），《江湖新聞》、《中外新聞外篇》等日本報章上開始出現諷刺漫畫。1874 年（明治七年）創刊的《繪新聞日本地》，是日本最早的漫畫雜誌。明治時期最重要的漫畫雜誌是《團團珍聞》，1877 年（明治十年）創刊，出版至 1908 年（明治四十年），前後逾三十年。

2. 近代日本漫畫概況

1923 年（大正十二年）9 月 1 日，日本發生 7.9 級的「關東大地震」，死亡及失蹤人數逾十四萬，損毀房屋逾五十萬戶，是日本史上最大的天然災害。同年，麻生豐（1898—1961）的長篇漫畫《從容不迫的父親·有趣繪畫日記》（或譯《滿不在乎的爸爸》）開始在報紙上連載，引起社會關注。這是為了安慰關東大地震受害者的心靈，讓社會重返光明而作的。日本的四格漫畫始於此時。1923 年，還有《阿正

的冒險》在報紙上連載，描述少年阿正與松鼠的冒險故事，主人翁所戴的「阿正帽」盛行一時。

1930 年（昭和五年），實戶左行在《讀賣週日漫畫》上連載《飛速太郎》，把美國技法吸收到傳統畫法中，使日本漫畫展現出新的面貌。從 1920 年代中期開始的十年間，以少男少女為對象的漫畫流行，還吸引了一些成年讀者。戰爭時期，除一些為了支持戰爭而繪製的漫畫外，漫畫界陷於停滯。

第二次世界大戰結束後，人類社會逐漸在戰爭的廢墟中重建起來，漫畫亦以飛躍的姿態，而有多元化的發展。今日既有宣揚暴力、色情和邪惡的漫畫充斥於社會，也有令人感到溫馨和滿懷盼望的善良作品；偶爾使你會心微笑的畫面，就像在艱澀乏味的人生路上，出現一群可愛的小動物，平添幾許歡樂和情趣。這就說明了為甚麼在現代城市生活中，只有貓和狗等少數動物與人類為伍，漫畫世界內盡是動物形象的角色，惹人喜愛。

二 · 戰後日本漫畫概況

1. 手塚治虫的漫畫

手塚治虫（Tezuka Osamu，1928—1989），大阪大學醫學博士。1942 年，當他還是一個十四歲少年的時候，中國萬氏兄弟製作的《鐵扇公主》在日本公映，予他極大的震撼。他自己說是因為這部動畫片的刺激，日後才走上動畫創作之路。1947 年，他的漫畫《新寶島》出版，把電影的拍攝技巧如變焦、廣角、多視角等應用於漫畫之中，因而取得巨大的成功。隨後出版的《失去的世界》、《未來世界》和 1950 年第一部長篇《小白獅》（又譯《森林大帝》）開始連載，均獲好評。1952 年推出《小飛俠阿童木》（又譯《原子小金剛》、《鐵臂阿童木》），連載十六年；1963 年並由他創建的虫製作室拍攝了日本第一部同名

動畫片，從此奠定他在日本漫畫界的崇高地位。

手塚治虫的作品所涉及的範圍十分廣泛，包括探險、偵探、傳說、科幻、歷史、自然、醫學、宗教、哲學等多個方面。1960年代後期，且致力於探索更高的文化層次，創作了《火之鳥》、《怪醫秦博士》等長篇。《火之鳥》是他一生中最重要的一部作品，從1967年至1988年，在二十一年的時間裡創作了十二個章節，描述發生在不同時空裡的十二個故事，從中可以體驗手塚治虫對人類文明、生命意義以及宇宙本源的思考。

總的來說，手塚治虫畢生創作的漫畫達五百多部，塑造獨具個性的人物一千多個，完成約十五萬個畫頁，收集在《手塚治虫漫畫全集》中的作品有四百多卷。手塚治虫被日本人尊為「漫畫之神」，其作品至今仍廣受歡迎。他賦予日本漫畫堅強的個性和強烈的地域文化色彩，與歐美「高大全」的超人式漫畫劃分界線。他是一個偉大的夢想家，把「夢一般詩意」的創作理念推廣到世界各地。

2. 不同流派的出現

手塚治虫的作品，開創了將文學、電影藝術和漫畫融為一體的嶄新風格。在他的影響下，漫畫新人脫穎而出。這是戰後日本漫畫界的一大流派。

1960年代初，日本出現了「租借劇畫」，通過街頭渠道發售，面向廣大市民 —— 尤其是全國各地走向大城市的青年。這類劇畫的內容和情節，力求更多的生活感和現實感，在繪畫技法上，擺脫了手塚漫畫那種誇張的動畫式線條，強調寫實，線條粗重而講求氣勢。這是戰後日本漫畫界的第二大流派。

1970年代出現了「第三種漫畫」，這一類新潮漫畫家以高超的技法，描寫感覺和內心活動，藉此發掘漫畫的內在藝術性。

1980年代以後，上述三大流派的界限逐漸模糊，漫畫家都盡力汲取各家之長以創造個人的風格和特色，漫畫題材和體裁更趨多樣化。

日本漫畫水平的迅速提高與漫畫腳本作者的介入是分不開的，許多優秀作品都是在漫畫人與著名推理小說、科幻小說和動畫腳本作者的通力合作下完成的。

3. 漫畫出版的高潮

日本漫畫由於擁有眾多的讀者，其題材相當廣泛，幾乎無所不包，讀者群遍及社會各個階層和不同年齡組別。按照年齡和性別，日本漫畫分為：兒童漫畫、少年漫畫、少女漫畫、青年漫畫、婦女漫畫、成人漫畫、老年漫畫等。

按照內容和主題，日本漫畫有：格鬥漫畫、愛情漫畫、體育漫畫、遊戲漫畫、科幻漫畫、經濟漫畫、信息漫畫、傳記漫畫、美食漫畫、保健漫畫、動物漫畫等。還有一類學習漫畫，即專為輔導學習而編繪的漫畫，包括歷史、地理、數學、物理等各科，不少是為應付公開考試溫習之用；以小學生為對象的綜合漫畫書，甚至分為小學一年級漫畫、二年級漫畫、三年級漫畫⋯⋯。

1980 年代至 1990 年代，日本漫畫達到巔峰，漫畫出版物充斥市面，一度接近全部出版物的 40%。但高速增長的情況在 1990 年代後期開始回落，出現了品種多樣和個性凸顯的趨勢，單一作品的銷量減少，但漫畫在全部出版物中仍一直佔有較大的比例。二十一世紀開始以來，日本漫畫界正在摸索新的方向和出路。

三・動畫的出現和興盛

1. 西方早期的動畫

1888 年，一部連續畫片的記錄儀器誕生於美國發明家愛迪生（Thomas Alva Edison，1864—1948）的實驗室。1895 年，發明「電影機」的法國人盧米埃爾兄弟（Auguste Lumière，1862—1954，Louis Lumière，1864—1948）首次公開放映電影《火車進站》、《海水浴》等，

這一年就是電影史的正式開始。

二十世紀初，布萊克頓（J. Stuart Blackton，1875—1941）到愛迪生的實驗室工作；1906 年他在黑板上做了《滑稽臉上的幽默相》（*Humorous Phases of Funny Faces*），被認為是世界上第一部動畫影片。開場時是畫家的才藝表演，接著是活動起來的畫，影片使用剪紙的手法將人的身軀和手臂分開處理，以節省逐格重繪的時間。後來他陸續製作了幾部短片，包括 1907 年公映的《鬼神出沒的旅館》（*Haunted Hotel*）。

被奉為當代動畫片之父的是法國人艾米爾‧科爾（Emile Cohl，1857—1938），他在 1908 年至 1921 年共製作了大約 250 部動畫短片。而第一個注意到動畫藝術潛能的人是溫瑟‧馬凱（Winsor McCay，？—1934）。他在 1911 年做出自己的第一部動畫影片，內容取材自「小尼摩」（*Little Nemo*）漫畫，他親身一格一格著色，動畫因而五彩繽紛。1912 年完成《蚊子的故事》（*How a Mosquito Operates*），具備了故事結構；1914 年推出電影史上著名的代表作《恐龍葛蒂》（*Gertie the Dinosaur*），把故事、角色和真人表演安排成互動的情節，用墨水和紙張繪成的畫超過五千張，在動畫史上是一個重要的里程碑。1918 年的《路斯坦尼雅號之沉沒》（*The Sinking of the Lusitania*），是第一部長達 20 分鐘的動畫紀錄片。他繪製了將近二萬五千張素描，在當時是一個創舉。他以一個漫畫家專業的素養為動畫開闢新路線，預告了一個美式卡通時代的來臨。歐洲和美國動畫的發展分道揚鑣，大致上就從這時開始。

2. 美國動畫的興起

1913 年，美國第一家動畫公司在紐約成立。1920 年代末，布雷（John R. Bray，1879—1978）發行了《托馬斯貓的初演》（*The Debut ot Thomas Cat*），是第一部真正的彩色動畫影片，即採用彩色膠片拍攝。

自 1920 年起，和路迪士尼（Walt Disney，1901—1966）片廠就

致力於發展大眾化的卡通動畫。1928 年推出以米奇老鼠（Mickey Mouse）做主角的卡通動畫《威廉號汽艇》（*Steamboat Willie*），是第一部音畫同步的有聲卡通片。在米奇老鼠出現之前，美國動畫中最重要的角色是菲力貓，1919 年牠首次在《貓的鬧劇》（*Feline Follies*）中登台。

迪士尼在 1932 年推出第一部綜藝彩色卡通片《花與樹》，是首次獲得奧斯卡動畫短片獎的影片。1937 年的《老磨坊》，則是首部用多層式攝影機營造視覺深度的影片；同年製作的《白雪公主》（*Snow White*），是第一部彩色卡通長篇劇情片。接著 1940 年的《木偶奇遇記》（*Pinocchio*）和《幻想曲》（*Fantasia*），被視為迪士尼最優秀的長片。

美國在 1920 年代至 1930 年代創造出來的動畫人物，還有大力水手卜派（Popeye）、烏烏啄木鳥等。1932 年卡通明星貝蒂布魯（Betty Boop）成為觀眾心目中的性感象徵，其聲勢不下於荷里活巨星。

而在歐洲，動畫家除了偶爾零星的活動外，很少能像美國一樣發展成為動畫工業，從美國輸入的卡通動畫片更使本地動畫片相形失色。美國的卡通片廠把本身的一套價值標準推廣到世界各地，歐洲的動畫家無法但也不願意去複製美國的風格。第二次世界大戰摧毀了動畫片的商業發行和製作渠道，世界市場的分裂使不同國家和地區開始有機會發展自己的動畫形式。

四·日本動畫的繼起

1. 日本動畫的創始期（1917—1925）

最早輸入日本的卡通影片，是 1909 年的美國片《變形的奶嘴》。次年，法國卡通《凸坊新畫帳》在日本引起注意，並開始使用新的名詞「漫畫映畫」，以別於「活動寫真」（電影）。此後即有日本人決心製作自己的卡通，直屬日活公司的下川凹夫（1892—1973）於 1917 年（大正六年）完成了日本第一部卡通《芋川椋三玄關一番之卷》（也有

傳說認為是《凸坊新畫帳‧妙計失策》）。這年日活公司的北山清太郎（1888—1945）也完成了《猿蟹合戰》，號稱日本第一部卡通片。但唯一可以肯定的，是小林商會的辛內純一（1886—1970），他在同年完成了《塙凹內名刁》，比下川凹夫或北山清太郎都來得成熟。三人都是日本卡通的先驅啟蒙者，有人把他們合稱為「日本卡通之父」；不過影響最大的，當推北山清太郎。

日活公司由於北山清太郎的提議，成立了卡通電影製作部，在短時間內完成了《浦島太郎》、《桃太郎》、《一寸法師》等童話傳說故事，和《雪達摩》、《腰折燕》等新童話。北山清太郎於 1921 年（大正十年）成立北山映畫製作所，峰田弘、山本早苗、山川國雄、金井喜一郎、石川隆宏、橋口壽等人都是這個製作所培養出來的。金井喜一郎（1901—1961）於 1923 年（大正十二年）開設山本映畫製作所，其處女作是《姥舍山》，因以水彩畫當背景、布偶為主角，而被稱為「特殊電影」。此後接受文部省（教育部）的委託，製作了一些宣傳片，口碑不俗，生意興隆。木村白山受教於橋口壽，於 1925 年（大正十四年）完成有名歌舞伎所改編的《寶錄忠臣藏》，開創了拍攝忠臣藏的潮流。

但 1923 年的關東大地震，使日本這些卡通電影與劇情電影的工業全部毀於一旦，電影工業全部移到京都，從而進入日本電影的黃金時代。大正時期的動畫史，至此遂告落幕。

這時期還出現了一位卡通名人，他就是大藤信郎（1900—1961）。現時由《每日新聞》主編代表日本最高榮譽權威的動畫大獎 —— 每日電影獎中的「大藤信郎獎」，便是以他命名的。大藤信郎受教於小林商會的辛內純一，1926 年設立自由映畫研究所，並製作了第一部動畫《馬具田城的盜賊》，其特色是採用日本獨有的「千代紙」，使卡通人物更生動，線條更具美感。同年，大藤信郎還拍攝了《孫悟空物語》，大獲好評，自此其名字便一直風行至今。

2. 日本動畫的初盛期（1926—1931）

關東大地震之後，電影成為日本人最大的娛樂，電影製作量增加，默片的黃金時代到來，卡通動畫製作也達到爐火純青的地步，個人的才藝且露出光芒。1926 年（昭和元年）是昭和時期的開始，其初活躍於卡通界的名人，除大正時期的大師外，還有新加入的村田安司、政岡憲三、市野正二、石川隆弘等人。

當時作畫仍停留於「剪貼法」，代表人物是村田安司（1885—1966）。他是北山清太郎電影公司的山本早苗的朋友，任職於松竹電影公司，關東大地震後不願移到關西，所以進入橫濱電影商會。剪貼法就是把畫的原稿依形狀剪下，貼在別的背景上面，並沒有立體動感，只局限於臉部、手腳變化和左右移動。後來根據美術遠近法的原理，採用多層拍攝，即使用一張一張的原稿，使劇中人物更加生動傳神，但由於手工原稿繁雜，在必要時才會使用。通常剪貼法佔了70%，多層拍攝只佔 30% 而已，而當時從美國輸入的卡通，已全部採用多層拍攝法。

在世界上，1927 年第一部有聲電影《爵士歌手》（ *The Jazz Singer* ）問世後，次年迪士尼米奇老鼠首次登場的《威廉號汽艇》，是最早的有聲卡通電影。此後迪士尼卡通把觀眾搶走，日本卡通的初盛期也就結束了。

3. 戰時的日本動畫（1931—1945）

1931 年（昭和六年）「九一八事變」後，戰爭已籠罩著整個日本，軍部決定用電影向國民灌輸有關方面的意識，強迫電影院上映所選影片，並且設立文化電影部，J. O. 製片廠和寫真化學研究所（PCL），專以製作動畫為主。當時民間還有能力拍動畫片的，只剩下橫濱電影公司的村田安司、片岡芳太郎和千代紙公司的大藤信郎，其他都被大公司合併了，例如大石光彩郎映畫社的大石郁雄和工作人員，全都加入了 PCL。PCL 是東寶映畫公司的前身，對日本動畫有很大的貢獻。

J. O. 製片廠除了政岡憲三及其工作人員外，還有中野孝夫、田中喜次、舟木俊一、圓谷英二、今井正等大將。圓谷英二（1901—1970）後來成為恐龍怪獸電影的創始者之一，今井正（1912—1992）是 1960 年代日本的名導演，日本第一線導演、生於 1915 年的市川崑（1915—2008），他們都是動畫電影出身。戰時日本的電影界也發生挖角、合併之類的事件，例如 J. O. 製片廠和 PCL 合併而成東寶映畫公司；而為了與東寶映畫公司相抗衡，松竹公司吸收政岡憲三（1898—1988）等人，設立動畫部；加上日活公司，電影界形成三國鼎立的局面。

1941 年（昭和十六年）日本偷襲珍珠港後，海軍部決定製作一部內容類似的動畫片來宣揚日軍的勝利。這一項工作由政岡憲三的弟子瀨尾光世（1911—2010）來執行，於 1943 年完成《桃太郎的海鷲》，片長 37 分鐘，是日本第一部長篇動畫。內容描述桃太郎與小狗、猴子齊齊上戰艦攻打美國布魯圖，其畫功及場面堪稱日本動畫的經典作品。

五‧現代歐美動畫的發展

1. 大戰時期的動畫製作

第二次世界大戰期間，有一些國家利用動畫作為宣傳，美國、加拿大、英國和日本都成立了動畫製作中心，這一情況維持至 1950 年代，奠定了現代動畫發展的基礎，所以動畫在戰後成為一種世界性的表現媒介。

在英國，動畫比二十世紀上半期向前邁進了一大步。戰爭結束時，為了說明社會結構的變遷和改革，通過動畫媒介向群眾進行宣傳，這些影片是根據大眾常識設計的；其後這種形式被電影工業廣泛採用，因此動畫的內涵和訴求得以擴展，用於公眾關係、企業廣告和

教育方面，而不只限於趣味和動感十足的故事了。西歐的其他國家，後來也發展出新樣式的動畫風格。

在美國，迪士尼的卡通工業於 1941 年受到很大打擊，原因是動畫家想組織工會以抗拒剝削，但被迪士尼強力壓制，雙方長期激烈論戰，導致兩敗俱傷。結果有一批動畫家離開了迪士尼，於 1943 年成立美國聯合製片公司（UPA），他們的理想是改革動畫既定的風貌，並改變了以往人們對動畫的看法。約翰·胡布理（John Hubley，1914—1977）明快乾淨的畫風抓住了人心，其畫風還影響到迪士尼的作品。具體地說，UPA 偏愛平實、風格化的、當下流行的線條設計，著重對社會政治的批判，以此代替迪士尼偏好的浪漫童話故事。由於資金有限，他們只能以「有限動畫」（limited animation）的方式創作，用較少張數的畫，並加強關鍵動作，以強烈的故事性和有力的聲部設計，帶動劇情的發展。

2. 戰後初期動畫的浮沉

荷里活卡通短片在 1950 年代逐漸衰落，因為卡通製作費高昂，很少短片能靠戲院放映回收成本，各大片廠推出「買片花」的做法（即賣一部強片給戲院，同時要求對方買下另一部劇情片和一部卡通片或新聞片），暫時保住卡通片的出路。但後來高等法院禁止這種推銷手法，以致大公司的動畫部門紛紛解散。幸而另一種新興媒體 —— 電視的出現和日趨普及，緩解了卡通製作的困境，各大片廠把舊卡通片的播映權賣給電視台，並促使電視卡通成為新的製片形態。

開始讓電視卡通上軌道的是威廉·漢納（William Hanna，1910—2001）和約瑟夫·巴貝拉（Joseph Barbera，1911—2006），1957 年，他倆成立的新公司推出《羅夫和瑞弟》（*Ruff and Reddy*），是關於一隻狗和貓的冒險故事，做法比 UPA 的「有限動畫」更有限，但其彩色和伶俐的畫風卻受到觀眾歡迎。接著有《瑜珈熊》（*The Yogi Bear Show*）、《聰明笨伯》（*The Flinstones*）等，電視卡通至此成為新的娛樂工具。但

1960 年代是美國動畫的黑暗時代，因為動畫的表現形式被定型為「週末早晨的電視秀」和「兒童觀賞的節目」；加上製作成本提高，數量越來越少，電視台逐漸以電影填補空檔，這種做法一直延續到今天。

1960 年代末期，美國的動畫再度崛起。人們在懷舊氣氛下，重新審視 1930 年代至 1940 年代黃金時期的動畫。 1967 年的《黃色潛水艇》（Yellow Submarine），由加拿大動畫家執導，大膽色彩風格和披頭四（Beatles）的音樂，使影片有先聲奪人之勢。連同 1972 年的《怪貓菲力茲》（Fritz the Cat），兩者都是使古老影片得以新生的功臣。

從 1960 年代至 1980 年代，有幾個重大發展。首先，是出現了許多有才氣的動畫家，當中有人創立了「荒謬動畫」的類型。其次，是國際化的趨勢，藝術家自願移民到別國，跨國聯合動畫公司越來越多。還有，就是長片增加，如美國動畫片《怪貓菲力茲》，這現象在日本亦顯而易見。

美國動畫界在 1970 年代初期面臨青黃不接的危機，於是開始在各地的製片廠開設人才培訓班，並在大專院校開設動畫課程，讓年輕人有機會創作動畫影片。在這轉折時刻，動畫也朝著科幻片的特技邁進，如《2001 年太空漫遊》（2001: A Space Odyssey）、《星球大戰》（Star Wars）和《帝國反擊戰》（The Empire Strikes Back）等，科幻電影中對未來世界的刻劃更促成電腦動畫的開發和運用。

3. 迪士尼動畫確立地位

迪士尼在戰後陸續推出長篇卡通，1946 年有《音樂與我》（Make Mine Music）和《南方之歌》（Song ot the South）。 1950 年的《仙履奇緣》（Cinderella）在票房和評價兩方面都創佳績，使迪士尼的創作路線再度轉向古典小說或童話的改編。 1951 年推出《愛麗絲夢遊仙境》（Alice in Wonderland），1953 年推出《小飛俠》（Peter Pan）；1959 年推出耗資千萬美元的闊銀幕製作《睡美人》（Sleeping Beauty），但成績並不理想。 1961 年推出《101 斑點狗》（101 Dalmatians），根據英國家傳戶曉的小說改編

而成，是迪士尼第一部採用複印機線描的卡通長片，口碑不錯。 1963年採用同樣手法複印，推出《石中劍》（*The Sword in the Stone*）；同年的《歡樂滿人間》（*Mary Poppins*），是一部真人與卡通演出的電影。

1966年底，一代卡通製片家和路迪士尼去世。他一手創立的片廠、公司、遊樂場仍繼續經營，並陸續推出不少卡通長片和短片。其後由於長篇卡通票房失利，迪士尼同時投資低成本的喜劇電影，一些資深的動畫家紛紛離開，到荷里活成立自己的工作室。迪士尼公司重整旗鼓，於1973年推出長篇卡通《羅賓漢》（*Robin Hood*）；1977年的《救難小英雄》（*The Rescuers*），在歐洲創下空前的賣座紀錄。 1980年代，迪士尼改變以往的製作路線，推出一部結合真人與動畫、充滿視覺效果的《電子世界爭霸戰》（*Tron*），但票房表現一般。其後，迪士尼公司與史提芬・史匹堡及英國動畫鬼才李察・威廉斯合作，推出真人與卡通人物主演的《夢城兔福星》（*Who Framed Roge Rabbit*），創下該年度1.5億美元的票房佳績。

1990年代，迪士尼公司推出不同類型的卡通長片，包括1994年《獅子王》（*The Lion King*）、1995年《風中奇緣》（*Pocahontas*）、1996年《鐘樓怪人》（*The Hunchback of Norte Dame*）等，再度證明該公司在世界動畫界的領導地位。

4. 迪士尼與彼思合作的動畫

彼思（Pixar）動畫電影公司行政總裁喬布斯（Steve Jobs，1955—2011）於1986年收購佐治魯卡斯手上的電腦動畫部門後，需要藉助一家荷里活電影公司的力量，把新式3D立體動畫發行至全球影院，於是與迪士尼行政總裁埃斯內達成協議，1995年共同推出首部動畫電影《反斗奇兵》（*Toy Story*），不但票房收入強勁，更開創了迪士尼史上利潤最深的玩具特許權平台。

接著推出的動畫電影，有2001年的《怪獸公司》（*Monsters, Inc.*）、2003年的《海底奇兵》（*Finding Nemo*）和2004年的《超人特工隊》（*The*

Incredibles）。2003年，喬布斯與埃斯內談判上述四部動畫電影的續集製作權條件，但徒勞無功，遂於 2004 年初宣佈與迪士尼合作完成第五部電影《反斗車王》（*Cars*）後，即結束彼此的合作關係。迪士尼擁有這些動畫電影續集的特許權，更享有在旗下主題公園使用彼思所有動畫角色的專利。

六·現代日本動畫的興起

1. 戰後初期的日本動畫

二次大戰後，日本動畫的發展如火如荼，不僅在本國大受歡迎，於世界各地都造成巨大影響。先有手塚治虫漫畫演進成為日本風格的卡通動畫，後有宮崎駿動畫的崛起；又從個人獨立製作路線的確立，到動畫工業的形成。時至今日，日本已是世界上有數的動畫大國。[①]

1956 年，東映教育電影部與日動電影合併而成東映動畫株式會社；1958 年完成長篇動畫《白蛇傳》，在第十一屆威尼斯國際兒童電影節上獲特別獎。1959 年推出日本第一部超寬銀幕動畫《少年猿飛佐助》，在國內外均有好評。1960 年採用了手塚治虫的原著《西遊記》，並請他和藪下泰司、白川大作聯合導演，結果非常賣座，並在威尼斯影展連續三年得獎。1962 年的《辛巴達冒險記》，在意大利第一屆國際動畫電影節中得到最高榮譽。1963 年的《頑皮王子戰大蛇》，號稱東映動畫王國空前的最佳作品，被視為動畫界的新浪潮。

2. 手塚治虫的作品

富士電視台於 1959 年開播手塚治虫的《小飛俠阿童木》，大獲好評。這個外形酷似小男孩的機械人，在 1963 年就打進了美國市場，

[①]〔日〕山口康男編著，于素秋譯《日本動畫全史——日本動畫領先世界的奇跡》（北京：中國科學技術出版社，2008 年），是北京電影學院動畫藝術研究所推薦教材。

迅速成為美、日兩國史上最紅的虛構角色之一，論者至於認為美國的非正式動畫史要回溯到 1963 年。[1] 手塚治虫因參與東映動畫《西游記》的製作，學了很多技術上的知識，1961 年獨資開創手塚治虫動畫製作部，次年改名為虫製作公司，完成了《新寶島》、《寶馬王子》、《O 號戰士》、《魔神》等電視卡通。後來的《小白獅》(《森林大帝》)成為日本第一部電視彩色卡通動畫，其電影版且獲威尼斯影展銀獅獎。1967 年因出現了藤子不二雄（1933—1996）的《鬼太郎》等強敵，手塚治虫改變戲路，推出《孫悟空大冒險》來迎合市場，隨後還有《寶馬王子》、《一千零一夜》、《溫柔的獅子》等等。直至 1989 年手塚治虫去世前一年，他在動畫界非常活躍。

1962 年，虫製作公司首部劇場動畫片《街角物語》誕生，榮獲《每日新聞》舉辦的第一屆大藤獎，這是日本動畫界的最高榮譽獎，藉以紀念大藤信郎，他被稱為日本動畫界的一匹狼、怪人、怪胎。1926 年的作品《馬具田城的盜賊》和《孫悟空物語》，開始引起大眾注意；1927 年的《鯨魚》和 1928 年的《珍説吉田御殿》，是日本首次外銷到蘇俄和法國的動畫片。《鯨魚》於 1952 年以彩色版重新製作，獲畢加索青睞而在國外得獎。1956 年，《幽靈船》在威尼斯影展獲短篇電影部特別獎。1961 年去世前，大藤信郎獨資拍攝了日本首部闊銀幕動畫《竹取物語》。

3. 日本的科幻動畫

1970 年代，日本大力發展科幻動畫，《宇宙戰艦大和號》描述地球在面臨存亡危機時，大和號準備迎擊外敵的故事。這作品與 1979 年的《銀河鐵道 999》，均被譽為日本科幻電影的始祖，原著者松本零士成為繼手塚治虫之後矚目的日本漫畫家，其動畫充滿科學和冒險。

---

[1] Patrick Drazen, *Anime Explosion!: The What? Why? & Wow of Japanese Animation*。李建興譯《日本動畫瘋 —— 日本動畫的內涵，法則與經典》(台北：大塊文化出版股份有限公司，2005 年)，頁 18—21。

松本零士與《銀河鐵道 999》的導演林太郎，是當時日本科幻動畫最具影響力的人物。

另一位值得注意的漫畫家兼動畫家是大友克洋，他在 1973 年發表個人首部長篇動畫《槍聲》，1980 年的漫畫《童夢》和《阿基拉》均創佳績，1988 年的動畫《阿基拉》（*Akira*）號稱是日本動畫史上最昂貴的作品。還有，專門製作「機械人動作」的日升公司大力栽培的導演富野喜幸，由他一手構思創造出來的《機動戰士高達》（*Mobile Suit Gundam*）卡通片系列，是日本科幻動畫的經典作品。

4. 宮崎駿和高畑勳的動畫

1980 年代的日本動畫，可說是宮崎駿和高畑勳（1935—2018）的天下。兩人於 1968 年合作卡通長片《太陽王子》（*Horus: Prince of the Sun*），但因東映宣傳部的策略失誤而叫好不叫座。1971 年辭去東映動畫公司的工作，次年合作的《貓熊家族》獲得好評。

1984 年由高畑勳製作、宮崎駿導演的《風之谷》（*Nausicaa of Valley of Wind*），奪得當年的大藤獎；1986 年的《天空之城》（*Laputa: The Castle in the Sky*），在國內外都受好評和歡迎。1988 年的《龍貓》（*My Neighbor Totoro*），也是一部成功之作。此外，還有 1989 年的《魔女宅急便》（*Kiki's Delivery Service*）等。

1988 年，高畑勳改編野坂昭如的小說《再見螢火虫》（*Grave of the Fireflies*），描述戰時空襲下的神戶，一對兄妹如何生存的故事。1994 年的《百變狸貓》（《平成狸合戰》，*Heisei Tanuki Battle Ponpoko*），是一部熱鬧的社會諷刺劇，以幻想式的擬人化手法，把狸貓當成了人，一改以往寫實的作風，採取誇張的路線。

19 闖出童夢世界的阿童木
—— 手塚漫畫與時代變遷

一・已開始和未出現的故事

2009 年，在日本漫畫大師手塚治虫逝世二十年之後，他筆下經典的卡通人物「小飛俠」——鐵臂阿童木現身大銀幕，衝出曾經被中國人譯作「阿童夢」或「原子小金剛」的時代和空間。

擁有十萬匹馬力和七大神力、能操六十國語言的高科技機械人阿童木，是戰後日本重建和新生的一個符號，在「它」（其實用他或她都可以）面世之前，自十九世紀後期明治維新以來即被神格化了的日本天皇，已經由於日本戰敗而向全國人民發表了《人間宣言》（日文裡「人間」是「人」的意思），公開否認自己的「神性」，敲碎了日本人尊

天皇為「現人神」的神秘觀念。

阿童木的出現，使手塚治虫奠定了「漫畫之父」甚至「漫畫之神」的地位，但手塚不只一次坦言，他其實並不太喜歡阿童木。這個角色原本是惹人喜愛的機械娃娃，頭髮結成兩個突出的尖角，又大又圓的眼睛有時泛著淚光，腳上穿著只有女孩喜歡的一雙紅靴子。但當初的《少年漫畫》雜誌不接受這樣的女主角，手塚於是在頗不情願的狀況下，把她改造成為一個機械男孩。手塚是畢業於大阪大學的醫學博士，變性手術大概優以為之，所以變身後的阿童木不但天真活潑，既有男兒氣概，又有點像巾幗英雄，大受讀者和觀眾歡迎。只是手塚直至晚年，仍然沒法忘情阿童木誕生時的原型。

我忽然聯想到日本這個國家，戰後就是在勝利者美國的改造下，而成為現在這個樣子的，擁有強大的能力，具備數不盡的優點，但不少日本人的心坎裡，始終懷想著逐漸遠去的文化傳統和生活感受。外國人對此是不容易理解的，亞洲的人們有時或會產生一點共鳴，所以阿童木在西方人和東方人之間，相信有不同的認受性和影響力。一個屬於未來的故事，就這樣開始了。

二‧手塚治虫和他的漫畫人生

1942 年，當中日戰爭正陷入苦鬥之際，中國萬氏兄弟製作的《鐵扇公主》在日本公映，震撼了一個十四歲的少年。他原名叫做手塚治，因對昆蟲有極大興趣，手繪了無數蟲畫，並給自己取了個「手塚治虫」的筆名。他確鑿地說，就是由於這部中國動畫片的刺激，日後才走上動畫創作之路，事實上《西遊記》也是激發其靈感的一個泉源。

戰事結束後，手塚治虫於 1947 年出版了他的漫畫《新寶島》，嘗試把變焦、廣角和多角度等電影拍攝技巧應用於漫畫方面，因而取得突破性效果。這種超越中國連環圖畫和西方四格漫畫的表達形式，就是現時我們熟悉的「新漫畫」的開端。隨後手塚出版《失去的世界》、

《未來的世界》，以及 1950 年開始連載的第一部長篇《小白獅》，均獲好評，自此躍居為日本首席漫畫家。

順著這樣的勢頭，手塚治虫於 1952 年推出《小飛俠阿童木》，直至 1968 年，竟連載了十六年之久。其間並製成同名的日本第一部電視黑白動畫片，1963 年開始在富士電視台連續播放，最高收視率逾百分之四十，不但日本家傳戶曉，在國外也打響了名堂，為日本動畫開闢了世界市場。手塚治虫自始即專注於電視這種新興媒體上，力求面向不同階層的家庭觀眾，他的作品至今仍然廣泛受到歡迎，相信這是成功的因素之一。

1960 年代後期，手塚治虫著手探索更高的文化層次，創作了《火之鳥》、《怪醫秦博士》等長篇，為他的漫畫賦予新的內涵。毫無疑問，《火之鳥》是手塚最重要的作品，從 1967 年至 1988 年，繪製了總共十二個章節，透過在不同時空裡發生的十二個故事，表達了他對人類文明的反思，以及關於生命意義和宇宙本源的追尋。可惜的是，最後全部總匯於現實世界的結尾不克完成，手塚就離世了，他始終未能夠返回現實世界。

今天，前往寶塚市參觀手塚治虫紀念館的人們，遠遠就可以看見館外的火之鳥，而站在館內歡迎來賓的，是阿童木、藍寶石王子、小白獅等眾多卡通人物和可愛動物。手塚創作的故事角色不勝枚舉，獨具個性的有一千個以上，分佈於五百多部作品之中，包括科幻、探險、偵探、傳說、歷史、哲學、宗教、醫學、自然等多個方面，總計十五萬張畫頁，收錄在《手塚治虫漫畫全集》中的就有四百多卷。

三‧阿童木的前世今生

阿童木的日文名字是 Tetsuwan Atomu，前者乃「鐵腕」二字的讀音，後者為英文 Atom（原子）的音譯，其意念來自 1945 年美國在廣島和長崎投擲的兩顆原子彈，所以中文又譯成「原子小金剛」。英文

譯名作 Astro Boy，意即宇宙男孩或星球小子，不叫原子，而突顯其男兒身份。

當年手塚治虫筆下的阿童木，是一個二十一世紀產物，2003年4月7日誕生。故事大概是這樣的：科學省長官天馬博士因兒子在車禍中喪生，異常悲痛，於是按照兒子的樣貌和性格，創製了一個機械人，本擬藉此使他的兒子「復活」，但他得知機械人無法成長的事實後，憤然將這個小機械人賣給馬戲團。這時地球上已經有各式各樣的機械人，大部分是為人類服務的，也有少部分不需要人類輸入指令，而能夠隨意活動。阿童木屬於後者，並且有一顆善良的「心」。但人類認為這種機械人的存在是危險的，機械人將使人類滅亡，因而大力反對，甚至在不同程度上迫害它們。機械人決定向人類反擊，而天馬博士作為前科學省的長官，亦開始製造邪惡機械人。勇敢、正義的阿童木，為了拯救人類，極力阻止這些邪惡機械人進行反擊，不惜向它們挑戰。

承擔著人類福祉的重任，經歷了自我尋找的旅程，轉眼半個世紀，2003年也過去了，計算一下，阿童木已誕生了多年，並且來到今天我們的現實世界。機械文明威脅人類前途的危機日益加深，地球滅亡的恐懼是電影常見的題材，地球的拯救者甚至是目面猙獰的、缺乏人性的怪物，心地善良而又惹人喜愛的莫過於孩童，徬徨無助的成人，惟有把這項艱巨任務交給青少年和兒童。救助身邊苦困的人們，原是多少人在孩提時代曾經有過的夢想！

大銀幕中的阿童木，必然又是經過幾番改造的，似乎少了一點「稚氣」，而增添了若干「洋氣」，嘴角偶爾流露出一絲頑童的表情，並且減少了裸露上身的「肉感」鏡頭。我們還是拭目以待吧。

四·手塚漫畫的二重性格

但大家也不可忽略，手塚治虫原是少女漫畫的開拓者，他的作品

不僅吸引了少年，也迷倒萬千少女。阿童木生不逢辰，當年要迎合少年讀者，不能以女兒真身登場，以致要改成男裝。原來阿童木身上，竟充滿寶塚劇團的藝術細胞。

手塚治虫五歲時移居寶塚市，一住就二十年。他母親是個戲迷，經常帶著孩子觀看寶塚歌劇。日本的劇場原本是男人天下，做戲和看戲的都是男人，看得膩了，難免興味索然。後來有人想出一條顛覆妙計，組成寶塚少女劇團，變成全女班，自然包括反串男角的演員在內，而偏偏最受歡迎的，就是這些有英氣的女明星。細心觀察，手塚筆下不少角色，像《藍寶石王子》（又譯《寶馬王子》）中的一眾人物，從服飾到神態，都是寶塚的造型。這是他第一部面向女孩子的作品，從而衍生出少男、少女漫畫的區別，而在少男、少女之間，又帶有點中性的味道。

卡通世界裡的激烈競爭，勝出的似乎以柔質而剛毅的小女孩居多。不信，請看看宮崎駿筆下的《幽靈公主》、《千與千尋》和近期《崖上的波兒》。如果拍一部回復阿童木女兒身的《阿童夢——阿童木前傳》，在今天說不定有奇效呢。

手塚治虫開創了將漫畫和電影、文學融為一體的藝術風格，把「夢一般的詩意」這種創作理念推廣開來，形成了日本漫畫界的一大流派，影響深遠。濃烈的地域文化色彩和剛中帶柔的堅強個性，絕不同於歐美式的超人漫畫，亞洲觀眾可以重拾一些失落了的東方格調，歐美觀眾則會邂逅不曾相識的異國情懷。日本漫畫界的第二個流派始於1960年代，力圖擺脫手塚的動畫式線條，講求氣勢和粗重，內容更強調寫實。至1970年代，又出現了有「第三種漫畫」之稱的流派，以高超的技法描寫人的感覺和內心活動，不過這類作品已逐漸偏離了漫畫讀者的普遍訴求。

1980年代以後，上述三派的界限漸趨模糊，漫畫家比較重視的，是個人的風格和特色。但極度誇張的技巧、艷麗奪目的色彩，掩不住內容貧乏的蒼白，漫畫迷以外的世界，大家知道的似乎只有宮崎駿之

類的大師級人馬。然而，近年老氣橫秋的宮崎駿，越來越沉酣於追尋他自己的童年夢境，雖仍不失其天真，但也予人一種累贅之感。與此同時，手塚治虫的作品卻能更上一層樓，以稚子的真純感動世人，有席捲歐美和亞洲之勢。

參觀過手塚治虫紀念館的人們都知道，除了可愛的展品外，館內也有樓層以黑白的強烈對比，襯托手塚的另一類作品，氣氛顯得陰沉，而使小孩和膽小的女士卻步。這些漫畫是手塚面臨巨大挫折和失意境況下的反射，並不為所有觀眾接受，說實在的，我只是喜歡手塚治虫一半的作品而已。

世人普遍認為，日本文化是有二重性的，歷史上的日本人「好戰而祥和，黷武而好美」，集矛盾性格於一身。可幸阿童木身上糅合了更多樣的文化元素，既有像《西遊記》裡的孫悟空所具備的能力，並進化成為高科技的現代裝備；也有米奇老鼠般的可愛和靈活，現時日本（甚至中國）漫畫裡的美少女，扮相都不離兩隻又大又圓的耳朵，只有手塚自始即膽敢把圓耳改成尖角，其靈活程度絕不遜於米奇老鼠，無論阿童木怎樣轉身，都可以清楚看到頭上別緻的那對尖角。

漫畫大師筆下的經典角色，通常是不會長大的。天馬博士沒有想到，一手促成日本漫畫產業化的手塚大師自然沒有想到，阿童木原來具有第八種神力，竟可以隨著時代推移成長起來。外型的變化並不太重要，但願不要更換那顆善良的心！

附記：此文僅以一個工作天完成，參考材料被壓在書堆下未能取出，而想處理的話題又太多，竟以「宮崎駿式」的手法寫手塚治虫。敬請專家達人，尤其是心水清的讀者見諒。

周佳榮謹識，2009 年 5 月 11 日。

20 宮崎駿和日本著名動漫畫家

一・宮崎駿和他的動畫

1. 宮崎駿的崛起

宮崎駿（Miyazaki Hayao），1941 年生於東京都，1959 年進入學習院大學政治經濟學專業，1963 年畢業後，加入東映動畫。他第一部參與製作的影片，是同年 12 月上映的《Wan Wan 忠臣藏》。1966年擔當動畫電影《太陽王子》的場面設計與原畫，該片的導演是高畑勳，這是二人合作的開始，也是宮崎駿動畫生涯的第一步。1978 年擔任電視動畫《未來少年柯南》的導演，在日本國營電視台 NHK 播

出，頗受好評，宮崎駿的思想與風格在片中得以展現。1982年擔任
《名探福爾摩斯》的作畫，其後創作了一系列「宮崎駿作品」。

從1984年的《風之谷》到2004年的《哈爾移動城堡》，宮崎駿的
作品，題材雖然不同，卻將夢想、環保、人生、生存這些令人反思的
元素，融合於其作品之中，有深遠的寓意。天馬行空的想像力，以精
美華麗的畫面表達出來，產生了不可抵擋的魅力，舉世矚目。①

2001年的《千與千尋》，其後在世界各地打破了日本動畫放映的
票房紀錄，標誌著日本的動漫藝術已經走向全世界，並且越來越得到
更多人的肯定。到了2003年，日本的動漫產業已經超過鋼鐵業、汽
車業這些傳統的重大產業，成為國內第二大產業，僅次於旅遊業。

2. 從《風之谷》到《天空之城》

1958年，日本第一部彩色電影動畫長片《白蛇傳》上映，宮崎駿
當時是一個高中三年級學生，原本就喜愛動畫的他，迷上了這部畫
片，決心投身動畫事業。初入東映的時候，薪水十分微薄，他提出
的意見時常不被採用，但他並不因此而氣餒。看了俄國動畫片《雪之
妊》後，創作欲望更強盛。1965年與同事太田朱美結婚，夫婦二人一
起參加了《穿長靴的貓》和《空中飛船》的製作，兩個兒子也在這時期
出生。

1984年上映的《風之谷》，集中了宮崎駿動畫製作的眾多特色，
例如優美精緻的畫面、豐富多采的人物、幽默恢諧的對話和積極向
上的精神等，成為老少咸宜的國民動畫。影片中表達了因人類的愚昧
戰爭和過度掠奪而導致自然對人類報復的觀點，受到環保主義者的重
視；其豐富的想像力和深沉的內容，震撼了廣大觀眾和整個電影界。
同年，在德間書店資助下，宮崎駿和高畑勳合夥創立「二馬力」會社，

---

① 秦剛主編《感受宮崎駿》(北京：文化藝術出版社，2004年) 分主題剖析、
文本解讀、全面領略、作品資料四輯，較系統地介紹了宮崎駿動畫電影的內
涵和寓意。

這就是 1985 年創立的「吉卜力」工作室的前身。吉卜力（Ghibli）的原意，是指「撒哈拉沙漠上吹的熱風」，這個名字的背後還有一層含義，就是希望這個工作室在動畫界掀起一陣旋風。1985 年宮崎駿開始了他個人動畫生涯中最輝煌的十年，其實這也是日本動畫有巨大發展的十年。

1986 年上映的《天空之城》，得到極高的評價；此後，宮崎駿陸續製作或參與製作了《龍貓》（1988 年）、《魔女宅急便》（1990 年）、《飛天紅豬俠》（1992 年）、《聽到濤聲》（1993 年）、《百變狸貓》（1994 年）、《幽靈公主》（1997 年）等動畫。1995 年的《夢幻街少女》，由宮崎駿負責腳本、炭筆畫和製作；導演是近藤喜文；與《龍貓》同時進行製作的另一部電影《再見螢火蟲》，導演是高畑勳，被譽為「真正的藝術」。

3.《龍貓》與《魔女宅急便》

吉卜力工作室因著《龍貓》和《再見螢火蟲》這兩部動畫片，在日本電影界打響了名堂。在《龍貓》上映相隔將近兩年之後，龍貓布娃娃上市，大受歡迎，且為吉卜力帶來了意想不到的收穫，銷售利潤填補了動畫製作費的大筆赤字，其後龍貓就成為吉卜力工作室的標誌。

《魔女宅急便》的票房和收益超過吉卜力工作室在此之前所製作的任何一部電影，但該工作小組的薪水卻偏低（約為日本當時平均薪金的一半），因為當時日本的動畫界，一般都是按照所畫的張數來計算員工的報酬。宮崎駿因而提出兩個建議：其一是改用全職僱傭制度和有固定薪水，並將工作小組的薪水加倍；其二是另外按固定規律招募新員工，並且完善訓練制度。吉卜力的管理經營策略，自此有了很大的改變。

《龍貓》中對親情的描述，和《魔女宅急便》中對少女成長的細緻刻畫，體現了宮崎駿作品的轉型，動畫關心的焦點由自然逐漸轉向人類，著眼於平凡的人類和周圍的世界，使觀眾感到親切。接著高畑勳的《歲月的童話》於 1991 年上映，創下極佳的票房，這時，宮崎駿上

述兩個建議也就完全實現了。

4.《千與千尋》與《哈爾移動城堡》

《千與千尋》是以二十一世紀人口和環境問題為背景的作品，創下日本電影史上票房最高的紀錄，2002 年在柏林電影節上獲得最高獎「金熊獎」，2003 年獲得奧斯卡最佳動畫長片獎。

2002 年，宮崎駿在三鷹市成立了「吉卜力美術館」；同年推出的《貓之報恩》，改編自著名漫畫家佟青的作品。2004 年推出《哈爾移動城堡》，再創票房新高。其後仍熱衷於創作，努力不懈，世人都期待他的新作，可以為他個人成就以至日本動畫，再闖高峰。時至今日，世上很少動漫畫家能在藝術方面突破他的格局，他的作品締造了二十世紀末的輝煌，但也多少陷入了新世紀的迷惘。

二 · 著名的日本動漫畫家

日本漫畫界和動畫界大師輩出，手塚治虫和宮崎駿是漫畫界的雙璧，此後還有很多重要的人物，例如高畑勳、松本零士、大友克洋、鳥山明，等等。[①] 茲舉述較為人所熟悉的十幾位：

1. 川本喜八郎（**Kawamoto Kihachiro**）

1924 年生於東京，橫濱工業學校畢業，曾在東寶電影公司從事美術佈景多年，後來前往布拉格師從捷克木偶藝術家伊日·唐卡，研習木偶動畫製作，返回日本後積極推動及創作木偶動畫。他的作品擅長講故事，並能結合傳統木偶的優美造型，題材大都採自佛教故事，意境高深，有濃烈的宿命色彩，悲劇性強，同時又充滿張力，扣人心弦。

---

① 參閱：(1)〔日〕三浦真一著，李聰明譯《日本繪畫史》(台北：中國文化大學出版部，1998 年)。 (2) 戚印平著《圖式與趣味：日本繪畫史》(杭州：中國美術學院出版社，2002 年)。 (3) 劉曉路著《日本美術史綱》(上海：上海古籍出版社，2003 年)。 (4)〔日〕松本零士、日高敏編著《漫畫大博物館》(東京：小學館，2004 年)。

曾為 NHK 製作木偶動畫劇集《三國演義》，獲得好評。 1976 年的《道成寺》（*Dojaji Temple*），獲法國安納西動畫大獎；1988 年的《不射之射》（*To Shoot Without Shooting*），與上海美術電影製作廠聯合出品，根據中國的民間傳説改編而成，表現了東方哲學的節奏，予人一種恬靜淒美的視覺感受。

2. 木下蓮三（**Kinoshita Renzo**）和木下小夜子（**Kinoshita Sayoko**）

木下蓮三（1936—1997）生於大阪，是一位多產且曾多次獲獎的電視動畫導演，例如《Geba Geba 90 Pun》及一些廣告片等。而真正為他和妻子木下小夜子以及他們的製作公司「蓮花工作室」帶來國際聲譽的，是一些獨立製作的動畫短片，例如 1972 年的《日本製造》（*Made in Japan*）、 1977 年的《日本人》（*Japanese*）等。在《日本製造》之中，木下夫婦成功地預言了日本當時的一次經濟大蕭條，這部沒有旁白的影片，深刻地諷刺了「經濟動物日本」。《日本人》描述並諷刺了當時的日本，另一部短片《Picadon》則以原子彈轟炸廣島作為主題。

3. 高畑勳（**Takahata Isao**）

高畑勳（1935—2018），生於三重縣，東京大學法學系畢業後，進入東映動畫，參與製作電視動畫。 1968 年首次執導動畫電影作品《太陽王子》，成為日本動畫的轉折點，擺脱了傳統風格，開創了新的形式。其後離開東映動畫，與宮崎駿合力製作《熊貓家族》及其續集，1974 年開始製作《阿爾卑斯山的少女海蒂》。

吉卜力工作室成立後，他執導了動畫長片《再見螢火蟲》。 1994 年完成《百變狸貓》，片中探討了現代人類與自然界的互動關係。他擅長刻畫小人物的情感，與宮崎駿明朗開闊的風格有所不同。

4. 松本零士（**Matsumoto Leiji**）

1938 年生於福岡縣，高中畢業後，專畫少女漫畫，1960 年前後

改畫少年漫畫，用科幻手法繪製了《四次元漫畫系列》，又致力研習天文學、考古學、戰爭史和武器等方面的知識。

1974 年，松本零士著手創作動畫電視劇《宇宙戰艦大和號》；1977 年，發表《銀河鐵道 999》和《宇宙海盜上尉哈洛克》等作品。1980 年代的《千年女王》，亦引起巨大反響。他的大型科幻作品，在世界多個國家都有廣大讀者和觀眾。

5. 田中芳樹（Tanaka Yoshiki）

1952 年生於熊本縣，文學博士。1975 年發表的處女作《寒泉亭殺人》，入選學習院大學第四屆《輔仁會雜誌賞》。1978 年獲得第三屆「幻影城新人獎」，1988 年發表的《銀河英雄傳說》以壓倒性的人氣獲得「星雲獎」。

田中芳樹的作品，題材豐富，在科幻、冒險、歷史各領域都有佳作，以壯闊的背景、細密的結構、華麗的筆致和幻想羅曼史聞名。著名作品有長篇《銀河英雄傳說》二十集和《創龍傳》十一集（未完），以中國為題材的歷史小説有《鳳翔萬里》、《紅塵》、《奔流》和《中國武將列傳》。

6. 大友克洋（Otomo Katsuhiro）

1954 年出生於宮城縣，1979 年發表喜劇漫畫《火球》，1983 年以《童夢》得到第四屆日本科幻大賞，1988 年以監督身份將《阿基拉》動畫化。1995 年，由三個短篇《由她的思想中產生》、《最臭兵器》、《大炮之街》合成《Memories》，最能代表他的藝術水平，美麗的畫面簡直如同真實一般。這種特殊的真實感具有東方優美的審美情趣，他對真實與虛幻的問題進行了深刻的探討；其作品同時表現了強烈的毀滅感，又富有黑色幽默的特色。

大友克洋除了創作漫畫外，還從事插圖和廣告創作。有人認為，如果宮崎駿是令日本動畫邁向世界的先驅人物，那麼大友克洋就是他的繼承者，他的作品同樣在世界上廣泛受到矚目。《阿基拉》譯成多

國語言在世界各地上映，歐美國家對這部作品給予很高的評價。

7. 鳥山明（Toriyama Akira）

1955 年生於愛知縣，少時特別喜歡畫《小飛俠阿童木》中的機械人，1974 年從縣立工業高中設計科畢業，在一家設計公司工作了三年就辭職了。1978 年，他的《島上漫遊》在《少年跳躍》上刊出，這是他第一次嶄露頭角，成名作則是 1980 年開始在《週刊少年 Jump》連載的《IQ 博士》。故事中的天才博士和他製造的機器娃娃小雲，引起了讀者的極大興趣；小雲常說些不規範的地方話，一時成了大街小巷的流行語言。

1985 年至 1995 年間，他完成了另一部名作《龍珠》，使其事業達到新的高峰；1995 年，《IQ 博士》共售出 2,811 萬份拷貝，而《龍珠》更創造了逾一億份的銷售紀錄。《龍珠》在《少年跳躍》上連載七年，故事中的孫悟空父子和七顆能滿足人們心願的龍珠，把讀者從山村引到城市、從地星引到外星，又從現在引到未來。其間，鳥山明還擔任任天堂《勇者鬥惡龍》六部系列及 Square《克魯洛時空之旅》等遊戲的角色設計工作，同樣獲得巨大成功，他被認為是繼手塚治虫之後日本漫畫界最有影響力的人物，他的作品還把很多人引上漫畫創作或動畫製作的人生之路。

8. 柴門文（Saimon Fumi）

1957 年生，御茶之水大學教育系哲學科畢業。本名弘兼準子（本姓細井），1980 年與漫畫家弘兼憲史結為夫婦。1983 年以《P.S. 你好嗎？》（《P.S. 我很好，俊平》）獲得講談社漫畫獎，接著出版的《女人作品集》、《同班同學》、《愛情白皮書》都受到眾多讀者歡迎。1990 年其《東京愛情故事》被改編成偶像劇，更因此而聲名大噪。

在日本的女性漫畫家中，柴門文一直是個異類。成名的漫畫家多半描繪少男少女的戀愛，柴門文的作品描寫的往往是成人的愛情故事，故事本身的動人和純粹性，形成了一股「柴門文式」的愛情旋

風。此外還憑她對女性情感問題的獨到見解，在刊物上發表文章，其《戀愛論》被譽為「戀愛教科書」，此外有《最後的戀愛論》、《愛BOOM》等。

9. 北條司（Hojo Tsukasa）

1959 年生於福岡縣，1977 年畢業於私立九州工業高中，同年考入九州產業大學藝術系服裝設計專業，1981 年畢業。出道作品是《宇宙天使》，代表作是《城市獵人》、《貓之眼》、《搞怪家庭》等；其他作品，還有《城市獵人短篇 —— XYZ，雙刃劍》、《少年之夏系列》、《櫻花盛開時》。2001 年的長篇作品《天使之心》（*Angel Heart*），沿用了《城市獵人》中的部份情節和人物。

10. 井上雄彥（Inoue Takaehiko）

1967 年生於鹿兒島。1988 年以《紫色的楓》（《楓紫之情》）出道，其後發表《變色龍》。1990 年在《週刊少年 JUMP》連載《SLAM DUNK 男兒當入樽》，1996 年在網絡上連載網絡漫畫《BUZZER BEATER 零秒出手》（《宇宙投籃手》），2002 年《浪客行》（又譯《浪人劍客》、《劍聖武藏》）榮獲「手塚治虫文化獎漫畫大獎」。在這些作品上，洋溢著濃烈如岩漿的情感，和熾熱到讓人身心都將融化的精神。人們看到的是井上的漫畫精神：拼搏和毅力，突破自己。

《男兒當入樽》，在中國內地和港、台地區均引起了難以想像的熱潮。此作品連同高橋陽一的《足球小將》、安達充的《TOUCH》，在動漫史上被認為是最有影響力的運動漫畫。

11. 押井守（Oshii Mamoru）

1951 年生於東京，1976 年在東京學藝大學畢業。以監督動畫電視《山 T 女福星》（又譯《福星小子》）成名，1982 年劇場版《福星小子 Only You》是押井守的首部動畫電影作品。1987 年發表的《天使之卵》，是日本動畫史上第一套 OVA（原創動畫錄影帶）。

1995 年上映的劇場版《攻殼機動隊》（改編自士郎正宗原作），是押井守在世界動畫領域中享有盛名之作，也是日本動畫中最前衛的作品，描繪了虛構與現實的界限。在這部作品中，「日本動畫風格」有著極為突出的表現。

21 日本體育的
歷史與現狀

一‧日本體育發展概況

1. 古代日本的體育

　　日本早期的體育，是伴隨著勞動和生產等實踐而產生的。進入封建社會後，上層武士盛行訓練以劍術為主的武道，作為防禦與作戰的手段；到了封建社會後期的江戶時代，由於全國的統一和社會相對穩定，武道逐漸演變成帶有鍛煉身體和具備比賽特點的體育項目，例如劍道道場之間經常進行比武。

　　古代日本的體育項目主要有相撲、柔道、劍道、弓道等：

（1）相撲：起源於遠古時代，在《古事記》和《日本書紀》中均有記載。最初主要用於祭祀神，後來演變為表演體育；至江戶時代，出現了職業力士。1909年（明治四十二年）建立國技館，1925年（大正十四年）成立日本相撲協會。1985年（昭和六十年）建新國技館，以配合新的發展需要。其後，業餘相撲亦開始活躍起來。

（2）柔道：起源於古代的武術，可以追溯到「柔術」。1882年（明治十五年）東京大學學生嘉納治五郎開設了講道館，努力研究和指導柔道。1952年（昭和二十七年），日本加入國際柔道聯盟。1964年（昭和三十九年）起，柔道成為奧運會比賽項目。

（3）劍道：是由日本傳統劍術發展而來，進入20世紀後改稱劍道；第二次世界大戰後，變成格鬥技術型體育項目。現時被列為初中、高中的教育課程，各地都設有許多訓練場所。1970年（昭和四十五年）被列為世界性體育項目。目前從事劍道訓練的有700萬人，其中有段位者110萬人。

（4）弓道：是迄今仍保留古風的少數傳統武道之一。

2. 近代日本的體育

近代日本體育始於明治維新，但要到明治末年和大正時期近代日本體育才開始普及和得到推廣。昭和時期由於戰爭的關係，日本政府在太平洋戰爭爆發後禁止所有體育競賽，除了國防和軍事體育外，全面中斷了體育活動。

（1）明治時期（1868—1912）：明治維新初期，隨著西方文明的大量湧入，歐洲體育制度、方法和運動項目，相繼被介紹到日本，主要通過學校傳播到社會，逐漸為日本國民所接受。

（2）大正時期（1912—1926）：日本的近代體育制度逐漸健全起來，相繼成立了各項體育協會，1911年創建了大日本體育協會。進入1920年代後，日本的體育迅速發展起來。

（3）昭和前期（1926—1945）：日本派代表參加了1928年舉行的

第八屆奧運會、1932年舉行的第九屆奧運會和1936年舉行的第十屆奧運會，並且獲得不少獎牌，展現了日本的體育水平。後來由於戰爭的關係，日本放棄了第十二屆奧運會的主辦權，並被取消了國際奧委會成員國的資格。

3. 現代日本的體育

（1）昭和後期（1945—1989）：1961年，日本國會頒佈了《體育振興法》。1964年，日本成功舉辦了第十七屆奧運會。日本的體育事業以此為契機，迅速發展起來，特別是進入1980年代後，隨著經濟高速發展和國民生活水平的提高，日本國民對生活質量和健康的追求愈來愈高，國家的體育政策進行了調整，提出「終生體育」的新概念，體育體制也逐漸由競技體育向大眾體育過渡。

為了進一步振興體育，日本於1987年成立了首相私人諮詢機構「日本體育振興懇談會」。同年，日本體育協會建立了「強化特定選手制度」，規定對有可能在奧運會和亞運會上獲獎牌的運動員每月補貼30萬日元的「強化費」。

（2）平成時期（1989年至今）：大眾體育初具規模，體育人口的比例、國民的體育狀況及體育消費額均居亞洲以至世界前列；從事體育活動的人口，正在穩步增長。從總理府關於體育的調查報告可以看到，1997年，20歲以上的日本人口中，從事各種體育運動者佔70%；通過電視和廣播收看和收聽體育報導的愛好者，佔日本人口的90%以上。

體育項目方面，也較前大大增加，包括新興體育運動在內的運動項目，多達四百多種。有組織開展的體育項目，有：田徑、游泳、體操、棒球、網球、足球、排球、籃球、乒乓球、羽毛球、摔跤、舉重、拳擊、射擊、冬季項目及傳統民族體育項目。

古代、近代、現代的日本體育，雖因時代不同而有其特色，但內在的聯繫亦明顯可見，尤其是一向以來的尚武精神。所以在認識日本

體育現狀的時候，不宜忽略傳統文化的延續和影響。^①

二‧日本的體育管理和設施

1. 體育管理體制：

日本的體育管理機構從性質上可以分為政府機構、社會團體和民間組織三種；在管理方面基本上採取三級管理模式，即中央級、都道府縣級和市區町村級。

（1）政府機構：日本政府體育管理的最高機構是文科省體育局，其主要職責是：制定全國體育的方法政策、法規和實施方案；對有關工作進行審批；組織全國性的體育活動，如國民體育大會、全國體育娛樂節、全國大型體育研討會及體育指導員最高會議等。全國 47 個都、道、府、縣和大約 300 個市、區、町、村政府中，均設有教育委員會，各級教育委員會還設有大眾體育課和競技體育課等專門負責體育的機構。日本的政府體育管理機構不直接領導體育運動，而主要以資助方式，依靠日本體育協會、日本奧林匹克委員會和各體育組織等，進行國內和國際體育活動。

（2）社會團體：社會體育團體組織的最高機構是日本體育協會，其前身是 1911 年成立的大日本體育協會。這是日本最具權威的大眾體育社會團體和全國性體育綜合團體，在地方各級設有地方體育協會；52 個全國性單項體育聯合會，也都加盟。日本體育協會受文科省領導，並直接實施文科省下達的各項任務，如舉辦體育節、「國民體育大會」、「全國少年體育大會」，及培養體育指導員、組織體育少

---

① 本文主要參考：(1)《日本 20 世紀館》(東京：小學館，1999 年)。(2) 中國社會科學院編《簡明日本百科全書》(北京：中國社會科學出版社，1994 年)。(3) 孫叔林、韓鐵英主編《日本》(北京：社會科學文獻出版社，2005 年)。(4) *The Kodansha Bilingual Encyclopedia of Japan* (對譯日本事典)，Tokyo: Kodansha International Ltd., 1998.

年團及開展體育研究等。據統計，至 1998 年止，日本體育協會已培養了大約七萬名體育指導員，建立了三萬餘個體育少年團。此外，重要的社會體育團體還有日本休閒協會、日本體育設施協會、日本體育少年團、學生體育聯合會等。學生體育聯合會的任務是為學生參加體育活動提供科學、安全、有效的機會及組織各類體育比賽，增進青少年之間的交流。社會體育團體的經費大部份是自籌資金，少數來自政府撥款，近年由於體育成績滑坡，政府撥款比例日趨增加。

（3）民間組織：民間體育組織是指由財團、企業和私人業主自發成立的體育組織。隨著日本大眾體育的蓬勃發展，體育環境出現巨變，逐步向職業化、商業化方向發展，各類企業也看好體育市場，紛紛建立體育組織和體育設施。例如 Konami 正在與日本棒球聯盟、日本職業足球聯盟、日本奧林匹克委員會、日本高爾夫協會、日本相撲協會合作，研製運動遊戲軟件，以便打入體育市場。這類協會的經營方式是通過使用者交納會費等方式獲取收入，在盈利的同時促進大眾體育的發展。

2. 社區體育機構與管理體制

日本的社區體育機構從性質上也分為政府機構、社會團體和民間組織三種類型：

（1）政府機構：主管社區體育的政府機構是市區町村教育委員會，其主要工作內容有：第一，負責執行上級部門的體育政策；第二，制定並實施適合本地區的體育政策；第三，向上一級部門申請年度預算，並具體使用上級發放的體育振興基金。市區町村教育委員會下設體育課，其主要任務是對社區體育的發展進行宏觀管理；對具體的體育工作進行指導和監督，如監督體育振興基金的使用情況。

（2）社會團體：指市、區、町、村級的體育協會和其他各類與體育發展有關的協會，如體育指導委員會、休閒協會等。這類協會與政府機構有所不同，必須廣泛地籌措社會資金，吸納社會人材，在工作

中有很大的主動性，具有較高的社會可靠性和地位。因此，這類協會在社區體育發展中發揮著重要的作用。

（3）民間組織：社區體育的民間組織是指由大財團、大企業、私人企業主等自發籌建的體育中心等。這類組織在建立之前，必須在本地區的教育委員會和體育協會登記，辦理各種合法手續，取得相應的資格。由於有自己的設施，自負盈虧，所以工作的主動性更大，具有很多優越性，因此，日本政府一直鼓勵民間辦體育。

3. 體育設施

為了滿足日本國民體育運動多樣化的需要，完善的體育設施是不能缺少的。1969 年起，日本的體育主管部門幾乎每五年進行一次體育設施現狀調查。據統計，1985 年全國共有體育設施 292,117 個，1990 年減少至 229,060 個，1996 年復增加至 258,026 個。當中有160,614 個是學校體育設施，現時日本九成以上的中、小學校，都有體育館、運動場、游泳池三種基本體育設施。此外，日本還有公共體育設施 65,528 個，各種民間體育設施 19,147 個。各類體育設施的利用和管理情況如下：

（1）公共體育設施：由政府出資建設，主要用來舉行大型比賽活動及滿足當地居民體育活動的需要。這類設施多半具有觀眾席、浴室以及配備快餐店、商店和訊息中心等，是綜合型設施。此外，還有一類半公共性質的體育設施，如「國民年金健康設施」、「厚生年金福利設施」、「青少年之家」等可供住宿的體育休閒設施。公共體育設施的管理有兩種類型：一類是體育館、游泳池及綜合體育設施多半由建設部門直接管理，另一種是委託式管理（包括部份和全部委託）。

（2）學校體育設施：用於補充社區體育設施的不足，為社區居民參加體育鍛煉創造有利條件。按照文科省的規定，全國公立學校的體育設施於每日下午 5 時放學後對市民開放。據統計，99% 的公立中、小學校對外開放體育設施。學校體育設施對外開放時，一般以社區體

育俱樂部的形式進行管理，當中 40% 由教育委員會負責，25% 由校長進行管理，15% 由專門經營委員會負責，還有一部份委託當地民間組織進行管理。

（3）企業體育設施：約佔日本體育設施總數的十份之一，多半是受人歡迎的足球、籃球、排球等球類運動場館。這類設施是企業為職工建設的福利事業，但由於大多數日本人下班後不願意在工作機構鍛煉，因而使用率並不高。

（4）民間體育設施：以盈利設施為主，使用率相對較高，約有23.8% 的人進行體育鍛煉時使用這類設施。此類設施是由專門經營體育設施的公司建行管理，採用成立俱樂部、對居民開放等經營形式，一般有體育指導員，以確保參加者的人身安全和設施的經營責任。

（5）其他：除了上述各種措施以外，還有城市公園體育設施、郊外體育設施等。日本各級政府對體育設施進行合理、細緻、嚴格的管理，目的是促進體育人口和體育消費的增加，以期實現「任何時間、任何地點、任何人都能方便地進行體育活動」的目標。

三‧日本體育的實力和水平

1. 體育實力

日本是世界體育強國之一，具有雄厚的體育實力，體育活動領域非常廣泛，各種陸上、海上和空中運動項目都能得以全面開展。

（1）傳統的民族體育項目：代表性的項目，有柔道、劍道、弓道等。

（2）職業體育項目：深受日本民眾喜愛的職業體育項目是相撲和職業棒球，此外還有職業摔跤、職業足球、高爾夫球等。相撲為日本國技，分職業和業餘兩種：職業相撲在日本相撲協會的領導下制定了級別制度，按級別每年分兩組共進行五場淘汰賽和地方賽；業餘相撲基本上在學校進行，每年舉行大學、初中、高中的全國比賽。職業棒

球始於 1921 年，第二次世界大戰後迅速發展起來，分為中央職業棒球聯賽和太平洋職業棒球聯賽兩個系列，每年都進行循環賽，是觀眾最多、電視收視率最高的體育項目之一。

（3）有組織開展的體育項目：以田徑、游泳、排球的成績較好，其次是體操、摔跤、射擊、馬拉松、乒乓球等；此外，還有棒球、網球、足球、籃球、羽毛球、舉重、拳擊、冬季項目等。

田徑是日本體育的支柱之一，發展得很快，田徑運動員在國際比賽中取得優異成績，曾多年保持亞洲第一的地位。但自 1986 年日本田徑隊在漢城亞運會上失去亞洲盟主地位之後，連續多年出現大滑坡。直至在第二屆東亞運動會上奪得 16 枚金牌，才顯示了強勁的上升之勢；在 1998 年的曼谷亞運會上，日本獲得 13 枚田徑金牌。

游泳也是日本體育運動的強項之一，不僅在亞洲處於領先地位，在國際比賽中的表現也不遜色。在單項比賽中不斷地刷新日本自己的紀錄，甚至創造了世界紀錄。

排球運動在日本相當普及，並且深為大眾所喜愛。日本排球隊是亞洲的勁旅，女子排球隊從 1961 年開始，曾獲 24 連冠，在世界排球界有「東洋魔女」之稱，但近年來，其實力已有所減弱。

2. 國民體育大會

1946 年起每年舉行一屆，以都、道、府、縣為單位組團參加比賽，是日本規模最大的全國性體育盛會，最大的特點是將競技與娛樂融為一體。比賽項目以奧運會比賽項目為主，並增加了一些傳統民族體育項目，記入總分的正式比賽共四十多項，冬季項目有滑雪、速滑、冰球，夏季項目有游泳、划船等，秋季項目有田徑、足球、網球、體操等。此外，還有高中棒球、體育藝術等公開比賽項目和主婦排球、拔河、高爾夫球等表演項目。

國民體育大會設有天皇杯、皇后杯、會長杯等大獎。天皇杯和皇后杯分別由天皇和皇后親自頒發給獲得男女團體總分第一的代表團。

會長杯授予取得單項比賽男女綜合成績第一名的都、道、府、縣。此外還設有集體獎狀，授予名列各單項男子總分前 8 名和各單項女子總分前 8 名的都、道、府、縣。

3. 國際比賽成績

從歷屆奧運會的成績來看，第二次世界大戰前，日本就已進入奧運八強。在第 22 屆奧運會之前，日本一直位居亞洲第一。在第 18 屆、第 19 屆奧運會上，日本連續排名第三位。其後成績一度下降，第 27 屆奧運會後，其成績有所回升。

從亞運會的成績來看，日本在 1951 年召開的首屆亞運會上，以 24 金、21 銀和 17 銅獲得總分第一名；此後稱霸亞洲體壇三十年，在第 1 屆至第 8 屆亞運會上連續保持金牌總數第一。

四・日本人的運動

1. 棒球熱

日本人喜愛的體育項目很多，包括球類、體操、武術及文娛等。為了紀念 1964 年 10 月 10 日第十八屆國際奧林匹克運動會在東京開幕，甚至把這一天定為全國放假的「體育之日」。

棒球已經成為現代日本的國民運動，在年輕人當中尤受歡迎。這種球類在 1873 年傳入日本，日文叫做「野球」，其初以學生棒球為主，到 1934 年才有專業球賽的出現。至今無論是打棒球還是看球賽，都有凌駕美國之勢，日人對它的熱愛，有如足球在歐洲一樣。除了球場內的比賽外，學校的操場以至住宅區的小巷，經常可以見到年輕人和小童在練習，甚至有不少父子同樂的場面。

學生棒球活動有兩種：一是「高校野球」，每年夏季舉行全國高中棒球選手權大會，以 1985 年為例，參加學校多達三千七百餘所。另一是「大學野球」，以東京六大學（早稻田、慶應、明治、法政、立教、

東京）為首，多個地區都有棒球對抗賽的舉辦。

至於職業棒球，則分為兩大聯盟，一稱「中央」，一稱「太平洋」，各有六隊，在季末定出優勝隊伍，然後爭奪全國總冠軍。電視實地轉播的收視率極高，有些機構和學校，甚至臨時在辦公室內放置電視機，以便職員能以第一時間觀看。

2. 大相撲

日本傳統運動至今仍盛行不衰的，是有「國技」之稱的相撲。它的歷史可追溯至遠古，傳說神話時代的神互相角力，藉以預知農作收成的豐凶，有如占卜一樣。大約在公元六世紀，始發展成為觀賞性質的一種運動。

職業力士的出現，是在近世的江戶時代。1909 年建國技館，1925 年成立大日本相撲協會，新國技館於 1985 年落成，此後相撲仍有繼續發展之勢。

相撲的競技方法，是兩個力士在直徑約四點五米的圓圈內角力，把對手摔倒在地或推出界外的一方為勝。比賽開始前，力士要進行一連串的儀式及熱身運動，他們左右踏足，用水漱口，以紙抹身，又在環上灑鹽，以示潔淨；然後依照裁判員（行司）的指示，二人對站，彎腰至手觸地面，同時向對方發動推擠。

力士按水平分成等級，地位最高的叫橫綱，過去三百年間能得此榮譽的不足六十人，其他能夠參加比賽的有大關、關、小結三級。力士比賽時只纏腰布，幾乎全身赤裸，外國人對這種運動一般沒有好感，認為只是兩個大胖子在小圓圈內推推拉拉而已。如果耐性好點的話，你會發覺這是具有體育精神的一種運動，多看幾回，可能上癮。

3. 柔道

柔道是日本武術的代表，所謂「柔」即柔和、輕柔之意，柔道的原理，就是「以柔制剛」。它源於古代的武術 —— 柔術，1882 年東京大學的學生嘉納治五郎私費開辦講道館，從事研究及指導，奠定了近

代柔道的基礎。

嘉納治五郎後來成為東京高等師範學校校長，是一個出名的教育家。據他說，柔道是「最有效地使用身心力量之道，通過攻擊、防禦的練習以鍛煉修養身體和精神，從而體驗其道的真髓」。不只柔道如此，日本的「道」如劍道、空手道等，也強調同樣的境界。

二十世紀初葉以來，柔道成為日本初中及以上教育的一個項目，自此大為流行。東京的日本武道館，每年都舉行全國錦標賽和學生錦標賽。各人的力量以「段」和「級」表示：最高為十段，最低為初段；以下為級，一級最高，五級最低。段和級各以顏色腰帶區別，十段、九段用紅色，八至六段用紅白，五至初段用黑色；一至三級用棕色，四、五級用白色。最初學的人，可以用藍帶表示。憑著柔道袍外面纏著的帶子，便可以分辨段和級了。

柔道練習有兩種形式，一是按照順序和方法，一是自由競技。比賽則分「階段別」和「無差別級」，「無差別級」的勝利者，被認為是至高的榮譽。

4. 唐手（空手道）

空手道是日本另一種著名的武術，顧名思義，就是不使用任何武器，只用徒手空拳的武技。它源於唐代（公元七世紀）中國的拳法，在十四世紀傳至琉球（今沖繩），繼而去到日本，所以日文裡叫空手道做「唐手」。由於日本在近代以前有嚴格的身份制度，武士隨身攜帶刀劍，庶民（農、工、商）卻不准持有兵器，空手道便成為他們最便利的一種自衛術。

空手道強調有效地使用身體各部位，用踢、劈等技巧來制服對方。比賽有二種：一是「型」，即以基本動作和移動轉身的準確姿勢，正確的踢、劈，雄壯的發聲，及動作的緩急等決勝負。另一種是「組手」（拳鬥），重視踢、劈的準確性，及配合發聲、時間、步位等要素，而以擊倒對方為優勝。日本空手道分四大流派，又各有多個支派。現

時習空手道的人，連外國在內達二千三百萬之眾，其中有段者逾一百萬，約十分一是外國人。

順帶一提，從外國傳入的武道還有合氣道，據說作為防衛而不用於比賽的，只此一種。以鍛煉身心為基本，屬防守術，無攻擊技，故有防守武道之稱。由於歷史尚淺，日本國內有六十萬人練習，其中二十萬人是女性，據說在海外也有二十萬愛好者。

5. 劍道

日本的另一種傳統武術，就是劍道。原本劍術是古代武士掌握戰鬥技術的訓練方法，最早出現於公元七、八世紀，至十六世紀迅速發展起來，出現了不同的形式和流派；自十七世紀開始，同時強調精神及技術的鍛煉，又受了儒家及佛教（特別是禪宗）的影響，而與道德修養結合起來。劍道之名，到二十世紀才成為定稱，性質也有若干不同，重視以劍術作為修煉身心的一個途徑。戰後又演變成格技形式的體育項目，甚至列入中學教育的課程內。

古代用木造劍，十八世紀時改為竹造，具有保護用具如面具、護體衣等，至今仍然在練習及比賽時使用。劍道的基本技巧是攻擊對方的臉、手、身及喉，而以連續的動作、技巧及部位取得優勢。通常比賽以三個回合決勝負，在三個評判員當中至少要二人認可才獲得分數。

1970 年國際劍道聯盟成立，劍道正式成為國際認可的體育活動。現時有「劍道人口」七百萬人，其中有段數的人約一百一十萬，可憑技術的進步而升級。最高為十段，歷史上曾有五人達此地位，但據說目前則無。女性也有練習劍道的，人數漸見增加。

6. 弓矢之道

現時日本仍然流行的傳統武術，還有弓道，又稱弓術，亦即我們所說的箭術。弓道的起源不詳，傳說來自中國或東南亞，文獻方面，日本在公元八世紀時有獎勵弓術的記載。

弓箭本用於狩獵及作戰，但自 1543 年槍砲傳入日本後漸被淘汰，所謂弓道，主要是基於禪宗及儒家思想的身心鍛煉而已。第二次世界大戰後，弓道曾一度衰落，其後再興，雖保留了古時的形式，實則已經體育化了。現時全國有二千五百個弓道場，射箭人數達五十萬，其中四十萬是有段者，據説五分一左右是女性，尤以年輕女子為多。

日本的弓用竹和木接合而成，長約二米餘；箭用竹造，長度以稍逾使用者身高的一半為佳。基本射法包括踏足、站立、上箭、拉弓及發射等項，射距則分兩種，近距離二十八米，遠距離六十米以上。

大學裡通常有射箭場所的設置，學生團體中一般有弓道會。就是在鬧市的娛樂中心，也可以射箭耍樂。看來只是拉弓射箭那麼簡單的事情，實際上是有一套學問的。在日本，這也是「道」，那也是「道」，未必都有深奧的原理，不過隆重其事，尊重各種事物所具備的獨特精神，總是好的。

五‧日本人的競賽精神

今日的日本是一個重視體育活動的國家，這多少與古代尚武的傳統有關，更主要的是，日本人把比賽結果作為衡量本身力量的不二準繩。不妨認為，日本人視競賽為生活的目標，各種事物固然如此，體育活動自然明顯不過了。但這與體育精神，似乎並不是一回事呢。

大致來說，日本人肯定權威，有服輸的本色，但如果他們輸了，會決心下次捲土重來。最優秀的對手一定成為學習的對象，也是要超越的假想敵人。一旦成功之後，拚命苦幹的進取精神，似乎就失去用武之地了。

由於要透過別人的承認，才可肯定自己的地位，日本人對於國際性的比賽，是尤為熱心的。1912 年日本首次參加奧林匹克運動會，自此每次都有參加；第一次獲獎，是在 1920 年取得網球雙打銀牌。在 1964 年東京奧運會中，日本取得十六面金牌，居世界第三位，女

子排球隊的奪標尤為世人所留意。以往日本的特長是在排球及跳躍，但近年已有轉變，排球以外，體操、柔道、摔角及舉重等都不俗。1972 年第十一屆冬季奧運會在札幌舉行，日本囊括七十米跳躍的首三名。中國自從加入國際競技後，即成為日本的一個勁敵。近年的表現大不如前，已落後於中國了。

第四輯

科技與學術綜覽

22 戰後日本
的科技發展

　　許多國家都有振興科學技術的計劃，以改善國民生活，從而對全
人類作出貢獻。日本是當今有數的經濟大國，對科學技術的需求既
殷，更認定這是未來發展的重要支柱，自然倍加注意。自 1960 年代
以來，日本即致力於先端科技的開發。[1]

　　日本的科學技術行政最高諮詢機關「科學技術會議」，清楚揭示了
政府在科學技術政策上的六大目標：（一）推進資源能安穩地供應及節
約；（二）解決環境安全問題以實現較好的生活環境；（三）改善保健、
醫療以增長及維持健康；（四）振興先導的、基盤的科學技術；（五）

---

[1]《日本 20 世紀館》（東京：小學館，1999 年），頁 1002—1011。

培養科技力量以確保國際競爭力；（六）振興基礎科學。

　　日本政府亦有大型計劃的進行，例如在核能、宇宙、海洋等方面的開發，日本科技的發展一向只是在國外輸入的科技基礎上，加上聰明的組合，近年來則致力於開發及推進本身的基礎科學技術。

　　日本大部分的科學技術研究工作，是由大學、研究機關及民間企業所領導；民間企業負擔了過半數的研究費，扮演著最重要的角色。在大學的研究費中，過半數用於基礎研究；而民間企業的研究費，則四分之三用作有關生產發展的研究。

一‧核能技術

　　日本在第二次世界大戰結束前，受過兩枚原子彈轟炸，是唯一有這種災難經驗的國家，所以日本人至今對核能（原子力）有特殊的情緒，稱之為「核子過敏」。即使在核能的合理利用下，日本人亦會趨於神經質。

　　1955年（昭和三十年）的「原子力基本法」規定，日本核能的開發只限於和平目標，要在民主及獨立的情況下運營，其成果必須公開、有益於人群，並對國際合作有所貢獻。

　　政府設立「原子力委員會」及「原子力安全委員會」，負責核能的開發利用及確保安全。現時，日本在核能發電方面，僅次於美國而居世界第二位，佔總發電量的十分之一以上，價格比火力發電為低。與此相關的工業，例如鈾的精煉及濃縮、燃料加工及再處理等，亦相繼有進展。

　　還有，利用放射性同位素於醫學、工學及農業方面的應用技術，近年大量開拓，應用放射線診斷及治療癌症尤有進步，利用中性子治療法取得劃時代成功的報告，在十多年前已出現。

　　但日本國土狹小，高度發展核能實亦對人民構成威脅，在致力確保安全使用之餘，還要設法消弭心理上的恐懼。即使在二十一世紀，

核能開展仍是一國民矚目的問題。[①]

二·開發宇宙

開發宇宙是日本邁向二十一世紀的三大目標之一，與新構思的城市建設及大規模的開發海洋，合成海陸空立體發展的未來規劃。

日本在宇宙開發方面比美、蘇落後，但自 1960 年發射第一枚鉛筆型火箭以來漸有進展。1970 年，日本繼蘇聯、美國、法國等國之後，成為發射人造衛星進入軌道的國家之一。此後陸續發射試驗衛星、科學衛星、技術試驗衛星、電離層觀測衛星、材料試驗衛星。氣象衛星、實驗用通信衛星、實驗用播放衛星、X 光天文衛星等，近年來則致力於發射行星之間的探索衛星及實用播放衛星；今後發展的重點，則在於自主技術的達成了。

大部分人造衛星的發射地點，是在鹿兒島的內之浦和種子島，此外，亦有一些是在美國的加那維爾角發射的。日本人自知本身在開發宇宙方面的實力比較薄弱，獨立發展的條件不足，最好的方法，莫如追隨美國，從中吸收尖端知識及累積實際經驗，打好基礎。美國大抵亦明白這點，由於需要合作的夥伴，助以一臂之力，除了日本又找誰呢？

三·日本電腦

美國製造的電腦，在 1980 年代佔據了世界市場的大部分，但在日本國內，則自製的電腦可以供應過半的需求。對於亞洲地區來說，日本電腦發展的潛力或許在美國之上，舉例來說，日本在處理非西方語文方面就佔了優勢。

---

① 〔日〕田詔肇等著《二十一世紀的日本和世界》(北京：中國社會科學出版社，1987 年) 中，有多篇文章就和平、核、環境問題展開了探討。

初時日本的電腦軟件均用英文，其後在普通應用系統過程中逐漸使用日文，處理日文字母（假名）和常用漢字混合使用的「充分日文」，已經沒有困難。此外又改裝為完全使用漢字的中文電腦，供中國人使用。

對中國人來説，日文電腦提供了參考作用，對發展中文電腦有相當的幫助，但也帶來了若干麻煩和混亂。應用日本製造的改裝中文電腦，香港是「先進」地區，早年電腦植字機在印刷行業日趨普遍時，印刷品上的錯字、怪字、異體字，甚至令人側目，説穿了卻都是日文裡的「正字」。

自 1980 年代起，日本不但大企業設置電腦系統，許多診所、商店亦有小型商用電腦，私人電腦更大受歡迎，甚至初中生、高中生都熱衷於電腦的應用。值得注意的是，微型電腦已廣泛用於多種事物之中，由微波焗爐、洗衣機等，以至於工業機械人。

四‧能源與技術

日本自 1960 年（昭和三十五年）踏入以石油為中心的能源時代後，能源自給率逐年降低；加上新技術、新商品的開發過急，1973 年（昭和四十八年）及 1978 年（昭和五十三年）先後兩次遭受石油短缺的嚴重打擊。描寫日本因石油供給突然中斷而陷入危機的經濟小説《油斷》，曾經暢銷一時；把西裝改為短袖、短褲的所謂「省能源裝」，更成為世界性的話題。

自此，日本人轉而致力於經濟的安定成長，同時從事一套長期的能源研究及開發計劃。日本政府設立能源綜合開發機構，推進核能、太陽能、熱能等的研究；而中小水力發電、生物力發電、風力發電、波力發電、海洋溫度差發電的研究，亦相繼著手進行。

隨著先進技術產業的抬頭，日本熱心參與國際性的技術合作，太陽能發電、光合成、尖端機械人、輕水爐的安全研究四項，且有領導

性的位置。

　　雖然日本在技術革新方面續有增長，但仍依賴外國輸入技術，主要是在化學、機械、電氣、纖維等方面，來自美國、西德、英國、瑞士及法國。不過，日本的技術輸出亦很可觀，例如在化學、電氣、鋼鐵等方面，供應東南亞、美國和歐洲的需要。

五‧技術力強勁的特質

　　近年來，日本工業製品由於性能強和故障少，在國外取得頗高的評價，使日本貨物「單薄易壞」的形象大為改觀。到底是甚麼令日本的技術力如此強勁呢？專家認為有以下幾個主要的特質：

　　首先，是因為日本人擅長製造小型、細緻的物品，是「迷你文化」的締造者，在現代科技的精微發展方面大派用場。日本製造的小型汽車、小型電視機、照相機、小型計算機等等，正發揮了這個特長。

　　其實日本人製作細小物品的傳統，茶器和盆栽等固然如此，甚至連房屋也不例外，顯然是與國土狹小有關。所以日本人在設計物品時，充分考慮到空間的利用，不但一件物件本身要節省空間，而且要與其他物件互相配合。技術的組合和應用，也就成為日本人的第二個特長了。

　　傳統上組合不同物件的優點，應用於現代技術時一樣見效，例如工業用機械人的運作，就是機械和電子技術的組合。在旅行車內裝置小型雪櫃，電子手錶同時是電子遊戲機，現在都不是新鮮的事物，但最初作這樣配置的構思，卻是一種難能的發明。利用坐廁量度體溫、心跳和血壓，恐怕只有日本人才想得出。

　　日本技術力強的第三個特質，是重視從事生產的工場。大學畢業的技術人員大多投入生產部門，了解工場的實際情況，對於生產自動化及改善技術等，可以作出較大的貢獻。同時，開發、設計部門與製造工場也有緊密的聯絡和合作，工場方面的意見能夠有效地反映到開

發和設計部門。

第四個特質，是徹底追求高品質和低成本。工場從業員的自主管理活動，加上品質控制系統，杜絕了不良產品，也降低了製造成本。

第五個特質，就是在新產品的開發和品質的提高方面，日本人表現得極其迅速。在外國，技術人員一般對於引進新技術有排斥性，恐怕被新人取代，事實上僱主在發展新產品時，往往會解僱部分舊人，另外聘請合適的員工。日本採用終身僱用制，資方注意職工的培養，引進新技術和製造新產品之際，舊有員工經過短期的再訓練後，不但應付得來，而且工作相應減輕，何樂而不為？

大家覺得不必在意的地方，日本人卻大動腦筋，有時難免多此一舉，有時則會鑽出名堂。按掣量米的古怪米桶看來無聊，但電飯煲又如何？

—— 本文撰於 1988 年，曾於《新晚報》副刊發表。隨著現代科技突飛猛進，三十年後看來，不少事物已屬慣見，但日本在當時曾一路領先，其得失經驗，仍然值得借鑑。

23 日本的「東洋史學」及其背景

　　近代日本的中國研究始於 19 世紀末葉，在第二次世界大戰之前已迅速發展起來。戰後不久，日本即恢復對中國問題的鑽研，並且盛極一時，蔚然成為中國研究的重鎮，在國際間有相當大的影響力。

　　不過，我們應該知道，戰前日本的中國研究與日本大陸政策的發展，其實是有密切關連的，雖然取得若干可觀的成績，但失卻了學術研究的自主性，不斷接受政治性的援助，且被軍國主義者利用，作為侵略中國的工具和資料。戰後一些日本學人曾對這「傳統的性格」有過深切的反省，但他們仍在相當程度上沿襲戰前的成果作為研究基礎。何況戰後日本學界的研究目標和方向，是否已經有了本質上的改變，而與前此截然不同，至今是一個有待深入探究的問題。

怎樣評價過去日本的中國研究，不是一件沒有意義的工作，我們必須採取批判性的態度，而不是全盤否定或者毫無保留地予以接受。在這批為數相當可觀的著作之中，不乏至今仍具參考價值的學術研究；何況當時的日本，也並非完全沒有反對國家侵略政策的學者。可是，如果目前仍有人對戰前日本的著作盲目地加以推崇，把日本學人都寫成熱愛中國文化，又關懷中國的前途幸福，而竟忽略了他們進行研究的背景，不弄清楚這些著作的論旨如何，到底對中國以至中國文化採取怎樣的態度等等，不但有乖事實，更是自欺欺人。

　　因此，為了更有效地把握日本的中國研究，我們對於戰前的研究背景，及這一背景在進行研究時所產生的影響，實有透徹了解的必要。本文擬集中於史學方面，對戰前日本「東洋史學」的發展，以及戰後日本學界的檢討，作概略的回顧。

一‧從亞洲侵略到亞洲研究

　　要闡明亞洲侵略與亞洲研究的關係，最好舉述旗田巍（1908—1994）在《歷史學研究》月刊第 270 號（1962 年 11 月）上發表的〈日本的東洋史學傳統〉一文。作者坦率地指出：「日本的亞洲研究，是相應著日本對亞洲的軍事發展而成長的。概略而言，由明治初年以來到戰敗為止，日本侵略亞洲的進展方向是朝鮮→滿蒙→中國→東南亞，亞洲研究大體上就是沿著這路線長成。明治前期，當日本大陸發展的第一步向著朝鮮時，學界集中關心朝鮮，歷史家、法制史家、語言學者都以朝鮮為研究對象。這是作為學問的亞洲研究的第一步。在中日甲午戰爭及日俄戰爭之中，日本確立了對朝鮮的統制，進而向滿蒙伸張，滿蒙研究即隨著盛行起來。東洋史學在學界中確立地位，應該是於這一時期，而致力中國塞外研究多於本土研究的傾向，是跟東洋史的成立情況以及作為其背景的大陸發展有深厚關係的。由大正到昭和，積極展開對中國本土的侵略，中國研究大盛，尤其是中日全面戰

爭開始後，更異常地高漲起來，出現了無數關於中國的專書和論文。繼而太平洋戰爭發軔，高唱大東亞共榮圈，東南亞研究立時興起。其間由於朝鮮統治的進展、滿洲國的設立，朝鮮和滿蒙的研究也就推進一步。總之，亞洲研究的領域，跟著日本勢力圈的膨脹而擴大。」[1]

在上述一段文字中，可以清楚看到：日本的亞洲研究，其視線是怎樣尾隨著日本的軍事行動，並且結連著前進的。旗田巍當時是東京都立大學退休教授，在朝鮮史和「滿蒙史」方面頗負譽名，戰前任職於日本外務省（外交部），當時日本為成立偽「滿洲國」而設置了滿蒙文化研究機關，他便是其中的一個研究人員。[2] 由這樣身份的人作出反省，自然是值得重視的。

二‧白鳥庫吉與東洋史學的建立

明治初期的中國研究，是承繼德川時代（1603—1867）以來的中國學問傳統，即以古典研究為對象的「漢學」體系，東京帝國大學的漢學科是其中心。1904 年（明治三十七年），在白鳥庫吉（1865—1942）的領導下，從漢學科分出支那史學科，六年後改稱東洋史學。白鳥出身西洋史，留學歐洲，採用西方的研究方法，而其學術系統的建立，則同時受了東洋史學開山祖師那珂通世（1851—1908）的影響。明治後期的中國研究，即以此學派為支柱。另一系統，則是漢學出身的內藤虎次郎（湖南，1866—1934）所領導的京都學派。

滿鐵調查部是學術研究與侵略勢力結合的一個代表，東洋史學的形成實與滿鐵有極深關係。滿鐵是日俄戰爭後不久，日本為了承擔「大陸經營」的任務而設立的。白鳥庫吉說服了滿鐵總裁，1908 年（明

---

① 見幼方直吉等編《歷史像再構成之課題》（東京：御茶之水書房，1966 年），頁 207。

② 參閱〈歷史研究者之主體與任務〉（座談會記錄）旗田巍發言，《歷史學研究》第 280 號（1963 年 9 月），頁 3。

治四十一年）在東京分社內設立滿洲和朝鮮歷史、地理調查室。他肯定日本的大陸政策，企圖在學術方面作出貢獻，對此予以支持。在他的統率下，參加者有池內宏（1878—1952）、稻葉岩吉（君山，1873—1940）、津田左右吉（1873—1961）諸人，這班後來享有盛譽的學者，都是從滿鐵調查室培養出來的。不過，後來滿鐵首腦認為白鳥的研究內容太偏重詳細年份及地名考證，不切實際，於 1914 年（大正三年）取消調查事業，以後只援助出版費用，研究成果以東大文學部名義出版。[①]

翻閱中國學者的著述，對於這些活動並不是沒有提及的。試看晚明史專家謝國楨〈明清史料研究〉一文所載，便已十分清楚了。他說：「自日本吞併朝鮮，覬覦吾國東北。甲午之戰以後，清廷益復不競，日本在東北，事事侵略經營，建立南滿鐵路以掠東北交通利權。同時日本所說之南滿鐵路株式會社並設有調查課，專調查吾國東北現代情勢，及古代史跡。其專研究吾國東北歷史地理者，則與東京帝國大學合作，其研究結果，刊有滿鮮《歷史地理研究報告》等書，其他研究東北史事之論文，散見於《東洋學報》、《史學雜誌》等著名之學報專號中，亦屢見不鮮。然率多歪曲史事，以證明其有利於侵略之事跡；然則史料之有階級性，鑑別是非，去偽存真，用之者不可不審，從可知矣。」[②]

三・內藤湖南與學術調查

新聞記者出身的內藤湖南，是京都學派的宗師，同樣，他與當時日本的對外政策也是有相當關連的。例如他在 1905 年（明治三十八年）赴中國東北進行「滿洲學術調查」，同時也是受了外務省的委託。

[①] 幼方直吉等編《歷史像再構成之課題》，頁 212—213。
[②] 謝國楨《明清筆記談叢》（香港：華夏出版社，1967 年），頁 182。

次年又因間島問題再度受命出發。間島是中韓國境圖們江中流的北岸地方，曾因歸屬問題引起兩國紛爭，日俄戰爭後朝鮮外交權受控於日本，故外務省即委任內藤以學術調查名義從事考察，翌年呈上《間島問題調查書》五冊，又於實地視察之後，寫成〈間島問題私見〉，後來，日本與清朝締結的協約，其內容即以內藤的報告書為骨幹。[1]

謝國楨撰〈明清史料研究〉，也有以下一段提及內藤到中國活動的文字：「《滿洲老檔實錄》，舊藏於瀋陽崇謨閣者，埋沒於塵土之中，本無人注意。清之末年，金梁（字息侯）總管其事。當日本帝國主義者勢力方張之時，伸其爪牙於東北，乃派內藤虎次郎以新聞記者名義來遊瀋陽，顯然含有侵略之意。內藤為日本夙治滿鮮史地之學者，聞老檔之名，訪金息侯梁，索觀舊檔，金氏不審輕重，遽爾允之，並命書記作陪，因得縱觀閣中之書。歸後即發表清開國期之史料一文，其所見者為《滿洲實錄》八冊、崇謨閣《漢文舊檔》六冊、《滿文老檔》一百七十九冊，說明其內容源流至為詳晰。」[2]

內藤湖南由 1907 年（明治四十年）起，擔任京都帝國大學講師。京大人文科學研究所前身的「東方文化學院」及東大的「東洋文化研究所」，均是用外務省「對支文化事業部」的基金（其來源是庚子事變賠款，即所謂「團匪賠償金」）設立的。這是偽「滿洲國」成立後所企劃的「滿蒙文化事業」。1933 年（昭和八年）開始，由內藤及東大的池內宏分任，從《李朝實錄》及《明實錄》中選出滿蒙關係史料。中日戰爭爆發後，繼以池內為中心，進行研究「異民族的支那統治」。[3]

四·兩種論調殊途同歸

近代日本從事中國研究的學人，大都居於「批判者」的地位，能

---

① 三田村泰助《內藤湖南》（東京：中央公論社，1972 年），頁 191—200。
② 謝國楨《明清筆記談叢》，頁 151。
③ 三田村泰助《內藤湖南》，頁 222；並參考前引旗田巍的發言。

194

真正熱愛中國文化的恐怕不多，誠如旗田巍所説：「東洋史研究者一般的觀念，都認為中國是落後的國家，其文明是不合理的東西。」[1] 這是由於明治以來日本人具有一種對中國的優越感，以及對亞洲的蔑視感所致，與福澤諭吉〈脱亞論〉—— 認為日本應脱離野蠻落後的亞洲，向歐美看齊以達於文明 —— 的思想，正是互相吻合的。

這樣的觀念，可從津田左右吉在戰時所寫的〈支那思想與日本〉（1938 年，昭和十三年）得到充分的明證。津田認為日本、中國是具有異質文化的國家，所謂同文同種是不確的，而所謂包含兩者的東洋文化並不存在，有人説日本為了尊重東洋文化而以之指導中國，其實是錯誤的。日本已是具有「世界性現代文化」及「現代科學精神」的亞洲先進國家，而中國正居於日本的反面。「今日日本可以從中國學到的東西一點也沒有」，因此「日本可以用其所具有的世界性現代文明，去指導落後的中國。」[2]

津田左右吉的看法，雖然否定了以「東洋主義」（大亞洲主義）口號鼓吹侵略中國的理論根據，但他並沒有反對日本的侵略行動，而是另立一種理由，主張日本以其「世界性的現代文化」去「指導」中國。

內藤湖南則從另一個完全不同的角度去看中國，他在 1929 年（大正十三年）歐遊前夕發表了著名的〈新支那論〉，以「文化中心移動説」來分析當時的中日關係及政局。文中認為東洋文化（指中國文化）的發展，是沿著一定的方向而移動其文化中心的，並不受國家與國民的區別所限制，該中心現已移至周邊後進的地域，由江蘇、浙江以至廣東；同時也可以説，移居於相若位置且接受中國文化決不比廣東等地較遲的日本，其現狀可見於日本經濟活動在大陸的出現，以及對中國社會產生巨大影響等。當時正是中國的排日運動激烈之際，內藤又

---

① 幼方直吉等編《歷史像再構成之課題》，頁 221。

② 同上。詳參《津田左右吉全集》第 20 卷（東京：岩波書店，1969 年），頁 319—335。

説：「中國人對日本的興起投以猜疑的眼光，假如日本與中國在政治上成為一個國家，文化中心移於日本，則中國人對於日本人在中國本土上活動，就不會認為是甚麼特別的現象而感到不安了。」[1]

戰後日本學者曾就津田左右吉、內藤湖南二人對中國文化的理解態度加以比較，提出他們都忽視了中國民族本身自主性的歷史形成，對中華民族產生蔑視的觀念，而承認日本侵略的合理性。故此，在他們的著述中，完全看不到中華民族為創建新國家而奮鬥的事實，更不能對中國的革命運動有正確的評價。[2]

五‧戰後日本學界的反省

在上述形式下進行的中國研究，一直維持到日本戰敗為止。戰時在政治機關及軍部援助下展開的實地調查報告，留到戰後才出版的為數不少，也有日本統治台灣時直接的產物如《台灣私法》和《清國行政法》等。於此，我們應該設想一下，戰前的研究態度是否沒有影響到戰後的學界呢？事實是，在 1970 年代仍有極負時譽的學者認為：「即使是戰時的東洋學本流，包括實地調查在內，並不怎樣地越出純學術研究的範圍。」[3]

1962 年間，日本著名的學術機構「東洋文庫」接受美國福特、亞洲兩財團的經費援助，從事現代中國研究。消息傳出後，引起一些學者強烈反對。他們關心的問題如：接受了援助是否還可以作自主性的研究？有沒有被美國的遠東政策所利用？會不會損害今後日本與中國

---

① 《內藤湖南全集》第五卷（東京：筑摩書房，1972 年），頁 509。

② 參閱增淵龍夫〈歷史意識與國際感覺 —— 日本近代史學史中的中國與日本〉上、下編，《思想》第 464 及 468 號（1963 年）。

③ 貝塚茂樹〈中國研究的課題〉，氏編《講座中國之五：日本與中國》（東京：筑摩書房，1972 年），頁 190。

的學術交流？[①] 他們更藉此機緣，對一向以來中國研究進行的情形，作出前所未有的反省。由於史學界與此關係最深，所以討論最為激烈。除旗田巍的文章外，還有上原淳道〈東洋史學之反省〉[②]、今堀誠二〈東洋史學是面對著光明抑或黑暗？〉[③] 等文，均提出有力的見解。可見日本學人正在力圖摒棄以前不純正的研究態度，並予以嚴厲的批判。站在史學工作者的立場，對待日本學界（包括戰前）的研究成績，是應該去蕪存菁的；而今更是超越以往一些浮面認識，從本質上去理解，然後切實地加以探討的時候了。

　　—— 原載《明報月刊》第 125 期（1976 年 5 月），收入本書時作了一些補充。

---

① 遠山茂樹《戰後的歷史學與歷史意識》（東京：岩波書店，1968 年），頁 278—279；小倉芳彥〈日本的東洋史學之發達〉，《岩波講座 · 世界歷史》第 30 卷（東京：岩波書店，1971 年），頁 493—495。
② 載《歷史評論》第 150 號（1963 年 2 月）。
③ 載《歷史評論》第 155 號（1963 年 7 月）。

24 日本明治史學
與中國新史學的關係

一・文明史學的潮流

　　明治時期（1868—1912）的日本，由於大規模引進西方文化，史學方面受西方的衝擊很大，日本史學界本身的發展亦很快。早於明治初年，即 1870 年代，在英、法學者的文明史學影響下，日本的文明史學迅速成為史學界的主流。[①]

[①] 法國的文明史學方面，基佐 (F. P. Gizot)、梯葉里 (L. A. Tiers)、米涅 (F. A. Mignet) 是這一學派的代表。英國的文明史學方面，博克爾 (H. F. Buckle) 是這一學派的代表人物。基佐的《歐洲文明史》和博克爾的《英國文明史》，是影響日本較大的兩本著作。參閱沈仁安〈明治維新與日本近代史學〉，氏著《日本史研究序說》(香港：香港社會科學出版社，2001 年)，頁 362—363。

但是，到了 1880 年代，文明史學隨著日本文明開化階段（即啟蒙時代）的高峰過後，呈現了衰落的現象。這方面兩位最主要的學者，田口卯吉（1855—1905）已變成一個考證史學家，認為歷史是記述之學，不是科學；福澤諭吉則因不同意自由民權運動，轉而強調「官民調和」及「國權論」。[①]

　　結果，在 1880 年代後期，文明史學實際上已經沒有了影響力，而為民間史學所代替。民間史學是相對於學院派史學而言，代表人物有山路愛山（1864—1917）、竹越與三郎（1865—1950）等。他們旗幟鮮明地指出，日本歷史是人權發達史，認為民主自由不是外來的東西；他們比文明史學家更強調人民群眾是歷史發展的動力，並致力於封建制度與人民大眾的矛盾之中探討社會的發展。這是日本史學上的創舉，也是文明史學家所沒有具備的。竹越與三郎的《新日本史》認為，明治維新是「亂世革命」，其真正原因在於民眾抬頭，尊王攘夷、佐幕討幕、公武合體只是這個大變革波濤中飄浮的雜木浮草而已。[②]

　　還有兩點值得注意：第一，是民間史學明確地把考證與歷史區別開來，認為歷史學的根本目的在於通過事實探求原理；第二，民間史學是改革主義者的學派（改良主義者），他們強調國家能調和社會矛盾，天皇的存在不妨礙日本人權發展的歷史。

　　總括而言，明治時期的日本史學界，一方面有文明史學與民間史學的相繼發展，另一方面則有實證史學的逐步形成，以及伴隨而生的天皇史觀的出現。日本史（國史）、東洋史、西洋史三分的局面，也於此奠定了下來。

---

① 林正珍著《近代日本的國族敍事：福澤諭吉的文明論》（台北縣新店市：桂冠圖書股份有限公司，2002 年），闡述了明治初年第一代知識分子對「文明」的看法及其轉變。

② 田中彰著《幕末の長州》（東京：中央公論社，1976 年），頁 12。

二 · 民間史學的繼興

梁啟超（1873—1929）是中國新史學的倡導者，在二十世紀初年率先用新方法進行歷史研究。他在 1898 年戊戌政變後流亡日本，創辦《清議報》和《新民叢報》。1901 年發表〈中國史敘論〉，1902 年發表《新史學》，對中國幾千年來的舊史學進行猛烈的批判，且提出較具系統的新史學觀點。梁啟超在接觸了日本文化界、學術界兩三年後寫成這樣的著作，有相當成分得力於明治時期日本的史學成就，至少他是受到一些觀念和理論所啟發。[1]

具體地說，日本的東洋史學家致力於以西方的新方法研究中國古代史，當時已初見成效，自然最為梁啟超所注意。稍後梁啟超又從世界史角度來分析中國史，並留意中國與四鄰國家的關係，以及亞洲各國的歷史發展，這些也都是日本東洋史家所努力的方向。[2]

梁啟超是一位啟蒙思想家，他的著作中曾提到福澤諭吉，可以看到日本文明史學的一些影子，但並不怎樣涉及英、法學者的見解。與其說梁啟超受到文明史學的影響，不如說他受民間史學的薰陶更大。

梁啟超抵日本時，西化的熱潮已逐漸冷卻，文明史學已經衰落，民間史學正發展成為主流。梁啟超在思想上受著名報人、政論家德富蘇峰「平民思想」的啟發，對他所辦的《國民之友》雜誌和《國民新聞》日報非常留意。《國民之友》是一個綜合性刊物，文學、史學、哲學、政治等各類文章都有；而史學方面得山路愛山、竹越與三郎等人大力

---

[1] 周佳榮著《中國歷代史學名著快讀》（香港：商務印書館，2016 年），頁158—159。

[2] 梁啟超與明治日本的關係，可參〔日〕狹間直樹編《梁啟超·明治日本·西方——日本京都大學人文科學研究所共同研究報告》（北京：社會科學文獻出版社，2001 年）、鄭匡民著《梁啟超啟蒙思想的東學背景》（上海：上海書店出版社，2003 年）、袁詠紅著《梁啟超對日本的認識與態度》（北京：中國社會科學出版社 2011 年）等。

支持，正是民間史學的大本營。①

　　梁啟超在《新史學》中，提倡民族主義的史學，發揮愛國心和團結群眾的兩種力量，這與民間史學是相同的。他強調「歷史者，敍述人群進化之現象，而求得其公理公例者也。」從人類總的背景中去求得人群進化之真理，並且重視史學與其他學科的關係，也正是民間史學家所倡導的。梁啟超的「民間」身份和他對政治所持的改革態度，均說明了他較為接近民間史學。

三‧文化史學的特色

　　在二十世紀的中國史學界，文明史學並沒有充份發展起來，文化史學則成為史學界的主流，並且歷久不衰。相對於「西方文明」而稱「中國文化」，是學界普遍的現象。在 1930 年代以前，文化史學和社會經濟史學成為史學的兩個主要方面，使歷史研究熱鬧起來。

　　在日本，情況也大體上一樣。即是說，中國和日本的文化史學是同步發展的，並不存在日本影響中國這個大前提。當然，在若干小的方面，由於中、日兩國是近鄰，中國又有大量留學生負笈日本，學者之間的交流和交互作用是存在的。

　　於此，可以進一步指出，日本明治時期的史學發展，從文明史學到民間史學，加上重視考證的實證史學所引起的論證，促進了文化史學的出現。其特色有三：

　　第一，文化史學把人類社會的發展看作是人類精神、思想發展的結果，並從精神、思想的發展中探求人類社會發展規律的歷史觀。

　　第二，文化史學克服了實證史學限於政治史 —— 即局限於統治者個人活動和政治現象的片面性，把歷史視野擴大到社會、文化等領域。

　　第三，文化史學把歷史作為一個統一的過程加以探討，力圖透過

---

① 周佳榮著《言論界之驕子：梁啟超與新民叢報》(香港：中華書局，2005 年)，頁 32—33。

表面現象發現事物的本質以至其規律。

　　總的來說，文化史學打破了文明史學家偏重於羅列物質文明現象的局限，而將歷史作為整體來把握。在中國，以梁啟超為先驅；其《中國文化史稿》，1922 年由上海商務印書館出版，是企圖以「新史學觀」創造一新史的緒論，後來改名《中國歷史研究法》。另有《中國文化史 · 社會組織篇》，是有關方面的開拓性著作。在日本，其代表人物是津田左右吉（1873—1961）。二人基本上是同步發展的，梁啟超的新史學且比「津田史學」更早形成。

　　梁啟超在明治後期抵達日本，接觸到大量明治史學著作，擴闊了他的眼光，促進了他的思考。梁啟超提出「史學革命」的主張，並不是要把明治史學搬到中國來，事實上並沒有這個必要，須知他的中國史學文化素養是大大超越日本史學家的。在史學理論的水平上，當時日本還沒有出現像《新史學》這樣一本較全面的、較系統的著作。中國的新史學與二十世紀同步開展，不比西方落後，既不是西方史學的翻版，藉日本為中介而引進之説更是不能成立的。

25 日本「東南亞學」
的興起

一·**1980 年代的開展**

　　第二次世界大戰結束後，日本學界對東南亞的研究漸見加強，不但可以直迫歐美，而且大有後來居上之勢。1970 年代中期，隨著研究條件的成熟和區域研究的流行，在科際整合的路向下，日本更開展了一門嶄新的「東南亞學」。踏入 1980 年代以來，多種有關的著述相繼面世，奠定了這門學問的研究基礎，也進一步顯不出日本學界的實力。

　　所謂「東南亞學」，並非東南亞研究的總稱，而是力圖擺脫歐洲中心、美國中心、印度中心、中國中心及日本中心之類有偏差的立場和

論調，在尊重東南亞主體性的前提下，把東南亞作為一個有機組織的區域，虛心平實地去探索東南亞地區的歷史、社會及價值觀等等。要構築這樣一門系統性的綜合學問，顯然不是朝夕可期的。早在 1960 年代初，西方一些學者已經開始摸索東南亞獨自的歷史觀，而形成了「自律史」（an autonomous history）的理論。[1] 日本學界方面，雖然在相當程度上排拒「歐洲中心主義」的立場，但又不免於陷入「日本中心」的泥沼。有意識地致力於建立一個新的研究方向，大概是 1970 年代的事了。

1974 年間，日本首相田中角榮訪問東盟五國，激發了各國的反日情緒，日本人對東南亞的關注，也因此大為增加。雖然日本報刊上所見的文章仍多缺乏深入的分析，但正確地認識東南亞已逐漸為一種切實的需求。次年，日本放送協會（NHK）教育電視的「市民大學講座」，連續四次播放以「東南亞社會」為題的座談會，由京都大學東南亞研究中心教授矢野暢（1936—1999）主持，邀請研究東南亞問題的權威學者進行討論。對談記錄於 1977 年結集出版後，甚獲好評，矢野暢遂以初版內容為骨幹，增訂編成《到東南亞學的招待》上、下卷（1983 年）[2]。「東南亞學」的構想，至此就正式成為日本學界的一個研究領域了。

二・理論構成與主要課題

東南亞是一個多樣性的區域，探求這個區域「在多元化中的統一」，是十分艱困的工作；因此，東南亞學的理論構成，必須基於歷史、地理、社會、文化、政治、經濟等人文科學、社會科學以至自然

---

[1] John R. W. Smail, "On the Possibility of an Autonomous History of Modern Southeast Asia", *Journal of Southeast Asian History*, Vol. 2, No. 2 (1961), pp.72–102.

[2] 矢野暢編《東南アジア學への招待》上、下卷（東京：日本放送出版協會，1988 年）。

科學的知識，體系地互相配合和運用。政治學出身的矢野暢，指出東南亞學的主要課題有五個：（1）認識東南亞的自然環境，及人們對此的適應；（2）研究東南亞各個地區的歷史發展，以見完整的東南亞史的構造；（3）探討基層文化與外來文化的關係，進而理解東南亞文化的本質；（4）從社會組織、民族集團、國家結構等方面，考察在東南亞社會起作用的統合力；（5）分析東南亞的「近代」，包括殖民地統治問題、西化問題、傳統被破壞的問題及民族主義等。① 上述這幾項都是作為「知的構圖」的東南亞學有待達成的目標，無疑也是向從事東南亞研究的日本學者發出的挑戰宣言。

《到東南亞學的招待》一書的上卷，包括四個座談記錄，依次為〈自然環境與農業〉、〈民族與歷史〉、〈社會與組織原理〉、〈社會改觀與價值體系〉。講者計有京都大學的水野浩一（社會人類學）、坪內良博（社會學）、高谷好一（自然地理學）、渡部忠世（作物學）、久馬一剛（農藝學），東京大學的永積昭（史學）、高橋彰（經濟學），上智大學的白鳥芳郎（民族學），筑波大學的綾部恆雄（文化人類學），東京外國語大學的飯島茂（社會人類學），慶應義塾大學的川本邦衛（語言學）和國立民族博物館的岩田慶治（文化人類學），他們都是在各研究範疇中享有盛名的教授和專家。

此書下卷則包括三個總括論議，依次為〈向東南亞的視座〉、〈東南亞與現代〉及〈東南亞研究的課題〉。講者除永積昭、岩田慶治外，還有京都大學的石井米雄（歷史學）、土屋健治（政治學）、前田成文（文化人類學），大阪大學的青木保（文化人類學），東京都立大學的速水佑次郎（農業經濟學）國立民族學博物館的梅棹忠夫（社會人類學）、田邊繁治（歷史地理學）。導言〈東南亞學的視點與論點〉和結語〈總括與展望〉，均由矢野暢執筆。

大抵因為矢野暢畢業並任教於京都大學，上述各人有半數出身京

---

① 矢野暢〈序〉，矢野暢編前引書，上卷，頁 22—29。

大，其他的人則多與東京大學有關，可見日本東南亞學的陣容，一如其他學術領域，東、西兩大學派仍是主要的支柱。

此處需要順帶一提的，是矢野暢著《東南亞世界的構圖》(1984年)[1]，以他個人從政治生態史觀的立場對東南亞學的進一步闡釋和發揮，有助於加深理解他所倡導的東南亞學。

三·研究規模及其成果

東南亞學的建立，不是個人力量能夠達成的，必須有一班志同道合的專家學者，以分工合作、互相配合的形式從事有關的研究工作，一方面留意和肯定別人所取得的成果，一方面在自己的崗位上繼續努力。日本學界向以擅長集體分工見稱，因此東南亞學的規模，一下子就建立了，並且令人矚目。從下列幾項，可以充分表現出來：

首先，是總結既有成績。在日本，書目、索引之類的研究情報，實在不勝枚舉，史學界對此尤為注重。例如《亞洲歷史研究入門》第五卷(1984年)[2]，就有長達二百餘頁的東南亞史書目解題，評述世界各國的研究概況，從中不難看到日本學者所佔的地位。河島慎一編《東南亞日文資料目錄》(1985年)[3]，也很方便參考。

其次，是編纂工具書。早在 1970 年代，已有河部利夫編《東南亞社會文化辭典》(1970年)[4]；到了 1980 年代，還有更具規模的《東南

---

[1] 矢野暢《東南亞アジア世界の構圖 —— 政治的生態史觀の立場から》(東京：日本放送出版協會，1984 年)。

[2] 《アジア歷史研究入門》5 (京都：同朋舍，1984 年)。東南亞史部分見頁255—487，執筆者為：石井米雄 (京都大學)、深見純生 (攝南大學)、植村泰夫 (廣島大學)、池端雪浦 (東京外國語大學)、石澤良昭 (上智大學)、大野徹 (大阪外國語大學)、片倉穰 (金澤大學)、櫻井由躬雄 (京都大學)。

[3] 河島慎一編《東南アジア邦文資料目錄：1946—1983》(アジア資料懇話會，1985 年)。

[4] 河部利夫編《東南アジア社會文化辭典》(東京：東京堂出版，1978 年)。

亞事典》(1986年)①。《東南亞事典》至今仍是日文方面最具權威的東南亞研究入門工具書，其〈項目篇〉包括自然環境、基層文化、生活式樣、歷史事項等九百條；〈地域‧國名〉篇概述東南亞十個國家的自然、住民、社會、歷史及文化傳統，並展望其政治、經濟、文化動向；書末附有統計資料、大事年表、文獻指南等。五個監修者當中，除了池端雪浦任教於東京外國語大學外，其餘石井米雄、高谷好一、前田成文、土屋健治，都是京都大學東南亞研究中心的成員。

再次，是出版刊物和論集。日本有幾種專門刊載東南亞研究論文的刊物，主要如《東南亞 —— 歷史與文化》、《東南亞研究》、《南方文化》等②；活躍於學術界的第一線拓荒者，也常撰寫專論結集出版。以80年代為例，就有為了祝賀權威學者山本達郎古稀紀念而編的《東南亞及印度的文化與社會》(1980年)③；渡部忠世編的《東南亞世界 —— 地域像的檢證》(1980年)④；石井米雄編的《東南亞世界的構造與改觀》(1986年)⑤。

而最為可觀的，是組織叢書。列入「世界現代史叢書」的四卷本《東南亞現代史》(1977—1983年)⑥，是日本同類著作中最詳細和最具水準的：第一卷(總論、印度尼西亞)，著者是和田久德、森弘之、鈴木恆之；第二卷(菲律賓、馬來西亞、新加坡)，著者是池端雪浦、生田滋；第三卷(越南、老撾、柬埔寨)，著者是櫻井由躬雄、石澤良昭；第四卷(緬甸、泰國)，著者是荻原弘明、和田久德。國別的

---

①《東南アジアを知る事典》(東京：平凡社，1988年)。其英文書名為：*Cyclopedia of South-east Asia*。

②《東南アジア —— 歷史文化》(年刊)，東南亞史學會編印；《東南アジア研究》(季刊)，京都大學東南亞研究中心出版；《南方文化》(年刊)，天理大學出版。

③《山本達郎博士上古稀記念：東南アジア‧インドの社會と文化》上、下 (東京：山川出版社，1980年)。

④渡部忠世編《東南アジア世界 —— 地域像の檢証》(東京：創文社，1980年)。

⑤石井米雄編《東南アジア世界の構造と変容》(東京：創文社，1986年)。

⑥《東南アジア現代史》1—4 (東京：山川出版社，1977—1983年)。

入門叢書，有綾部恆雄、永積昭編的《知多一點東南亞》六冊（1982—1983 年）[1]依次介紹泰國、印度尼西亞、新加坡、馬來西亞、菲律賓、緬甸六國，甚為方便。

四‧1990 年代的突破

從真正意義上顯示日本學界在東南亞學領域中最新研究水平的叢書，至少已有兩套：

其一是勁草書房策劃的「東南亞學選書」二十冊，監修者為山本達郎（總括）、岩田慶治（文化科學）、永積昭（歷史科學）、矢野暢（社會科學）、渡部忠世（自然科學），在 1980 年代已刊行的有：高谷好一著《東南亞的自然與土地利用》（1985 年）[2]；坪內良博著《東南亞人口民族誌》（1987 年）[3]；前田成文著《東南亞的組織原理》（1989 年）[4]。其他選題包括東南亞各國的歷史、文化等[5]。

其二是踏入 1990 年代之後，弘文堂出版的《講座東南亞學》。這套書由矢野暢擔任企劃和編集代表，共分十卷：（1）《東南亞的手法》，矢野暢編；（2）《東南亞的自然》，高谷好一編；（3）《東南亞的社會》，坪內良博編；（4）《東南亞的歷史》，石井米雄編；（5）《東南亞的文

---

[1] 綾部恆雄、永積昭編《もっと知りたい東南アジア》1—6（東京：弘文堂，1982—1983 年）。

[2] 高谷好一《東南アジアの自然と土地利用》（東京：勁草書房，1985 年）。

[3] 坪內良博《東南アジア人口民族誌》（東京：勁草書房，1987 年）。

[4] 前田成文《東南アジアの組織原理》（東京：勁草書房，1989 年）。

[5] 計有：渡邊忠世、福井捷朗《東南亞的農耕——立地與展開》；吉野正敏《東南亞的季候風氣候》；櫻井由躬雄《東南亞史的越南》；矢野暢《泰國現代史》；石井米雄《泰國的宗教與國家——泰國佛教小史》；土屋健治《印度尼西亞的社會與文化》；白石隆《印度尼西亞的國家建設和經濟開發》；田村克己《緬甸的社會與精靈世界》；梶原景昭《祝祭與交易——菲律賓地方都市社會之肖像》；加藤剛《東南亞的都市人類學》；關本照夫《爪哇的村的民族誌》；加納啟良《印度尼西亞農業論——歷史與現狀》；崎山理《印度尼西亞的言語世界》；岩田慶治《地域研究以後》等。

化》，前田成文編；（6）《東南亞的思想》，土屋健治編；（7）《東南亞的政治》，矢野暢編；（8）《東南亞的經濟》，吉原久仁夫編；（9）《東南亞的國際關係》，矢野暢編；（10）《東南亞與日本》，矢野暢編。[①] 另有矢野暢的《東南亞學入門》（1993 年）[②]，列為別卷。

值得注意的是，《講座東南亞學》跟上述「東南亞學選書」的最大不同，是更能發揮日本學者分工合作的精神，突破國別及專題的局限，從專門史的角度闡述和分析東南亞的過去和現狀，使東南亞學朝著體系化、有機化的方向發展。毫無疑問，這是在 1980 年代的基礎上孕育出來的。

—— 原載《書海》第 12 期（1986 年 12 月），收入本書時作了補充。

---

① 《講座東南アジア學》各卷的書名如下：第一卷《東南アジア學手法》，第二卷《東南アジアの自然》，第三卷《東南アジアの社會》，第四卷《東南アジアの歷史》，第五卷《東南アジアの文化》，第六卷《東南アジアの思想》，第七卷《東南アジアの政治》，第八卷《東南アジアの經濟》，第九卷《東南アジアの國際關係》，第十卷《東南アジアと日本》。

② 矢野暢編《東南アジア學入門》（東京：弘文堂：1993 年）。

26 日本史研究在戰後
中國的再開展（1945—1977 年）

一・引論

中國和日本是兩個相鄰的國家，自古以來，無論在文化上、政治上都有非常密切的關係。日本曾經深受中國文化的薰陶，所以對中國歷史、文學以至各種有關的問題，一向均極重視；反之，中國則始終把日本知識置於可有可無的地位。第二次世界大戰結束以來，各國在學術上多取得卓越成績，日本的「中國學」尤為可觀，其成果已受到各國學界的重視。中國方面，雖然具備開展日本研究的條件，但真真正正的對日研究，仍處於相當幼嫩的階段，便不能不令人歎息了。

推究其中原因，不外兩點：首先，是因中國傳統歷史、文化觀念

的影響，忽視鄰近較小國家的重要性，不僅對日本如此，就是對朝鮮及東南亞諸國，也不曾作出系統的研究；其次，則由於近百年來中國社會、政治的動盪，以致學術研究無從建立穩固的基礎，而中日交惡的歷史背景，更成為發展學術性的對日研究的一大障礙。

如果一個國家連對鄰邦也不能夠有普遍的了解，實在是難以估計的損失。幸而近年中國在這方面已漸呈改善跡象，大大提高了對日本的關注，介紹日本知識的書籍也有所增加，足以令人興奮。不妨樂觀地說，中國學界的日本史研究，在抗日戰爭（或者客觀地說，是在國共內戰）結束後，已經再度開展了。現時日本在國際上的地位日益重要，其學術活動更異常活躍，世界各地的「日本學」隨著熱烈起來，若中國在這方面銳意著力，假以時日，自不難有美滿的成績，可為本國甚至國外的學界和社會，作出更大貢獻。

全面性、系統性的日本研究，必須具備長遠的計劃和目標，按序進行，始見功效。換言之，基礎知識的累積為首要條件，而既有研究成果的重新檢討，更不可缺乏。可惜中國學界在日本研究方面所取得的若干成就，一直受到冷落，至今仍未有人作出認真的討論和整理。相反的，日本學者卻編有各種文獻索引，並常撰文加以闡述，從中探討中國人的對日觀等問題。[1] 雖然目前用中文寫成的日本史書籍，多數都不能說是成熟之作，但無論如何，仍不失為今後研究的基礎，具有一定的參考價值。本文擬就個人見聞所及，簡略介紹抗日戰爭勝利以後三十年間出版的中文著作，並分析中國學界的研究概況，希望有助於加深學界對過往成果的理解，從而展望今後的路向。

二·有關日本史的譯著

1868 年明治政府成立前後所展開的「明治維新」，使日本成為亞

---

[1] 山口一郎《近代中國的對日觀·文獻解題》及《近代中國對日觀之研究》（東京：亞洲經濟研究所，1969—1970 年）。

洲第一個迅速達成近代化的國家。中日甲午戰爭（1894—1895 年）以後，中國人逐漸覺察到，再不能用以往的觀念去衡量這個「蕞爾小邦」了。清末民初，中國學生大量前往日本留學，並翻譯了不少日文書籍，但他們主要是想通過日本去吸收更多的西洋知識，而不是為了認識日本，即是說，把日本作為一道橋樑而已。黃遵憲在 1887 年完成的《日本國志》，是近代中國最早一本探討日本事物的巨著，也是這時期僅見的代表作。要到 20 世紀 20 年代以後，中國才湧現以日本為研究對象的著作，當時日本軍國主義者的對華野心愈來愈明顯，中國民族主義情緒高漲，因而所重視的問題，也在於剖析日本的政治發展及中日局勢的演變，戴季陶的《日本論》（1928 年）是少數至今仍受推崇的主要著作之一。此書有日文譯本，日人且把它作為中國對日本看法的代表。這時期的學者雖然替中國的對日研究莫下了初步根基，但從今日的角度來看，大部分著作的學術性意義並不高，作為史料性的東西來看待，似較為合適，況且不少已經佚失，現時難得一見了。

1945 年日本戰敗投降直至 50 年代初朝鮮戰爭結束後為止，中國對日本的興趣，大體上仍集中於與政治有關的問題，例如日本政局及軍國主義的剖析，日本與美國的亞洲政策、朝鮮問題的關係等等，李純青的《日本問題概論》（北京：世界知識社，1954 年）等可為代表。其後，有關日本問題的討論範圍逐漸擴大和多樣化，根據可見的資料，以文學方面的書籍居多（絕大部分是日本文學作品的中譯），其次便是歷史方面的著述了。即使如此，中國史學界所著眼的，首先仍在於中日關係史上，尤其是甲午戰爭、中日交涉、八年抗戰等問題，因本文範圍所限，這一類著作的介紹從略。此外，第二次世界大戰前已經出版、戰後重新印行的，亦不在討論之列。

1945 年至 1977 年間新出的日本史書籍，計算起來，不外三數十種而已，其中三分之一以上是譯作，北京三聯書店在 1955 年至 1965 年發行的一套「日本歷史讀物」，佔了極大的比重。該叢書所選，多數是在日本學界早已有了定評，且又是用馬克思主義觀點來分析日本歷

史發展的重要代表作。一般史方面，有：(1)井上清著，閻伯緯譯《日本歷史——「國史」批判》(1957年)；(2)井上清著，呂明譯《日本現代史‧第一卷——明治維新》(1956年)；(3)服部之總著，舒貽上譯《明治維新講話》(1957年)；(4)遠山茂樹、今井清一、藤原彰著，吳文譯《昭和史》(1958年)；(5)遠山茂樹、佐藤進一原著，呂永清譯《日本史研究入門》(1959年)；(6)石母田正、松島榮一著，呂明譯《日本史概說》(1958年)。經濟史、社會史、工農史方面，有：(1)野呂榮太郎著，呂明譯《日本資本主義發展史》(1955年)；(2)守屋典郎著，周錫卿譯《日本經濟史》(1963年)；(3)羽仁五郎著，馬斌譯《日本人民史》(1958年)；(4)井上清、北原泰作、藤谷俊雄著，呂永清譯《日本部落解放運動史》(1965年)；(5)井上清著，周錫卿譯《日本婦女史》(1958年)；(6)片山潛著，王雨譯《日本的工人運動》(1959年)；(7)井上清、深谷進著，松筠、高錫譯《日本農民運動史》(1957年)等。1970年代，有井上清所著《日本歷史》(天津：天津人民出版社，1974—1976年)。

台灣方面，也有一些譯書，如池田敬正等著《日本明治維新史》(台北：國防研究院，1967年)；原口清著，李永熾譯《日本近代國家之形成》(台北：水牛出版社，1969年)等。美國學者賴世和(Edwin O. Reischauer)的《日本的過去和現在》(*Japan, Past and Present*)且有兩種中譯本。探討史學史的，則只有蘇振申、劉崇稜合譯的《日本歷史思想之發展》(台北：驚聲文物供應公司，1974年)。

至於與歷史有關，但又不屬於嚴謹史學著作的，有：李學熙譯《明治天皇》(台北：水牛出版社，1970年)；森正藏著，陳固亭譯《戰後日本》(台北：中華文化出版事業委員會，1954年)；吉田茂著，張行深譯《一百年來的日本》(北京：東方出版社，1968年)；重光葵著，徐義宗、邵友保譯《日本之動亂》(香港：南風出版社，1954年)等。翻譯工作是外國史研究過程中不可或缺的一個步驟，但中國學者向來不大重視翻譯，所以做得很不充分。單就日本史的翻譯來說，一則數

量太少，無法全面反映日本學界的研究；二則偏重近代現代史，而且多是 1960 年代初期的作品，追不上日本學界的新近發展。

三・主要的日本史論著

　　中國學界極度缺乏日本史著作的現象，幾乎所有研究日本的學者都慨乎言之。大家都認為，編寫簡明的通史應是第一步的入門工夫，於是在連論文也少見的情況下，居然出現了幾套日本通史。其中較為值得重視的，是余又蓀的《日本史》三冊（台北：中華文化出版事業委員會，1956 年）；甘友蘭的《日本通史》上、下冊（香港：自由出版社，1957 年），敍事亦較詳；陶振譽《日本史綱》（台北：中國文化研究所，1964 年），則為一綱領式著作。此外台灣方面尚有：高一萍《新日本史》（台北：中華文化出版事業委員會，1957 年）；包滄瀾《日本近百年史》（台北：藝文印書館，1966 年）；陳水逢《日本文明開化史略》（台北：台灣商務印書館，1967 年）。1970 年代則有李永熾《日本史》（台北：牧童出版社，1972 年），以社會、文化發展為主體，由原始社會起，敍述至封建社會沒落為止，分析、綜合性質較強；鄭學旅《日本史》五冊（台北：黎明文化事業股份有限公司，1977 年）是同類書中最厚的一套，但只記載到甲午戰爭結束為止。

　　古代史方面，僅衛挺生《日本神武開國新攷（徐福入日本建國攷）》（香港：商務印書館，1950 年）、《徐福與日本》（香港：新世紀出版社，1953 年），及蘇振申《日本上古中古史》、《日本近世史》（台北：名山出版社，1974 及 1975 年）。近代史方面，徐先堯《日本近代史綱》（台北：台灣商務印書館，1971 年）僅一概論，陳水逢《日本近代史》（台北：中華學術院日本研究所，1968 年）於史事敍述頗詳，厚達千頁，並包括現代史部分在內。值得推薦的是臧廣恩的《日本近百年史綱》（台北：東方出版社，1970 年），此書從明治維新的歷史背景起敍，記至 1970 年代為止，是一冊扼要可讀的著作。

不論作者聲明與否，其實上述著作的內容，大多是根據日本大學、中學教科書或一般概述性質的入門著作，加以取捨、編譯而成，詳於記事，分析和綜論則絕無僅有。通過它們，當然可以了解重要史事的概略經過，但要把握日本歷史、文化和社會的發展大勢，就必須再花一層鑽研工夫了。還有，史事交待不清甚或錯誤之處，也是不可避免的。

台灣還出版過一些以當代日本政治為探討對象的書籍，可作為現代史看待，較常見的如：(1)陳天鵬《日本現勢》(台北：中華文化出版事業委員會，1954年)；(2)柳長勳《黎明日本》(台北：中華文化出版事業委員會，1955年)；(3)吳錫澤《戰後日本論》(台北：台灣商務印書館，1966年)。較為矚目的，是聲稱「為了克服戴季陶《日本論》的缺陷而執筆」的許介鱗所著的《日本政治論》(台北：聯經出版事業公司，1977年)。至於論文集，則有陳固亭的《日本論叢》二冊(台北：中華叢書編審委員會，1971年)。

研究日本某一人物而寫成專著的，有李永熾的《福澤諭吉社會思想之研究》(台北：台灣大學文學院，1968年)，近年來日本學人撰文予以介紹的，似乎亦只有這一冊。[1] 福澤諭吉是較受中國留意的近代日本思想家，他的主要著作《文明論概論》和《勸學篇》都有了中譯本(北京：商務印書館，1959年及1962年)。李永熾在日本近代思想史方面的研究頗為活躍，發表不少論文，並已輯成兩冊單行本：一是《日本的近代化與知識分子》(台北：水牛出版社，1970年)，收論文三篇，如書名所示，就兩者關係加以探究；另一是《日本近代思想論集》(台北：牧童出版社，1975年)，收論文八篇，分別論述明治初年明六社的社會思想、明治10年代的自由民權思想，自由主義經濟思想、明治20年代的本土化思想、日本帝國主義思想之形成、明治30年代

---

[1] 佐藤一郎〈中國的福澤諭吉研究〉《史學》48卷1號(東京：慶應大學，1977年)。

知識分子的趨向、明治末年的文學與思想、戰前法西斯主義的形成等。

　　有關日本外交的，陳昭成《日本之大陸政策與九一八事變之研究》（台北：嘉新水泥公司，1966年）及陳水逢《日本合併朝鮮史略》（台北：台灣商務印書館，1968年）兩書，應予提及。除了書籍以外，日本史方面的論文亦不多，但因散見各處，在此不擬介紹。筆者只想指出一點，論文所述通常較為深入，頗值得參考，不過內容集中於討論明治維新等少數問題。日本學者小島晉治依照時代背景來分析有關明治維新的中文著述[1]，是很有意義的一種做法。

四・當前的一些檢討

　　從上面的介紹，可以看到中國的日本史研究是如何貧乏，如朱謙之《日本的朱子學》（北京：三聯書店，1958年）與《日本的古學及陽明學》（上海：上海人民出版社，1962年）一類較為透徹的哲學性論著，著實是不多見的，跟日本及世界各地的日本史研究狀況相比，未免差距太大了。

　　造成這現象的理由之一，是缺乏長遠而又全面的計劃，又不予檢討，大家都似乎沒有吸收前人的成果，只重覆地做著初步的工作，始終不曾把研究的水準提升。今後就算再多出幾套通史之類的書，也不能發揮推展的力量。筆者認為，目前第一件要做的事，是編纂日本史辭典、年表等有用的參考工具書，把基本的歷史事實弄清楚，免得大家仍要在瑣細的問題上浪費時間，對於後學者，尤為有用。張其昀、沈覲鼎監修《日本簡明百科全書》（台北：中華學術院日本研究所，1973年）提供了不少方便，但需改進之處仍多，只是一個起步。

　　其次，必須注重翻譯，將日本重要的文獻資料譯成中文，出版日本史、古代史、近代史或專史、專題性質的史料集，掌握了基本的史

---

① 小島晉治〈明治維新與中國〉，《岩波講座・日本歷史月報》4 號（東京：岩波書店，1975 年）。

216

料之後，研究內容始能充實，即是說，這是提高研究深度所必須的。同樣，翻譯近期西方學人的研究成果，也是擴寬研究視野的有效方法。但翻譯工作不如一般人想象中容易，中國學界向來不重視翻譯的態度，應先消弭，否則年輕的學者就會卻步不前。做到上面兩點，然後可以談進一步開展日本史研究的問題。

　　——原載《崇基校刊》第 62、63 期合刊（1980 年），收入本書時作了若干補充。

27 日本研究書目舉要
——以歷史與文化為主

　　日本研究近年來普遍受到世界各地的注重，一門更具系統性和全面性的「日本學」已宣告成立；英文中且有Japanology（日本學）一詞，以別於常用的Japanese Studies（日本研究）。日本學的一個構成部分是日本史研究，其重要性並不因為日本學的整體興起而減少；相反地，從史學角度出發的研究，在日本學範疇中一向居於結構性的主要位置。因此，研習日本史固然不能不涉獵日本學各個有關方面的重要著作；關心日本學，基本上需要以史學為入門。

　　這個書目的編寫，主要是為大學歷史系的本科生、研究生和中學歷史科教師提供方便。在這前提下，有以下三個原則：（一）歷史系學生及中學教師，一般沒有學過日文，即使學過，也沒有接受過閱讀日

文資料和書刊的訓練，所以這個書目只收錄中、英文書，但會盡量多介紹一些從日文翻譯過來的著作，藉此反映日本學者的觀點和研究成果。（二）這個書目以史學範疇的著作為主，酌量兼顧日本文化以至其他方面的重要用書，在相當程度上，足以照顧日本學的基本需要；所錄著作，都是第二次世界大戰結束後出版或修訂、重印的，戰前的著作，在必要時亦會作出介紹。（三）近二三十年來出版的新書，盡可能列入這個書目之中，務求反映學界的趨勢，尤其是研究重點和新課題。

書目分為以下六個部分：（一）工具書和資料集；（二）日本問題概論；（三）日本史著作；（四）日本文化；（五）日本政治與對外關係；（六）人物傳記及其他。由於編寫時間倉促，有關書籍又不勝枚舉，未盡妥當之處尚多，敬希專家學者諒察。

一‧工具書和資料集

1. 文獻目錄

中國與日本有逾兩千年的歷史淵源，古代中國文獻內關於日本的記載很多，是研究日本古代史的珍貴史料，可算是日本學的濫觴；近三十年來，以日本事物為探研對象的中文著作日益增加，在質和量方面都很可觀，可以肯定地說，中國學界已成為日本以外的一個日本學中心，其重要性亦正與時俱增。要了解這方面的情形，可參考：（1）北京日本學研究中心編《中國日本學文獻總目錄》（北京：中國人事出版社，1995 年）。此書收集中國自古以來至 1993 年為止，包括內地和港、台地區的已經出版的日本學研究著、譯書籍和文章目錄共三萬餘條，分為哲學、政治、經濟、文化、社會、歷史、軍事、法律、語言、文學、教育、科技、藝術、衛生、體育、綜合、附錄等部分，是目前唯一比較全面和完備的書目。（2）李玉、劉玉梅、張貴來主編《中國

日本學論著索引（1949—1988）》（北京：北京大學出版社，1991 年），只介紹 1949 年以後四十年間的論著。（3）蕭新煌、陳明秀編《日本研究書目彙編》二冊（台北：中央研究院東南亞區域研究計劃，1999年），是日本研究的入門指引。此外，譚汝謙主編《中國譯日本書綜合目錄》及《日本譯中國書綜合目錄》（香港：中文大學出版社，1983年），可藉以了解中、日兩國互譯對方書籍的情況。

研究日本的英文、日文書籍為數甚多，*A Guide to Reference Books for Japanese Studies*. Revised Edition（Tokyo: The International House of Japan Library, 1997）是較新的一種研究指南，總結了二十世紀的研究概況。

2. 百科全書

中文方面，有：（1）張其昀、沈覲鼎監修《日本簡明百科全書》（台北：中華學術院日本研究所發行，華岡出版部出版，1973 年），是較早期的出版物，內容略嫌陳舊，但有關歷史文化部分仍具特色。（2）中國社會科學院編《簡明日本百科全書》（北京：中國社會科學出版社，1994 年），對日本有較全面的介紹。

英文方面有下列數種，以九卷本的《講談社日本百科全書》最具規模，另外幾種則較簡略：（1）*Kodansha Encyclopedia of Japan*. 9 vols.（Tokyo and New York: Kodansha Ltd., 1983），至今仍是研究者的重要工具書。（2）*Japan: An Illustrated Encyclopedia*. 2 vols.（Tokyo: Kodansha Ltd., 1993）是前書的簡本，以彩色印刷，甚為精美，適合一般參考；書末附有日本研究的英文書目，方便檢索。（3）*The Cambridge Encyclopedia of Japan*.（Cambridge, New York and Melbourne: Cambridge University Press, 1993），此書項目較少，但採分類敘述形式，內容亦較詳細，便於閱讀。（4）Louis Frédéric, Translated by Käthe Roth, *Japan Encyclopedia*.（Cambridge, Mass. & London: The Belknap Press of Harvard University Press, 2002）.（5）*The Kodansha Bilingual Encyclopedia of Japan*《對譯日本事典》（東京：講談社國際株式會社，Kodansha International Ltd., 1998），這

是一冊英文、日文對照的百科全書，可作一般參考之用。

3. 日本研究辭典

目前中文的日本史辭典共有四種，日本研究辭典亦有兩種，連同與日本研究相關的專門工具書，合計有十數種：（1）左秀靈校訂《日本歷史辭典》（台北：名山出版社，1988 年）。（2）竹內理三等編，沈仁安、馬斌等譯《日本歷史辭典》（天津：天津人民出版社，1988 年），據日本角川書店出版《日本史小辭典》及其姊妹篇《日本近現代史小辭典》選譯編成。（3）吳杰主編《日本史辭典》（上海：復旦大學出版社，1992 年），是第一本由中國學者編成的日本歷史專科辭典。（4）王長新、金峰玉主編《日本學辭典》（吉林：吉林教育出版社，1990 年）。（5）李德安主編《日本知識辭典》（湖北：湖北辭書出版社，1991 年）。（6）中國社會科學院工業經濟研究所、日本總合研究所編輯《現代日本經濟事典》（北京：中國社會科學出版社、日本總研出版股份公司，1982 年）。（7）呂元明主編《日本文學辭典》（上海：上海辭書出版社，1994 年）。（8）日本人物辭典編纂委員會編《日本人物辭典》（北京：商務印書館，1988 年）。（9）夏林根、董志正主編《中日關係辭典》（大連：大連出版社，1991 年）（10）劉德有、馬興國主編《中日文化交流事典》（瀋陽：遼寧教育出版社，1992 年）。（11）關捷、李家巍、譚汝謙合編《中日關係全書》上、下冊（瀋陽：遼海出版社，1998 年）。（12）成春有、汪捷主編《日本歷史文化詞典》（南京：南京大學出版社，2010 年）。

英文的日本史辭典有：（1）Goedertier, Joseph M. compiled, *A Dictionary of Japanese History*.（New York and Tokyo: Walker/Weatherhill, 1968）.（2）Hunter, Janet compiled, *Concise Dictionary of Modern Japanese History*.（Berkeley, Los Angels, London: University of California Press, 1984）.（3）Seiichi Iwao（supervising editor）, Burton Watson（translator）, *Biographical Dictionary of Japanese History*.（Tokyo and New York: Kodansha

International Ltd., in collaboration with the International Society for Educational Information, 1978）.（4）Huffman, James L., *Modern Japan: An Encyclopedia of History, Culture, and Nationalism*.（New York and London: Garland Publishing, Inc., 1998）.

4. 資料集

中文方面，有關日本史的資料集不多，可舉的僅有以下三種：（1）王輯五選譯《1600 年以前的日本》（北京：商務印書館，1983 年）。（2）張蔭桐選譯《1600 至 1914 年的日本》（北京：三聯書店，1957 年）。（3）王金林編著《日本歷史基本史料集》第一卷（北京：人民出版社，2017 年）。

中日關係史較受重視，主要有：汪向榮、夏應元編《中日關係史資料匯編》（北京：中華書局，1984 年）等。日本侵華及對外擴張的資料輯錄最多，如復旦大學歷史系編譯《日本帝國主義對外侵略史料選編（1931—1945）》（上海：上海人民出版社，1983 年）。

英文方面，主要可參 Tsunoda Ryusaku, William Theodore de Bary and Donald Keen compiled, *Sources of the Japanese Tradition*. 2 vols.（New York: Columbia University Press, 1958）.

二 · 日本問題概論

1. 日本概況

介紹日本問題的手冊式著作如下：（1）復旦大學國際政治系、上海國際問題研究所編寫《日本》（上海：上海辭書出版社，1979 年）。這是七十年代中日恢復邦交後出版的小冊子，列入「各國手冊叢書」，在當時頗具參考作用，但資料不少已嫌過時。（2）新日本製鐵株式會社能力開發部編、張龍譯《日本便覽》（北京：科學技術文獻出版社，1989 年）；其後原著者編印的日中對照版《日本 —— 姿與心》（東京：

學生社，1997 年），增加了若干新資料。（3）黃天編著《日本事典》（香港：萬里機構‧萬里書店，1993 年），方便參閱。（4）致良日語工作室編譯《日本剖析》（台北：致良出版社，1998 年）。（5）孫叔林、韓鐵英主編《日本》（北京：社會科學文獻出版社，2005 年）。這是中國社會科學院《列國志》叢書的一個分卷。（6）李雪梅編著《日本‧日本人‧日本文化》（杭州：浙江大學出版社，2005 年）。

2. 日本論

當代西方的日本研究首推：Benedict, Ruth, *The Chrysanthemum and the Sword.*（Boston: The Riverside Press, 1946）。此書已成為經典之作。其中譯本有多種，如：（1）潘乃德著，黃道琳譯《菊花與劍——日本民族的文化模式》（台北：桂冠圖書有限公司，1974 年）；（2）魯思‧本尼迪克特著，呂萬和等譯《菊與刀》（北京：商務印書館，1990 年）。近年還有插圖本、節錄本等，不勝枚舉。

Reischauer, Edwin O., *The Japanese.*（Cambridge, Mass: Belknap Press, 1977）。此書有幾種中譯本，如：〔美〕埃德溫‧賴蕭爾著，孟勝德、劉文濤譯《日本人》（上海：上海譯文出版社，1980 年）。其新版改題 *The Japanese Today: Change and Continuity.*（Cambridge, Mass: Belknap Press, 1988），亦有中譯本：〔美〕埃德溫‧賴蕭爾著，陳文壽譯《當代日本人——傳統與變革》（北京：商務印書館，1992 年）。Buckley, Roger, *Japan Today.*（Cambridge: Cambridge University Press, 1985），亦便參考。高橋敷著，洪祖顯、劉焜輝譯《醜陋的日本人》（台北：晨鐘出版社，1971 年），不妨一讀。

中國人的日本論，較早期的有以下幾種：（1）戴季陶《日本論》（上海：民智書局，1928 年）。此書至今仍最為著名。台北故鄉出版社的重印本（1987 年），附解說及戴季陶年譜等。（2）許介鱗《近代日本論》（台北：故鄉出版社，1987 年），對前書作批判式的繼承。（3）吳錫澤《戰後日本論》（台北：台灣商務印書館，1966 年），有助於增進對

戰後初期日本的理解。（4）潘煥昆《日本與日本人》（台北：中央日報社，1979年），內容較為輕鬆。（5）杜導正等《探索日本》（北京：新華出版社，1981年），有助於認識1970年代的日本。（6）黃曉京著《方法的日本——超越資本主義與亞洲的文化革命》（香港：大風出版社，2011年）。

日本人所寫的日本論，有〔日〕南博著，劉延州譯《日本的自我——社會心理學家論日本》（上海：文匯出版社，1988年）。新近的一種是內田樹著、郭勇譯《日本邊境論》（上海：上海文化出版社，2012年）。

3. 日本與其他國家的比較

有關日本與其他國家比較的書，較常見的有：〔英〕麗月塔（Trevor Pryce Leggett）著，王曉霞、陳守桂、孫志民、林和生譯《紳士道與武士道——日英比較文化論》（杭州：浙江人民出版社，1990年）。〔美〕西里爾、E. 布萊克著，周師銘、胡國成、沈伯根、沈丙杰譯《日本和俄國的現代化——一份進行比較的研究報告》（北京：商務印書館，1992年），此書乃根據 Cyril E. Black and others, *The Modernization of Japan and Russia: A Comparative Study*. (New York: The Free Press, 1975) 譯出。〔葡〕路易斯·弗洛伊斯（Luis Frois）著，范勇、張思齊譯《日歐文化比較》（北京：商務印書館，1992年），此書乃根據日本岡田章雄的譯註本譯出。

Vogel, Ezra F., *Japan As Number 1*. (Cambridge, Mass: Harvard University Press, 1979)，曾經風行一時。此書有多個中譯本，茲舉其中一種於下：埃茲拉·沃格爾著《日本名列第一：對美國的教訓》（北京：世界知識出版社，1980年）。埃茲拉·沃格爾著，韓鐵英、黃曉勇、劉大洪譯《日本的成功與美國的復興——再論日本名列第一》（北京：三聯書店，1985年），是其續編。

三‧日本史著作

1. 日本通史

中文方面，戰後出版的日本通史依次有：（1）余又蓀《日本史》三冊（台北：中華文化出版事業委員會，1956年）。（2）甘友蘭《日本通史》上、下冊（香港：自由出版社，1957年）。（3）陶振譽《日本史綱》（台北：國防研究院，1964年）。（4）鄭學稼《日本史》五冊（台北：黎明文化事業公司，1977年）。

近年則有：

（1）林明德著《日本史》修訂二版（台北：三民書局，2005年）。按：此書初版是在1986年。（2）趙建民、劉予華主編《日本通史》（上海：復旦大學出版社，1989年；台北：五南圖書出版有限公司，1991年）。（3）袁國昌、張國仁著《日本簡史》（香港：開明書店，1993年）。（4）吳廷璆主編《日本史》（天津：南開大學出版社，1994年）。（5）林明德著《日本通史》（台北：三民書局，1995年）。此書分歷史、社會與文化、政治三方面的發展敘述，有別於此前按時序編寫的《日本史》。（6）鄭樑生編著《日本史——現代化的東方文明國家》（台北：三民書局，2003年）。（7）浙江大學日本文化研究所編著《日本歷史》（北京：高等教育出版社，2003年）。（8）王新生著《日本簡史》（北京：北京大學出版社，2005年）。（9）王仲濤、湯重南著《日本史》（北京：人民出版社，2008年）。

從日文翻譯過來的有：（1）依田憙家著，卞立強、李天工譯《簡明日本通史》（北京：北京大學出版社，1989年）。（2）坂本太郎著，汪向榮、武寅、韓鐵英譯《日本史概論》（北京：商務印書館，1992年）。（3）井上清著，閻伯緯譯《日本歷史》（西安：陝西人民出版社，2010年）。

論文集方面，具份量的有中國日本史研究會《日本史論文集》（北

京：三聯書店，1982 年）和中國日本史研究會《日本史論文集》（瀋陽：遼寧人民出版社，1985 年）。二書同名，但內容不同。個人論文結集，有沈仁安著《日本史研究序說》（香港：香港社會科學出版社，2001 年）

英文方面的日本通史，較著名的有：（1）G. B. Sansom, *A History of Japan*. 3 vols.（1958—1963）.（2）E. O. Reischauer, *Japan: Past and Present*. 3rd ed. Revised.（Japan, 1964），此書有蘇癸珍、蘇新芳譯《日本之過去與現在》（台北：協志工業叢書，1975 年）等中譯本。（3）M. W. Meyer, *Japan: A Concise History*.（New Jersey, 1976）.（4）*The Cambridge History of Japan*. Vols. 1-6（Cambridge: Cambridge University Press, 1988）. 這套六卷本的《劍橋日本歷史》，主要是西方學者吸收了日本方面的研究成果而撰成的，由多個專題組成，嚴格來說不算是通史式的著作。（5）Conrad Totman, *A History of Japan*.（Massachusetts: Blackwell Publishers Inc., 2000），是現時較可觀的通史。康拉德·托特曼此書，有王毅譯、李慶校《日本史》第二版（上海：上海人民出版社，2008 年）。

2. 日本斷代史

日本古代史方面，可參：（1）李永熾《日本史》（台北：牧童出版社，1972 年）。此書敍述以社會、文化發展為主體，由原始社會起，至封建社會沒落，即止於近代之前。（2）蘇振申《日本上古中世史》（台北，1974 年）。（3）蘇振申《日本近世史》（台北，1976 年）。（4）王金林《簡明日本古代史》（天津：天津人民出版社，1984 年）。

日本近代、現代史方面，主要有：（1）徐先堯《日本近代史綱》（台北：台灣商務印書館，1968 年）。（2）陳水逢《日本近代史》（台北：台灣商務印書館，1968 年）。此書篇幅頗巨，其後作者將此書增訂改編為二，即《日本近代史》及《日本現代史》，均由台北：台灣商務印書館於 1988 年出版。（3）臧廣恩《日本近百年史綱》（台北，1970 年；香港：華聯出版社翻印本）。（4）萬峰《日本近代史》（北京：中國社

會科學出版社，1978 初版，1981 年增訂本）。（5）呂萬和著《簡明日本近代史》（天津：天津人民出版社，1984 年）。（6）萬峰、沈才彬編《日本近現代史講座》（蘭州：甘肅人民出版社，1987 年）。（7）許介鱗《日本現代史》（台北：三民書局，1991 年）。（8）黃元淵著《近代日本的崛起》（第二版）（香港：諾言文化事業有限公司，2007 年。按：此書第一版印於 2005 年。）王新生著《戰後日本史》（南京：江蘇人民出版社，2013 年），較全面地反映子日本近七十年來的發展。

從日文翻譯過來的，有：（1）井上清《日本近代史》上、下冊（香港：商務印書館重印本）。（2）高橋幸八郎、永原慶二、大石嘉一郎編，譚秉順譯《日本近現代史綱要》（長春：吉林教育出版社，1988年）。（3）遠山茂樹、今井清一、藤原彰著，鄒有恆等譯《日本近現代史》第 1—3 卷（北京：商務印書館，1983 年）。2017—2018 年，香港中和出版有限公司出版了一套「岩波新書·日本近現代史」中譯本，包括（1）井上勝生著《幕末與維新》；（2）牧原憲夫著《民權與憲法》；（3）原田敬一著《日清、日俄戰爭》；（4）成田龍一著《大正民主運動》；（5）加藤陽子著《從滿洲事變到日中戰爭》；（6）《亞洲、太平洋戰爭》；（7）雨宮昭一著《佔領與改革》；（8）武田晴人著《高速增長》；（9）吉見俊哉著《後戰後社會》；（10）岩波新書編輯部編《應該如何認識日本近現代史》。

英文方面的近代史，較簡易的有：Richard Storry, *A History of Modern Japan*. Revised.（Middlesex: Penguin Books Ltd., 1982）. 較詳細深入的，有：Beasley, William G., *The Modern History of Japan*.（London: Weidenfeld and Nicolson, 1963）。其新版改題：*The Rise of Modern Japan*.（London: Weidenfeld and Nicolson, 1991）；此書有中譯本：葉延燊譯《現代日本的崛起 —— 簡明日本現代史》（台北：金禾出版社，1992 年）。最新的一本是安德魯·戈登（Andrew Gordon）著，李朝津譯《二十世紀日本：從德川時代到現代》（香港：中文大學出版社，2006 年），

和詹姆斯・麥克萊（James L. McClain）著，王翔譯《日本史：1600—2000 從德川幕府到平成時代》（新北：遠足文化事業股份有限公司，2017 年）。其他有：（1）W.G. Beasley（ed.）, *Modern Japan: Aspects of History, Literature and Society*（Japan, 1976）.（2）Hane, Mikiso, *Modern Japan: A Historical Survey*.（Boulder: Westview Press, 1986）.（3）Sue, Henny and Lehmann, Jean-Pierre, eds., *Themes and Theories in Modern Japanese History, Essays in Memory of Richard Storry*.（London: The Athlone Press, 1988）.（4）Hunter, Janet E., *The Emergence of Modern Japan: An Introductory History since 1853*.（London and New York: Longman Group Ltd., 1989）.（5）Allinson Gary D., *Japan's Postwar History*.（London: UCL Press, 1997）.

3. 專題研究

明治維新是近代日本史上的大事，《世界歷史》增刊論文集《明治維新的再探討》（北京：中國社會科學出版社，1981 年）最可參考。池田敬正等著，朱元等譯《日本明治維新史》（台北：國防研究院，1967 年），是較早期的著作。此外，有：伊文成、馬家駿主編《明治維新史》（瀋陽：遼寧教育出版社，1987 年）。〔加〕諾曼著，姚廣廙譯《日本維新史》（北京：商務印書館，1992 年），是 E. Herbert Norman, *Japan's Emergence as a Modern State*.（International Secretariat Institute of Pacific Relations, 1940）的中譯本。

討論日本改革的，有：劉天純著《日本改革史綱》（長春：吉林文史出版社，1988 年）。有關日本帝國主義的發展，可參井上清著，宿久高等譯《日本帝國主義的形成》（北京：人民出版社，1984 年）。竹村民郎著，林邦田譯《大正文化 —— 帝國日本的烏托邦時代》（台北：玉山社，2010 年），從文化史的角度，對大正時代的政治作了較深入的理解。中國學者撰寫的，有楊寧一著《日本法西斯奪取政權之路 —— 對日本法西斯主義的研究與批判》（北京：北京師範大學出版社，2000 年）。

四‧日本文化與社會

1. 日本文化與思想

有關日本文化史及哲學、思想的通論性著作不多，主要是從日文翻譯過來的，如：(1)家永三郎著，劉續生譯《日本文化史》(北京：商務印書館，1992年)。(2)石田一良著，許極燉譯《日本文化——歷史的展開與特徵》(上海：上海外語教育出版社，1989年)。(3)〔以色列〕S.N.艾森斯塔特著，王曉山、戴茸譯《日本文明——一個比較的視角》(北京：商務印書館，2008年)。(4)永田廣志著，陳應年、姜晚成、尚永清等譯《日本哲學思想史》(北京：商務印書館，1992年)。(5)丸山真男著，徐白、包滄瀾譯《日本政治思想史研究》(台北：台灣商務印書館，1980年)。(6)濱田恂子著，周俊宇譯《近代日本思想史》(香港：商務印書館，2017年)。中國學者撰寫的，有葉渭渠著《日本文化史》(桂林：廣西師範大學出版社，2005年)。

較新的一本概說書，是王勇著《日本文化——模仿與創新的軌跡》(北京：高等教育出版社，2002年)。探討近代、現代日本文化、思想與哲學的，有：(1)周佳榮著《近代日本文化與思想》(香港：商務印書館，1985年；台北：台灣商務印書館，1994年)。按：此書有2015年新版。(2)近代日本思想史研究會著，李民、賈純、華夏、伊文成、孫文康譯《近代日本思想史》三卷(北京：商務印書館，1992年)。(3)卞崇道、王青主編《明治哲學與文化》(北京：中國社會科學出版社，2005年)。(4)卞崇道著《現代日本哲學與文化》(長春：吉林人民出版社，1996年)。(5)卞崇道主編《戰後日本哲學思想概論》(北京：中央編譯出版社，1996年)。(6)子安宣邦著，趙京華譯《東亞論：日本現代思想批判》(長春：吉林人民出版社，2004年)。李永熾《日本近代思想論集》(台北：1975年)及關嘉彥等著、陳鵬仁編譯《戰後日本的思想與政治》(台北：幼獅文化事業公司，1976年)，

可供進一步的參考。關於史學的，有：坂本太郎著，沈仁安、林鐵森譯《日本的修史與史學》（北京：北京大學出版社，1991 年）。英文方面，Paul Varley, *Japanese Culture*, Forth Edition, Updated and Expended (Honolulu: University of Hawaii Press, 2000) 頗可注意。

2. 日本教育

探討日本教育的，有：小林哲也著，徐錫齡、黃明皖譯《日本的教育》（北京：人民教育出版社，1981 年）。如要再深入認識日本教育的發展，可參考：（1）梁忠義主編《戰後日本教育 —— 日本的經濟現代化與教育》（長春：吉林教育出版社，1988 年）。（2）梁忠義主編《日本教育與經濟》（長春：吉林師範大學出版社，1989 年）。（3）邱生主編《當代日本教育改革與教育立法》（瀋陽：遼寧教育出版社，1989 年）。（4）周鳳智、高鴻斌、張嘉蘭編著《日本教育的發展與現狀》（哈爾濱：哈爾濱工程大學出版社，1996 年）。

3. 日本宗教、社會與經濟

日本宗教以神道及佛教為大宗，可分別參考：（1）村上重良著《國家神道》（北京：商務印書館，1992 年）。（2）村上專精著《日本佛教史綱》（北京：商務印書館，1992 年）。（3）鈴木范久著，牛建科譯《宗教與日本社會》（北京：中華書局，2005 年）。（4）梅原猛著，卞立強、李力譯《世界中的日本宗教》（成都：四川人民出版社，2006 年）。（5）劉立善著《沒有經卷的宗教：日本神道》（銀川：寧夏人民出版社，2005 年）。

分析日本社會的名著，當推：Nakane, Chie, *Japanese Society*. Revised edition. (Pelican Books, 1973)。此書有中譯本：中根千枝著，許真、宋峻嶺譯《日本社會》（天津：天津人民出版社，1982 年）。概說書有李國慶編著《日本社會 —— 結構特性與變遷軌迹》（北京：高等教育出版社，2001 年）。

日本經濟及產業發展方面的著作頗多，茲舉數種如下：（1）劉天

純著《日本產業革命史》（長春：吉林人民出版社，1984 年）。（2）萬峰著《日本資本主義史研究》（長沙：湖南人民出版社，1984 年）。（3）劉予葦著《日本經濟發展的三十五年，1945—1980》（北京：商務印書館，1982 年）。（4）小林義雄著，孫漢超、馬君雷譯《戰後日本經濟史》（北京：商務印書館，1992 年）。野口悠紀雄著，張玲譯《戰後日本經濟史》（北京：民主與建設出版社，2018 年）。

五‧日本政治與對外關係

1.政治與外交

日本政治方面，以信夫清三郎著，周啟乾、呂萬和、熊達雲譯《日本政治史》四卷（上海：上海譯文出版社，1988 年）最具規模。此外，有：（1）許介鱗《日本政治論》（台北，1972 年）。（2）赫赤、關南、姜孝若著《戰後日本政治》（北京：航空工業出版社，1988 年）。（3）王新生著《現代日本政治》（北京：經濟日報出版社，1997 年）。（4）陳水逢著《日本政府與政治》（台北：黎明文化事業公司，1979 年），基本上是一冊日本政治制度史；齊乃寬編著《日本政治制度》（上海：上海社會科學院出版社，1987 年），則介紹日本現代政治制度。

日本外交史方面，信夫清三郎編《日本外交史》上、下冊的中譯本（北京：商務印書館，1980 年），是很重要的著作。米慶余《日本近代外交史》（天津：南開大學出版社，1988 年），則是中國學者所撰的通論性著作。關於戰後日本外交發展的，有：（1）宋成有、李寒梅等著《戰後日本外交史》（北京：世界知識出版社，1995 年）。（2）〔日〕五百旗頭真主編，吳萬虹譯《新版戰後日本外交史》（北京：世界知識出版社，2007 年）等。

較新的著作還有：（1）于群著《美國對日政策研究（1945—1972）》（長春：東北師範大學出版社，1996 年）。（2）張蘊嶺主編《轉變中的

中、美、日關係》（北京：中國社會科學出版社，1997 年）。（3）梁雲祥著《日本外交與中日關係》（北京：世界知識出版社，2012 年）等。

英文著作方面，主要有：（1）Sansom, G.B., *The Western World and Japan.*（New York: Knopf, 1955）.（2）Reischauer, E. O., *The United States and Japan.*（Cambridge: Harvard University Press, 1965）.（3）Morley, J.W., *Japan's Foreign Policy: 1868 — 1914.*（New York: Columbia University Press, 1974）.（4）Wilkinson, Endymion, *Japan Versus the West: Image and Reality.*（New York: Penguin Books, 1980）.（5）Jensen, Maruis B., *Japan and Its World: Two Centuries of Change.*（Princeton: Princeton University Press, 1980），此書有中譯本：柳立言譯《日本及其世界：二百年的轉變》（香港：商務印書館，1987 年；2016 年新版，該題馬厄利爾‧詹遜著《日本的世界觀 —— 兩百年的變遷》）。（6）La Feber, Walter, *The Clash: U.S. —— Japanese Relations throughout History.*（New York, London: W.W. Norton & Company, 1997）.（7）Charles Pomeroy（general editor），*Foreign Correspondents in Japan, Reporting a Half Century of Upheavals: From 1945 to the Present.*（Rutland, Vermont & Tokyo: Charles E. Tuttle Company, 1998）.（8）Reinhard Drifte, *Japan Foreign Policy for the 21st Century: From Economic Superpower to What Power?*（London: Macmillan Press Ltd.; New York: St. Martin's Press, Inc., 1998）.

2. 文化交流

（1）上垣外憲一著，王宣琦譯《日本文化交流小史》（武漢：武漢大學出版社，2007 年）。（2）鄭彭年著《日本西方文化攝取史》（杭州：杭州大學出版社，1996 年）。（3）鄭彭年著《日本崛起的歷史考察》（北京：人民出版社，2008 年），亦較注重日本與西方文化的關係。（4）鄭彭年著《日本中国文化攝取史》（杭州：杭州大學出版社，1999 年）。（5）李少軍著《甲午戰爭前中日西學比較研究》（武漢：湖北人民出版社，2007 年）。上述諸書，論述了日本與東西文化的關係。

3. 中日關係

中日關係是近代日本外交的重要部分，臼井勝美著、陳鵬仁譯《近代日本外交與中國》(台北：水牛圖書出版事業有限公司，1989年)方便參考。中日關係史方面的著作頗多，較易入手的如下：(1)東北地區中日關係史研究會編《中日關係史論文集》(哈爾濱：黑龍江人民出版社，1984年)。(2)中國中日關係研究會編《日本的中國移民》(北京：三聯書店，1987年)。(3)汪向榮著《古代的中國與日本》(北京：三聯書店，1989年)。(4)王曉秋著《近代中日啟示錄》(北京：北京出版社，1987年)。(5)王曉秋著《近代中日文化交流史》(北京：中華書局，1992年)。(6)王曉秋著《近代中日關係史研究》(北京：中國社會科學出版社，1997年)。(7)吳學文、林連德、徐之先著《當代中日關係》(北京：時事出版社，1995年)。(8)王勇著《中日關係史考》(北京：中央編譯出版社，1995年)。(9)吳學文、〔新加坡〕卓南生著《中日關係出了什麼問題》(北京：北京大學出版社，2005年)。(10)陳錦華編著《中日關係大事輯覽》(北京：中國人民大學出版社，2011年)。

王芸生編《六十年來中國與日本》七卷(北京：三聯書店，1979—1980年)，包括1871年以來的中日關係。這套書曾在三十年代出版，重印本內容有修訂，並增編第八卷，但至今似尚未見。張蓬舟主編《近五十年中國與日本(1932—1982)》是其續編，由四川人民出版社出版，第一卷於1985年出版，亦未完成。王勇主編《中日關係史料與研究》第一輯(北京：北京圖書館出版社，2002年)，是浙江大學日本文化研究所主辦的專刊。

六・人物傳記及其他

1. 人物傳記

中文著作以合傳居多：(1)中國日本史學會編《日本歷史風雲人

物評傳》(天津：天津人民出版社，1988 年)。(2) 再明著《日本人物群像》(台北：聯經出版事業公司，1996 年)。(3)伊文成、湯重南、賈玉芹主編《日本歷史人物傳‧近現代編》(黑龍江：黑龍江人民出版社，1987 年)。(4)鈴木正、卞崇道等著《日本近代十大哲學家》(上海：上海人民出版社，1989 年)。(5)卞崇道、加藤尚武編《當代日本哲學家》(北京：社會科學文獻出版社，1992 年)。(6)蔣立峰著《日本天皇列傳》(北京：東方出版社，1991 年)。(7)楊棟梁著《日本歷屆首相小傳》(北京：新華出版社，1987 年)。(8)宋成有主編《日本十首相傳》(北京：東方出版社，2001 年)。(9)吳寄南著《日本新生代政治家：21 世紀「日本丸」掌舵人》(北京：時事出版社，2002 年)。(10)〔美〕賀柏特‧畢克斯著、林添貴譯《裕仁天皇與近代日本之形成》(台北：時報文化出版企業股份有限公司，2002 年)。此書是 Herbert P. Bix, *Hirohito and the Making of Modern Japan* 的中譯。(11)〔美〕瑪麗‧伊莉莎白‧貝里(Mary Elizabeth Berry)著，趙堅、張珠江譯《豐臣秀吉：為現代日本奠定政治基礎的人》(南京：江蘇人民出版社，2016 年)。(12)〔日〕伊藤之雄著，李啟彰、鍾瑞芳譯《伊藤博文：創造近代日本之人》(新北：遠足文化出版事業有限公司，2017 年)。

2. 日本研究期刊

如要鑽研日本問題，有兩種出版物值得注意：(1)北京大學日本研究中心編的《日本學》，於 1989 年創刊，由北京大學出版社出版，至 1997 年已出版了八輯。(2)中國社會科學院日本研究所主辦的《日本問題》雙月刊，由 1985 年創刊至 1990 年止，共出版三十四期；1991 年起改為《日本學刊》，由中華日本學會和中國社會科學院日本研究所共同主辦，刊登有關日本諸學科的各種文章，是中國目前在日本研究方面最具代表性的綜合性學術雙月刊。此外，尚有河北大學在 1993 年創辦的《日本問題研究》(季刊)；中國海洋大學日本研究中心主辦、修斌主編《海大日本研究》(年刊)；台灣當代日本研究學會出

版、林文程主編《日本與亞太研究》（季刊）等。

　　雜誌方面，日本東京霞山會從 1957 年起編印的《日本展望》月刊，日本駐香港總領事館從 1968 年起編印的《新日本月刊》（現改為雙月刊），刊載有關日本的介紹文章和消息報導，內容較為普及。1971 年創刊的《日本研究》月刊（台北：日本研究雜誌社），尤其是1986 年創刊的《日本文摘》月刊（台北：日本文摘雜誌社），可供一般參考及增進知識之用。

　　英文方面，有 *The Journal of Japanese Studies*（Seattle: Society for Japanese Studies）等專門性質的期刊。*Monumenta Nipponica —— Studies in Japanese Culture*（Tokyo: Sophia University）刊載有關日本文化的文章，*Japan Quarterly*（Tokyo: Asahi Shimbun）也可供參考。英文刊物上的專題論文和介紹文章，有的不比中文著述遜色，觀點和內容較新，宜多注意。當然，從事日本研究，還要直接閱讀日文書刊，始可較全面和深入地了解日本問題。

28 日本博物館
考察之旅

　　日本的博物館法規定：博物館是收集、保存、展出有關歷史、藝術、民俗、工業、自然科學等資料，供一般民眾使用，同時進行為教育、調查研究、啟蒙教育等所必要的工作，並對這些資料進行調查研究作為目的的機關。

　　亞洲地大人多，但博物館的數量和水平還有待提高。在 1990 年代，亞洲有博物館 7,500 間以上，以日本和中國最多，並且是亞洲地區博物館水平較高的兩個國家。日本的大小博物館遍佈全國，不過，東京、京都和大阪是日本三個最重要的城市，博物館亦自然以這三個城市最具代表性。①

　　1. 東京 —— 東京是日本首都，博物館的起步在亞洲是較早的，上野公園的國立博物館群，包括國立歷史博物館、國立美術館、科學館

---

① 魯仲連主編、王怡文撰寫《交會的空間：日本博物館之旅》(桂林：廣西師範大學出版社，2002 年)，是較全面介紹日本博物館的中文著作。

和西洋美術館，已具備相當的規模。近年於推動當代藝術方面不遺餘力，投放大量資源於興建新的美術館，如 2007 年（平成十九年）在六本木成立的就有國立東京美術館（The National Art Centre Tokyo）、Tokyo Midtown 內的 21_21 Design Sight 和 Suntory Museum of Art 兩所博物館。

2. 京都 —— 京都是日本古都，有皇宮、將軍府邸、寺廟及古跡，亦保留了日本不少文化傳統和生活習俗。著名的博物館有京都國立博物館、京都國立近代美術館等。

3. 大阪 —— 大阪是日本著名的商業都市，既為國內交通要津，又是日本對外交通的要地，自古以來與日本歷史文化的發展息息相關。知名的博物館有國立民族學博物館、大阪歷史博物館、大阪市立東洋陶瓷美術館等。

一‧日本文博事業的發達

1. 戰前日本的博物館事業

日本藉著明治維新迅速走上西化之路，近代博物館的出現較其他亞洲國家要早一些。1871 年（明治四年），明治政府在東京成功舉行了一個為期一週的小型物產會；次年，文部省（教育部）在東京湯島聖堂主辦了一個正式的博覽會。前者大多是動物、植物等自然物品，後者則增加了人工物品。這個文部省博物館，亦即後來的國立科學博物館。在大舉西化之際，明治政府命令保存古器舊物的態度於此得到反映，會後，文部省頗有保管部分展覽品、定期公開及逐漸發展為博物館的意向。湯島聖堂原為官學「昌平坂學問所」[①]，在新時代已失去

---

① 湯島聖堂的前身是林羅山於 1632 年（寬永九年）在上野忍岡所建的孔子廟，1691 年（元祿四年），江戶幕府第五代將軍德川綱吉下令將其移至湯島，附設的林家私塾仍舊開辦，後來改為昌平阪學問所。1799 年（寬政十一年）對其改建，至 1923 年（大正十二年）在關東大地震中燒毀。現時的建築，是 1935 年（昭和十年）重建。

其功能，因「文明開化」而在此舉辦博覽會，成為日本學問從儒學轉為洋學的象徵。

十九世紀後半的世界，可說是博覽會的時代。工業革命、殖民地拓展、通訊及交通發達等先決條件，使世界各地的物產集中於歐美城市，具體地展示於參觀人士的眼前，藉增廣知識達到促使勸業（鼓勵從事工商企業）的效果。1862年（文久二年），日本思想家、洋學家福澤諭吉參加了倫敦萬國博覽會之後，視之為「智力工夫之交易」，其《西洋事情》中已有關於博物館的介紹；1872年（明治五年）湯島聖堂博覽會結束後，將展示物公開，即使用了「博物館」之名。當時並有開設博物館的建議，包括動物園、植物園、圖書館的設立在內。但湯島聖堂地方狹小，次年轉移到山下門內的大名屋敷跡，繼續展開活動，長達十年。博物館移到上野公園，成為後來的東京國立博物館，動物園同時開幕，是1882年（明治十五年）的事。時至今日，上野公園已成為日本最大的博物館群。

扼要地說，明治後期至大正初年的日本，博物館發展有兩大脈絡：一是國立科學博物館，以教育目的為發展方向；一是東京國立博物館，專注於國寶的保存和收藏。第一次世界大戰後，日本的博物館受到美國的影響，朝著把博物館作為社會教育場所的方向發展，顯得更加活躍和專門。

2. 戰後日本的博物館事業

第二次世界大戰後，日本制定了有關博物館的法規，隨著經濟的發展和人才的培養，博物館的數量逐漸增多。1960年（昭和三十五年），日本有658間博物館；1984年達2,356間，平均每年增加了七十間。1991年（平成三年）統計時有2,964間，1994年（平成六年）增至3,704間，三年內平均每年增加247間，其速度是相當驚人的。以主題類型可分為：歷史類博物館——2,189間（59.1%）；科學類博物館——302間（8.2%）及其他類博物館。以主辦機構可以分為：公

立博物館——2,082間（三分之二弱），包括：國、都、道、府、縣和市、町、村；私立博物館——1,119間（三分之一強）。

日本的《博物館法》根據博物館的性質、設施條件、開放天數等標準，將博物館分為「登錄」、「相當」、「類似」三個級別：（一）「登錄」級博物館；（二）「相當」級博物館；（三）「類似」級博物館——2,843間（76.8%）。現時日本的博物館正朝著普遍化的方向發展，城市和鄉村都有博物館，全國醞釀著「社區總體營造」，即一種寓博物、美術及藝術教育於休閒生活的風尚。

除了博物館外，日本還有兩類場所不容忽略：一類是大眾取向的百貨公司藝廊；另一類是前衛走向的小畫廊。前者是各種視覺文化的展示場，有時甚至造成領導博物館的趨勢；後者集中於東京銀座一帶和分佈於全國主要城市，亦有規模較大的。

二·在博物館尋找歷史與文化

日本意為「日出之國」，又稱「櫻花之國」；國內多火山，地震頻仍，然而四季分明，吸引了來自世界各地的遊客。其島國文化在世界文明史上是頗為獨特的，到處可以看到古老文化與現代生活交織在一起的現象。

日本的博物館事業非常發達，展品和設施都達到很高的水平。國內既有一流的大型綜合博物館，也有眾多不同主題的小型博物館，充份發揮了多元化的特色，即使在歐美國家也不常見。

1. 關西地區的博物館

京都（Tokyo）、奈良（Nara）、大阪（Osaka）、神戶（Kobe）一帶，簡稱「京阪神」。京都是日本古都，文物古跡不勝枚舉，嵐山（Arashiyama）是以紅葉、櫻花著稱的風景區，有「京都第一名勝」之稱。金閣寺、銀閣寺、清水寺等等都是旅遊的好去處，祇園則是藝妓活動的地區。奈良的法隆寺是日本最古老的木構建築物，唐招提寺是

為中國唐代高僧鑒真和尚（688—763）興建的寺院，奈良的古建築群已被列入世界遺產名錄，奈良公園內自由走動和四處棲息的鹿群更是一大特色。大阪是著名的商業都市，其標誌是宏偉的大阪城；神戶是兵庫縣的縣廳所在，姬路市內的姬路城是世界有數的古代名城。

（1）京都國立博物館（Kyoto National Museum）——1897 年（明治三十年），以保存京都、奈良兩地文化遺產為主的帝國京都博物館開館，這就是京都國立博物館的前身。新陳列館於 1966 年（昭和四十一年）完工，舊館於 1969 年（昭和四十四年）被指定為重要的文化遺產。該館的創立，旨在保存古寺廟流傳下來的名作，以及收集、管理平安時期以來的日本美術，藏品包括國寶、重要文化遺產及重要美術品等。

（2）京都國立近代美術館（The National Museum of Modern Art, Kyoto）—— 其前身為國立近代美術館的京都分館，1967 年（昭和四十二年）獨立，其追求近代風格的意圖是明顯可見的。1986 年（昭和六十一年）重新改建的新館開幕，館藏以京都的作品為中心，分為工藝、繪畫、攝影三個種類。

（3）源氏物語博物館（The Tale of Genji Museum）—— 是京都府宇治市立的博物館，重現了華美綺麗的平安時代。紫式部的《源氏物語》成書於十一世紀，是世界第一部長篇小説，此館讓人接近書中的世界。[1]

（4）奈良國立博物館（Nara National Museum）—— 主要收藏佛教美術品，而最吸引人的是每年秋季的正倉院特展。正倉院是日本古代皇室倉庫，自公元 756 年（天平勝寶八年）起開始收藏寶物。日本在奈良時代大量吸收中國的盛唐文化，正倉院內的寶物如樂器、文書資

---

[1]《源氏物語》寫光源氏的戀愛故事，及其子薰大將的悲慘宿命。書中以全盛時期的藤原家族為背景，在人物心理和自然景色的描寫等方面，都達到極高的水平，對日本後來的文學發展有很大影響。作者紫式部在宮中做女官，侍奉中宮藤原彰子，其《紫式部日記》，有助於閱讀和理解《源氏物語》。

料、佛教法具、服飾、食器、文具、工具、香藥等均沾染濃厚的中國色彩；而唐朝本身亦大量吸納印度、伊朗、希臘、羅馬以至埃及等地的文化，使得正倉院寶物呈現了多樣化的國際色彩。

（5）國立民族學博物館（National Museum of Ethnology）—— 在大阪府吹田市日本國際博覽會紀念公園內，是日本第一所民族學博物館，1974年（昭和四十九年）籌建，1977年（昭和五十二年）開幕。分為大洋洲、美洲、歐洲、非洲、西亞、東南亞、中北亞、東亞八個地區，介紹世界各個民族的歷史、文化和生活，並有「世界語言文字」和「世界民族音樂」兩個專題陳列室，以及比較先進的視聽裝置專用室。其宗旨是希望成為日本國立大學共同利用機構，擔負起研究和教育的使命。

（6）大阪歷史博物館（Osaka Museum of History）—— 十三層高的現代建築，展示大阪由古代至現代的歷史變遷，從十樓可以看到大阪城、難波宮的景觀，地面和底層則可參觀考古發掘出古代遺跡的情形。

（7）大阪市立東洋陶瓷美術館（Museum of Oriental Ceramics, Osaka Prefecture）—— 主要收藏高麗、朝鮮時代的陶瓷和中國陶瓷，約二千七百件，作為東洋陶瓷的展示，在世界上有崇高的地位。

（8）神戶市立博物館（Kobe City Museum）—— 原先有神戶市立南蠻美術館，展示日本人在鎖國及迫害基督徒的政策下，仍以長崎的出島為根據地，接觸西方文化和嶄新的藝術世界。1982年，該館與神戶市立考古館統合而成神戶市立博物館。

2. 關東地區的博物館和美術館

東京（Tokyo）是日本首都，德川幕府時代稱為江戶（Edo）。上野（Ueno）公園是東京最大的公園，內有博物館、美術館等文化設施。日比谷（Hibiya）公園是日本最早的西洋風格公園，被稱為「東京都中心綠洲」。皇居是天皇起居之地，位於東京中心千代田（Chiyoda）區。

銀座（Ginza）是東京最繁華的商業區。

（1）東京國立博物館（Tokyo National Museum）——在東京上野公園，是世界著名博物館。1872年（明治五年）創建，原為東京湯島聖堂的文部省博物館，1889年（明治二十二年）改為帝室博物館，1900年（明治三十三年）改名東京帝室博物館。1947年（昭和二十二年）該館由宮內省改屬文部省管理，更名國立博物館；1952年（昭和二十七年）定名為國立東京博物館，隸屬文部省文化廳。由四個館組成，共有藏品十萬餘件：（1）本館（1938年開館）有二十個陳列室，按時代展出日本雕刻、染織、金工、武器、刀劍、陶瓷、書畫、建築構件等；（2）表慶館（1909年開館）有九個陳列室，按時代分類展出史前時代至歷史時代的日本考古發掘遺物；（3）法隆寺寶物館（1964年開館）有三個陳列室，專門展出明治初年法隆寺向宮廷獻納的各種寶物；（4）東洋館（1968年開館）有十個陳列室，分為綜合陳列、埃及藝術、西亞、東南亞藝術、中國藝術、朝鮮藝術和西域藝術等部門，展出日本以外的東方各國和各地區的藝術品及考古遺物。

（2）東京國立科學博物館（National Science Museum, Tokyo）——位於東京都上野公園內，是日本首屈一指的博物館。主要展示日本自然史及理工、科學技術的代表性資料。一號館（即主館）的主題是「生物的進化」、「適應與進化」、「日本動植物」、「太陽與宇宙」；二號館是理工部門，展示品説明了日本的火箭發展史以及電腦、計算機和電視等的基礎原理；三號館的主題是「日本的科學技術」，將身邊的日常生活作科學性的介紹；四號館將「自然史部門」作有系統的分類展示，包括動物、植物、地質、礦物和古生物、人類。

（3）國立西洋美術館（National Museum of Western Art, Tokyo）——在東京都上野公園內，1959年開館，主要收藏西方自中世紀末期到二十世紀的美術品，而以法國藝術家的作品較多。

（4）江戶東京博物館（Edo-Tokyo Museum）——在東京都墨田區，透過模型、文字、圖片和收藏品等文物資料介紹江戶時代（1603—

1867 年）東京的文化與風貌，參觀者可以較輕鬆地一覽當時庶民百姓的生活情形。

（5）太田記念美術館（Ota Memorial Museum of Art）── 在東京都原宿，是一座專門收藏日本浮世繪（ukiyoe）作品的美術館。[①] 該館的收藏有一萬二千多件，包括一些珍貴的第一刷原版版畫和肉筆畫（即繪圖原件）。

（6）三鷹之森吉卜力美術館（Mitaka no Mori Ghibli Museum）── 在東京都三鷹市，2001 年（平成十三年）開館，是一個以動畫為主題的美術館，展示宮崎駿動畫作品的資料、模型和書刊等。通稱「宮崎駿博物館」。

（7）新橫濱拉麵博物館（Shin-Yokohama Raman Museum）── 在橫濱市內的新橫濱站，館內的「拉麵藝廊」展示了拉麵的起源和歷史、拉麵碗的種類、即食麵（速食麵）的開發經過和日本各地拉麵的差異等，還有「拉麵之街」，顧客可以嘗到北海道以至九州等地的拉麵。

（8）日本國立歷史民俗博物館（National Museum of Japanese History）── 在千葉縣佐倉市，是日本第一所國立歷史博物館。1977 年（昭和五十二年）動工建造，1983 年（昭和五十八年）起陸續開放。主要收藏日本歷史、文化、考古、民俗等方面的文物和資料，按歷史年代順序展出史前至近代的發展。

（9）大原美術館（Ohara Museum of Art）── 在岡山縣倉敷市。倉敷原是江戶時代一個典型的商業城鎮，倉敷商人到大阪學商法，到京都學風雅，既懂得商法又懂得風雅是倉敷商人的最高理想。大原孫三郎（1880—1943）是明治時代的一個商人，創立了倉敷紡絲，又開始廣泛收藏西洋美術，於 1930 年（昭和五年）成立大原美術館。本館的建築令人想到希臘神殿，分館則陳列現代作品。

---

① 浮世繪起源於十七世紀，主要內容是描繪江戶時代庶民生活和風月場所的版畫，後來傳到歐洲，對印象派畫家有很大的影響。

三‧認識更多有特色的博物館

1. 由北海道到本州中部

（1）北海道開發和外國影響：日本北方的大島 —— 北海道
（Hokkaido）是在十九世紀明治維新時才發展起來的，既有大自然的景
觀，又有西方文化影響的風格，亦保留了原住民蝦夷族（Emishi）或阿
伊努（Ainu）的文化。[①]札幌（Sapporo）是北海道的首府，有一百七十
萬人口。札幌車站的西北方，有北海道大學經營的植物園，內設巴切
羅紀念館（Batchelor Kinenkan），收藏了珍貴的蝦夷手工藝品。巴切
羅是十九世紀英國牧師，他花了數十年時間研究北海道的蝦夷人和西
伯利亞的原住民，他所搜集的手工藝收藏品，被認為是日本最好的。

在札幌西方的小樽（Otaru），曾經是一個漁業交易中心，當地的
許多建築物，融合了十九世紀日本色彩和西方影響而別具風格。小樽
現時是一個充滿浪漫情調的旅遊觀光區，以售賣種類繁多的音樂盒及
小飾物而馳名國內外。

札幌南邊的昭和新山（Showa Shinzan），是 1944 年（昭和十九年）
才出現的小火山；昭和新山的母火山是有珠山（Usuzan），1977 年（昭
和五十二年）及 2000 年（平成十二年）兩度爆發。在當地的火山科學
博物館，可以看到火山爆發情景的影片。

北海道南端的函館（Hakodate），是一個歷史性城市，1853 年
（嘉永六年）美國海軍提督培理叩關後，日本開放三個城市與西方
貿易，除函館外，另外兩個是橫濱和長崎。函館市北方民族資料館
（Hakodate City Museum of Northern Peoples）內，收藏了蝦夷人的工
藝品，還有中國人和西伯利亞人的服飾，展示了不同人類進入北海道
的路線。

---

① 蝦夷是居住在日本東北地區的土著，歷史上又稱毛人，現統稱阿伊努，是與
現代日本人不同的種族。有學者認為，是阿伊努族營造了繩文文化。

（2）東北地方的歷史與自然：仙台（Sendai）是東北最大的都市，由伊達家族建立。1602 年（慶長七年）伊達正宗建青葉城，在該遺址的仙台博物館，有武器、美術工藝品和古書等約五萬件，歷代藩主的盔甲及早期遣歐使節從羅馬取回來的文物資料較引人注意。

秋田（Akita）是東北地區靠日本海最具代表性的近代都市，青森（Aomori）自古以來則為繁榮的交通要塞。青森縣立鄉土館是為了紀念明治一百週年而建，展示先始文化之謎、青森的自然界、鄉土的足跡、庶民的生活等主題；1982 年（昭和五十七年）開館的青森森林博物館（Aomorishi Forest Museum），是明治時期所建的文藝復興式木造建築，以森林與人類的關係為主題，並有青森的特產。

（3）明治日本的軍事與歷史建築：靖國神社（Yasukuni jinja）在首都東京，是日本神道祭壇，門前的鳥居（牌樓）有八層樓那麼高，由一百噸高壓鋼板造成。靖國神社建於 1869 年（明治二年），奉祀明治初年至第二次世界大戰期間為日本天皇捐軀的軍人；1978 年（昭和五十三年），遠東軍事法庭審決的一批甲級戰犯亦列名祭祀。靖國神社因而被認為彰顯了日本的軍國主義和侵略戰犯，每當有日本首相前往參拜便會招致亞洲國家政府的不滿和抗議。靖國神社內的遊就館（Yushukan），展示了武士盔甲、噴射飛彈等武器和戰爭遺物。

明治村（Meiji mura）在本州中部名古屋（Nagoya）外的犬山市，集合了明治時期（1868—1912 年）散佈於日本各處的建築物六十多座，拆卸後移到這裡重建，例如東京的帝國飯店（Imperial Hotel）原建築。在明治村內走一遍，對明治維新的歷史可以增添很多認識。①

2. 關西地方的多元文化

（1）古都的神社和禪寺：京都（Kyoto）的平安神宮（Heian jingu）

---

① 明治村全稱「博物館明治村」(The Museum of Meiji-mura)，1965 年開館。《博物館明治村》（名古屋：博物館明治村，1995 年），介紹了六十多個明治時代的歷史建築。

仿公元 794 年（延曆十三年）的古平安皇宮（1227 年毀於大火），而於 1895 年（明治十八年）建造，呈現了平安時期最受中國影響的建築特色，當時神道神社挪用佛教寺廟的模式，原本樸實無華的木構建築，開始漆上五顏六色。

平安神宮東面的南禪寺（Nanzenji），是京都地區最重要的禪寺，反映出禪宗傳到日本而仍保留的中國風格，以及它與日本本土風格的調和。從南禪寺順著哲學之道（Tetsukaku no Michi）[①] 北行，終點就是著名的銀閣寺（Ginkakuji）。銀閣寺又稱慈照寺，是日本中世東山文化的代表；京都的另一名勝金閣寺（Kinkakuji，又名鹿苑寺）原稱北山殿，是北山文化的代表。

（2）從大阪到寶塚：沿著大阪灣（Osaka Bay）而行，位於大阪西方的天保山港口村（Tempozan Harbour Village），內有一個海遊館不妨參觀，遊客可以看到巨大的鯨鯊和蜘蛛螃蟹。附近的三多力博物館（Suntory Museum），內有藝廊和 Imax 電影院，以及號稱全世界最大、高達 112 公尺的巨型摩天輪。

大阪西岸的一個景點是日本環球影城（Universal Studios Japan），包括侏羅紀公園等設施。影城附近有大阪人權博物館（Osaka Human Rights Museum），探討比較嚴肅的人權問題。

對日本戲劇感興趣的，可前往大阪北面的寶塚（Takarazuka），這是 1910 年代寶塚歌舞團（Takarazuka Revue）[②] 的發源地，在此地和東京的寶塚劇場各有一團在表演，另外兩團則在綵排準備演出。寶塚又是著名漫畫家手塚治虫的出生地，在劇場附近有手塚治虫紀念館（The Osamu Tezuka Manga Museum）供遊客參觀。

[①] 哲學之路亦作「哲學之道」，全長二公里，因哲學家西田幾多郎（1870—1945）常在此思考而得名，他是京都大學教授、京都學派的開創者和領導者，世稱「西田哲學」。

[②] 寶塚劇團是日本的一個大型劇團，全女班演出，1913 年創立之初，只是阪急電鐵的一個部門，其後發展成為日本具代表性的音樂劇表演團體。

（3）神戶的外國人社區：神戶（Kobe）的北野町（Kitano cho），是十九世紀末外國商旅聚集的地區，原先是外國人居住的異人館（Ijinkan），結合了歐洲和美洲的建築特色。其中有的對外開放，成為時尚品店和餐廳；別具風格的風見雞（Kazamidori）和邱艾克邸（Choueke House），展現了外國移民的家居情形和異國風情。

至於南京町（Nankinmachi）則為著名的中華街，其熱鬧超過橫濱、長崎的中華街。附近海邊的美利堅公園（Meriken Hatoba）內，有海事博物館可供參觀。如要了解日本早期與西方文化交匯的情形，還得參觀神戶市立博物館，可以看到一系列罕見的南蠻藝術，「南蠻」指西方，早期日本人認為西方人是來自南方海上的蠻夷。

3. 西南部國境的風土文化

（1）從岡山到四國：日本人稱本州的西南部為「中國地方」，意即國家中部。岡山（Okayama）市的景點，除岡山城和後樂園（Korakuen）外，有多個博物館，包括東方博物館（Orient Museum）、岡山美術館（Okayama Prefectural Museum of Art）和夢二鄉土美術館（Yumeji Art Museum）。竹久夢二（1884—1934）是岡山著名畫家，以美人畫聞名。

岡山以西的倉敷（Kurashiki），除了大原美術館外，還有許多由米倉改造而成的美術館，旨在保存和振興日本的傳統民藝。例如日本鄉土玩具館（Japanese Folk Toy Museum），一樓收藏日本傳統玩具、玩偶和風箏，二樓是來自世界各地的童玩，鄰近還有一些玩具店供遊客購買。倉敷民藝館（Kurashiki Mingeikan）內，陳列了近四千件簡樸的日常手工藝品。

1988年（昭和六十三年）完工的瀨戶大橋（Seto Ohashi），把日本另一個大島——四國（Shikoku）與本州連接起來，從本州倉敷出發，可以到達四國的坂出（Sakaide）。四國是最能體驗到日本傳統面貌和生活情形的地區。

（2）從廣島到下關：第二次世界大戰結束後，廣島（Hiroshima）

從一個廢墟重建起來。鄰近原子彈爆炸地點——原爆塔（Genbaku Dome）建成平和紀念公園（日文稱和平為平和），內有平和紀念資料館（Peace Memorial Museum），展示了 1945 年（昭和二十年）8 月 6 日這件人間悲慘事件所造成的嚴重後果。

1958 年（昭和三十三年）重建的廣島城（Hiroshimajo），內有博物館展出這個城廓五百年來與日本歷史的重大關係——出兵朝鮮半島的軍隊駐紮地、德川幕府應付長州薩摩二藩的重要碉堡、中日甲午戰爭時明治天皇親臨指揮的大本營、第二次世界大戰時重要的陸軍基地等等。廣島城東面的縮景園（Shukkeien），1620 年（元和六年）仿中國西湖建造。廣島附近的宮島（Miyajima），是日本勝景之一。嚴島神社（Itsukushima jinja）前的水上大鳥居，是日本文化的表徵。

本州西端的下關（Shimonoseki）是中國人所熟悉的馬關，因為《馬關條約》就是在這裡簽訂的。這是進入九州和前往韓國的門戶，下關水族館（Shimonoseki Suizokukan）是亞洲最大的水族館。

（3）從福岡到長崎：距博多火車站東北兩公里的元寇紀念館（Genko Kinekan），展示了蒙古人兩次東征日本的情形，館內還有日蓮上人（1222—1282）的雕像，他事先就預測「神風」將及時拯救日本，結果一如他所料。福岡市美術館（Fukuoka Bijutsukan），擁有日本的藝術珍藏；從該館發展出來的福岡亞洲美術館（The Fukuoka Asian Art Museum），以收藏近現代亞洲的作品為主。

有田（Arita）是日本有名的陶藝城鎮，這裡有許多陶瓷工作坊，九州陶器文化館（Kyushu Toji Bunkakan）作了較全面的展示。唐津（Karatsu）和伊萬里（Imari）也是陶瓷重鎮，由佐賀（Saga）前往上述三地都很方便。

長崎有原爆博物館（Atomic Bomb Museum），收藏 1945 年 8 月 9 日原子彈在這裡爆炸的相關文物。出島資料館（Dejima Shiryokan），保留了早期日本與歐洲國家往還的文獻。想知道早期中國人到九州的情形，就要到孔子廟（Koshibyo）一遊了。

從長崎往南方進發，就可到九州南端的鹿兒島；維新故鄉館（Museum of Meiji Restoration），展示日本走向明治維新之路和薩摩的歷史。繼續南下，就是沖繩群島。沖繩古時是琉球王國，曾是中國的藩屬，後來又同時是日本的屬國，近代日本實行「廢藩置縣」，改為沖繩縣，以至於今。沖繩文化與日本本土有同有異，亦可看到中國文化影響的痕跡。

四‧尋訪產業博物館

1. 產業博物館的特色

日本人喜愛旅遊，但不純粹限於休閒娛樂，而是同時寓觀光與學習於遊覽，稱為「觀光旅行」和「見學旅行」。日本政府在 2003 年（平成十五年）發表「觀光立國行動計劃」，藉此促進地域觀光資源的發展，由於日本是一個先進的工業國家，「產業觀光」因而成為新近備受注意的項目。

所謂產業觀光，就是運用有關產業的設施和技術等資源，圖使地域內外的人們彼此增加交流，各種各樣的產業博物館就是最合適的場所。武田龍彌編著《日本全國產業博物館 —— 傳達地域感性的場所》（東京：PHP 研究所，2008 年），選取日本全國九十四間產業博物館，介紹了有關的產業史和企業史，並指出這些博物館所在地區各有不同的個性。傳統產業均有其地域性，企業得到地利而壯大起來，地方又因企業存在而有所發展，實在相得益彰。地方盛產和企業名稱連結在一起，有時成為地方傳說，有時成為企業傳奇，產業博物館給予參觀者的訊息與一般博物館是不盡相同的。

產業博物館的另一魅力，是通過展示品訴說一種物品或一間企業的誕生和成長，使人知道一件事物的由來及其歷史，置身其中的樂趣和感覺有時甚至可以激發一些人的上進心。尤其是體驗型的展示，不

但受青少年歡迎，對成年人來說，也有很大的意義。現時日本主要的產業博物館約有一百五十間，當中以食品類佔最多（超過五分之一），其次是纖維類和金屬類，交通運輸類也不少。

2. 產業博物館的類別

（1）食品類 —— 雪印乳業史料館（北海道）、會津酒造歷史館（福島縣）、御茶之鄉博物館（靜岡縣）、八丁味噌之鄉（愛知縣）、博物館「酢之里」（愛知縣）、月桂冠大倉記念館（京都府）、宇治・上林記念館（京都府）、白鹿記念酒造博物館（兵庫縣）、赤穗市立歷史博物館（兵庫縣）、鳥取二十世紀梨記念館（鳥取縣）、村岡總本舖羊羹資料館（佐賀縣）、薩摩酒造文化資料館「明治藏」（鹿兒島縣）。

（2）纖維類 —— 群馬縣立日本絹之里（群馬縣）、岡谷蠶絲博物館（長野縣）、有松・鳴海絞會館（愛知縣）、友禪美術館及古代友禪苑（京都府）、西陣織會館（京都府）、倉紡記念館（岡山縣）、藍住町歷史館「藍之館」（德島縣）、奄美之里（鹿兒島縣）。

（3）金屬類 —— 釜石市立鐵之歷史館（岩手縣）、日鑛記念館（茨城縣）、燕市產業史料館（新潟縣）、金澤市立安江金箔工藝館（石川縣）、堺刃物傳統產業會館（大阪府）、和鋼博物館（島根縣）、石見銀山資料館（島根縣）、別子銅山記念館（愛媛縣）。

（4）交通運輸類 —— 鐵道博物館（埼玉縣）、舊新橋停車場及鐵道歷史展示室（東京都）、地下鐵博物館（東京都）、物流博物館（東京都）、名鐵資料館（岐阜縣）、石川島資料館（東京都）、日本郵船歷史博物館（神奈川縣）、豐田博物館（愛知縣）、自轉車〔腳踏車〕博物館（大阪府）、三菱重工業長崎造船所史料館（長崎縣）。

（5）電機電器類 —— TDK 歷史館（秋田縣）、千葉縣立現代產業科學館（千葉縣）、電氣之史料館（神奈川縣）、松下電器歷史館（大阪府）。

（6）漁業農業類 —— 函館市北洋資料館（北海道）、神宮農業館

（三重縣）、太地町立鯨之博物館（和歌山縣）。

（7）金融商業類——貨幣博物館（東京都）、近江商人博物館（滋賀縣）。

（8）土木工程類——琵琶湖疏水記念館（京都府）、水道記念館（大阪府）、淀川資料館（大阪府）、竹中大工道具館（兵庫縣）、瀨戶大橋記念館（香川縣）。

（9）傳統製藥類——內藤記念藥博物館（岐阜縣）、廣貫堂資料館（富山縣）、中富記念藥博物館（佐賀縣）。

（10）陶瓷窰業類——愛知縣陶磁資料館（愛知縣）、信樂傳統產業會館（滋賀縣）、佐賀縣立九州陶磁文化館（佐賀縣）。

（11）通訊傳播類——遞信總合博物館（東京都）、NHK 放送博物館（東京都）、印刷博物館（東京都）。

（12）文具用品類——紙之博物館（東京都）、筆之里工房（廣島縣）。

附錄一
日本歷屆內閣總理大臣

伊藤博文（Ito Hirobumi） （1841—1909）山口縣	1885.12.22—1888.4.30 1892.8.8—1896.8.31 1898.1.12—1898.6.30 1900.10.19—1901.5.10 2,720 日
黑田清隆（Kuroda Kiyotaka） （1840—1900）鹿兒島縣	1888.4.30—1889.10.25 544 日
山縣有朋（Yamagata Aritomo） （1838—1922）山口縣	1889.12.24—1891.5.6 1898.11.8—1900.10.19 1,210 日
松方正義（Matsukata Masayoshi） （1835—1924）鹿兒島縣	1891.5.6—1892.8.8 1896.9.18—1898.1.12 943 日
大隈重信（Okuma Shigenobu） （1838—1922）佐賀縣 〔憲政黨、立憲同志會〕	1898.6.30—1898.11.8 1914.4.16—1916.10.9 1,040 日
桂太郎（Katsura Taro） （1847—1913）山口縣	1901.6.2—1906.1.7 1908.7.14—1911.8.30 1912.12.21—1913.2.20 2,886 日
西園寺公望（Saionji Kinmochi） （1849—1940）京都府〔立憲政友會〕	1906.1.7—1908.7.14 1911.8.30—1912.12.21 1,400 日

山本權兵衛（Yamamoto Gonnohyoe） （1852—1933）鹿兒島縣 〔立憲政友會、革新俱樂部〕	1913.2.20—1914.4.16 1923.9.2—1924.1.7 549日
寺內正毅（Terauchi Masatake） （1852—1919）山口縣	1916.10.9—1918.9.28 721日
原敬（Hara Takashi） （1856—1921）岩手縣〔立憲政友會〕	1918.9.29—1921.11.4 1,133日
高橋是清（Takahashi Korekiyo） （1854—1936）東京都〔政友會〕	1921.11.13—1922.6.12 211日
加藤友三郎（Kato Tomosaburo） （1861—1923）廣島縣	1922.6.12—1923.8.24 440日
清浦奎吾（Kiyoura Keigo） （1850—1942）熊本縣	1924.1.7—1924.6.11 157日
加藤高明（Kato Takaaki） （1860—1926）愛知縣〔憲政會〕	1924.6.11—1926.1.28 597日
若槻禮次郎（Wakatsuki Reijiro） （1866—1949）島根縣〔憲政會〕	1926.1.30—1927.4.20 1931.4.14—1931.12.3 690日
田中義一（Tanaka Giichi） （1864—1929）山口縣〔立憲政友會〕	1927.4.20—1929.7.2 805日
濱口雄幸（Hamaguchi Osachi） （1870—1931）高知縣〔立憲民政黨〕	1929.7.2—1931.4.14 652日
犬養毅（Inukai Tsuyoshi） （1855—1932）岡山縣〔立憲政友會〕	1931.12.13—1932.5.16 156日
齋藤實（Saito Makoto） （1858—1936）岩手縣〔中間內閣〕	1932.5.26—1934.7.8 774日
岡田啟介（Okada Keisuke） （1868—1952）福井縣 〔中間內閣—立憲民政黨〕	1934.7.8—1936.3.9 611日
廣田弘毅（Hirota Koki） （1878—1948）福岡縣〔非國會議員〕	1936.3.9—1937.2.2 331日

林銑十郎（Hayashi Senjuro） （1876—1943）石川縣〔中間內閣〕	1937.2.2—1937.6.4 123 日
近衛文麿（Konoe Fumimaro） （1891—1945）東京都〔中間內閣〕	1937.6.4—1939.1.5 1940.7.22—1941.10.18 1,035 日
平沼騏一郎（Hiranuma Kiichiro） （1867—1952）岡山縣〔中間內閣〕	1939.1.5—1939.8.30 238 日
阿部信行（Abe Nobuyuki） （1875—1953）石川縣〔中間內閣〕	1939.8.30—1940.1.16 140 日
米內光政（Yonai Mitsumasa） （1880—1948）岩手縣〔中間內閣〕	1940.1.16—1940.7.22 189 日
東條英機（Tojo Hideki） （1884—1948）東京都〔舉國一致內閣〕	1941.10.18—1944.7.22 1,009 日
小磯國昭（Koiso Kuniaki） （1880—1950）櫔木縣〔中間內閣〕	1944.7.22—1945.4.7 260 日
鈴木貫太郎（Suzuki Kantaro） （1867—1948）大阪府〔中間內閣〕	1945.4.7—1945.8.17 133 日
東久邇稔彥（Higashikuni Naruhiko） （1887—1990）京都府〔中間內閣〕	1945.8.17—1945.10.9 54 日
幣原喜重郎（Shidehara Kijuro） （1872—1951）大阪府〔同和會〕	1945.10.9—1946.5.22 226 日
吉田茂（Yoshida Shigeru） （1878—1967）東京都〔自由黨〕	1946.5.22—1947.5.24 1948.10.15—1949.2.16 1949.2.16—1952.10.30 1952.10.30—1954.12.10 2,616 日
片山哲（Katayama Tetsu） （1887—1978）和歌山縣〔日本社會黨〕	1947.5.24—1948.3.10 292 日
芦田均（Ashida Hitoshi） （1887—1959）京都府〔民主黨〕	1948.3.10—1948.10.15 220 日

鳩山一郎（Hatoyama Ichiro） （1883—1959）東京都 〔日本民主黨、自民黨〕	1954.12.10—1955.11.22 1955.11.22—1956.12.23 745 日
石橋湛山（Ishibashi Tanzan） （1884—1973）東京都〔自由民主黨〕	1956.12.23—1957.2.25 65 日
岸信介（Kishi Nobusuke） （1896—1987）山口縣〔自由民主黨〕	1957.2.25—1960.7.19 1,241 日
池田勇人（Ikeda Hayato） （1899—1965）廣島縣〔自由民主黨〕	1960.7.19—1964.11.9 1,575 日
佐藤榮作（Sato Eisaku） （1901—1975）山口縣〔自由民主黨〕	1964.11.9—1972.7.7 2,798 日
田中角榮（Tanaka Kakuei） （1918—1993）新潟縣〔自由民主黨〕	1972.7.7—1974.12.9 886 日
三木武夫（Miki Takeo） （1907—1988）德島縣〔自由民主黨〕	1974.12.9—1976.12.24 747 日
福田赳夫（Fukuda Takeo） （1905—1995）群馬縣〔自由民主黨〕	1976.12.24—1978.12.7 714 日
大平正芳（Ohira Masayoshi） （1910—1980）香川縣〔自由民主黨〕	1978.12.7—1980.6.12 554 日
鈴木善幸（Suzuki Zenko） （1911—2004）岩手縣〔自由民主黨〕	1980.7.17—1982.11.27 864 日
中曽根康弘（Nakasone Yasuhiro） （1918—　）群馬縣〔自由民主黨〕	1982.11.27—1983.12.27 1983.12.27—1986.8.15 1986.8.15—1987.11.6 1,806 日
竹下登（Takeshita Noboru） （1924—2000）島根縣〔自由民主黨〕	1987.11.6—1989.6.3 576 日
宇野宗佑（Uno Sosuke） （1922—1998）滋賀縣〔自由民主黨〕	1989.6.3—1989.8.10 69 日
海部俊樹（Kaifu Toshiki） （1931—　）愛知縣〔自由民主黨〕	1989.8.10—1991.11.5 818 日

宮澤喜一（Miyazawa Kiichi） （1919—2007）廣島縣〔自由民主黨〕	1991.11.5—1993.8.9 644 日
細川護熙（Hosokawa Morihiro） （1938—2017）東京都〔日本新黨〕	1993.8.9—1994.4.28 263 日
羽田孜（Hata Tsutomu） （1935—2017）東京都〔民主黨〕	1994.4.28—1994.6.30 64 日
村山富市（Murayama Himiichi） （1924— ）大分縣〔日本社會黨〕	1994.6.30—1996.1.11 561 日
橋本龍太郎（Hashimoto Ryutaro） （1937—2006）東京都〔自由民主黨〕	1996.1.11—1998.7.30 932 日
小淵惠三（Obuchi Keizo） （1937—2000）群馬縣〔自由民主黨〕	1998.7.30—2000.4.5 616 日
森喜朗（Mori Yoshiro） （1937— ）石川縣〔自由民主黨〕	2000.4.5—2001.4.26 387 日
小泉純一郎（Koizumi Jyunichiro） （1942— ）神奈川縣〔自由民主黨〕	2001.4.26—2006.9.26 1,980 日
安倍晉三（Abe Shinzo） （1954— ）?〔自由民主黨〕	2006.9.26—2007.9.26 366 日
福田康夫（Fukuda Yasuo） （1936— ）東京都〔自由民主黨〕	2007.9.26—2008.9.24 365 日
麻生太郎（Taro Aso） （1940— ）福岡縣〔自由民主黨〕	2008.9.24—2009.9.16 358 日
鳩山由紀夫（Yukio Hatoyama） （1947— ）北海道〔民主黨〕	2009.9.16—2010.6.8 266 日
菅直人（Naoto Kan） （1946— ）東京都〔民主黨〕	2010.6.8—2011.9.2 452 日
野田佳彦（Yoshihiko Noda） （1957— ）千葉縣〔民主黨〕	2011.9.2—2012.12.26 482 日
安倍晉三（Abe Shinzo） （1954— ）?〔自由民主黨〕	2012.12.26—現在

附錄二
日本歷史大事年表（江戶時代—現代）

■ **江戶時代**（**Edo period**，**1600—1868 年**）

1600 年（慶長 5 年）關原之戰，德川家康開始稱霸。

1603 年（慶長 8 年）德川家康任征夷大將軍，建立江戶幕府（又稱德川幕府）。出雲的阿國表演歌舞伎。

1604 年（慶長 9 年）幕府修建東海、東山、北陸的公路，修築一里塚。

1609 年（慶長 14 年）荷蘭人在平戶進行貿易。

1612 年（慶長 17 年）幕府頒佈基督教禁令。

1613 年（慶長 18 年）支倉常信出使羅馬。

1614 年（慶長 19 年）豐臣氏與德川氏相鬥。

1615 年（元和元年）豐臣氏被打敗。頒佈《一國一城令》，制訂《武家諸法度》和《禁中並公家諸法度》。

1629 年（寬永 6 年）長崎舉行「踏繪」（踏畫）。

1630 年（寬永 7 年）禁止進口有關基督教的洋書。

1633 年（寬永 10 年）正式頒佈《鎖國令》，禁止朱印船以外的船舶渡航海外。

1634 年（寬永 11 年）長崎修建出島，作為葡萄牙人住居街。

1635 年（寬永 12 年）制訂參覲交替制度。禁止海外日本人歸國。

1637 年（寬永 14 年）島原、天草起義。

1639 年（寬永 16 年）禁止外貿，只許與中國、荷蘭通商。

1641 年（寬永 18 年）荷蘭的平戶商館遷至長崎出島。

1649 年（慶安 2 年）幕府為統治農民，發佈《慶安御觸書》。

1651 年（慶安 4 年）由井正雪等發動慶安事件。

1657 年（明曆 3 年）江戶發生明曆大火災，死亡十萬人。德川光修史局，開始編纂《大日本史》。

1687 年（貞享 4 年）發佈《保護生物令》。

1702 年（元祿 15 年）赤穗（今兵庫縣）浪人武士四十七人為主君報仇。

1716 年（享保元年）德川吉宗任將軍，實行享保改革，進一步加強幕藩體制。

1717 年（享保 2 年）大岡忠相（越前守）任江戶町奉行。

1720 年（享保 5 年）放寬禁書令，准許基督教以外的漢譯洋書進口。

1732 年（享保 17 年）開始生產綿布。

1733 年（享保 18 年）米價暴漲，江戶發生搗毀暴動。

1742 年（寬保 2 年）規定審判、刑罰的《公事方御定書》問世。

1772 年（安永元年）田沼意次任老中。

1774 年（安永 3 年）杉田玄白、前野良澤翻譯《解體新書》。

1776 年（安永 5 年）平賀源內製作發電機。

1782 年（天明 2 年）天明大饑荒，餓死者甚多。（至 1787 年）

1787 年（天明 7 年）松平定信任老中。

1789 年（寬政元年）松平定信進行寬政改革。

1791 年（寬政 3 年）林子平出版《海國兵談》。

1792 年（寬政 4 年）俄國使節拉克斯曼到北海道根室求通商。

1798 年（寬政 10 年）本居宣長《古事記傳》出版。

1800 年（寬政 12 年）伊能忠敬測繪北海道。

1804 年（文化元年）俄國使節雷札諾夫到長崎求通商。

1808 年（文化 5 年）英國船法厄同號到長崎。間宮林藏到樺太探險。

1811 年（文化 8 年）幕府設立蘭學譯書局，開始翻譯《厚生新編》。

1821 年（文政 4 年）伊能忠敬完成大日本沿海全圖。

1823 年（文政 6 年）德國醫生西博爾德到長崎，任荷蘭商館副醫官，開設鳴瀧塾。

1825 年（文政 8 年）幕府趕走外國船舶。

1832 年（天保 3 年）發生天保大饑荒。高野長英等組織「尚齒會」（蠻學之社）。

1837 年（天保 8 年）大鹽平八郎之亂。

1839 年（天保 10 年）尚齒會因批評幕政遭鎮壓，渡邊華山、高野長英被判刑，稱「蠻社之獄」。

1841 年（天保 12 年）老中水野忠邦實行政治改革（天保改革）。

1853 年（嘉永 6 年）美國使節培理到浦賀，要求開港通商。俄國使節浦查亭到長崎。

1854 年（安政元年）幕府與美國締結《日美和親條約》（神奈川條約），鎖國體制瓦解。幕府與英國、俄國締結友好條約。

1856 年（安政 3 年）美國總領事哈利斯到日本。

1858 年（安政 5 年）井伊直弼任大老。與美、俄、荷、英、法締結《安政五國條約》。幕府鎮壓反對派，發生「安政大獄」。

1859 年（安政 6 年）橋木左內、吉田松陰、賴三樹三郎等被處死刑。

1860 年（萬延元年）井伊大老被殺害。櫻田門外之變，尊王攘夷派志士介入政治。

1862 年（文久 2 年）老中安藤信正被傷害。生麥事件。

1863 年（文久 3 年）高杉晉作建「奇兵隊」。薩摩藩與英國東洋艦隊發生戰事（薩英戰爭）。8 月 18 日政變。

1864 年（元治元年）蛤御門事變。美、英、法、荷四國聯合艦隊

炮轟下關。第一次長州征討。

1866 年（慶應 2 年）薩摩、長州兩藩聯合反對幕府。第二次長州征討。

1867 年（慶應 3 年）明治天皇即位。德州慶喜「大政奉還」，結束幕府統治，天皇宣佈「王政復古」。

■ 明治時代（**Meiji period**，**1868—1912 年**）

1868 年（明治元年）鳥羽、伏見之戰（戊辰戰爭開始）。發表《五條誓文》。江戶改稱東京。

1869 年（明治 2 年）實行「版籍奉還」。遷都東京。五棱郭之戰（戊辰戰爭結束）。東京至橫濱間開通電信。

1870 年（明治 3 年）橫濱每日新聞發行。

1871 年（明治 4 年）建立郵政制度。實行「廢藩置縣」。簽訂《中日修好條規》。岩倉具視等赴歐視察。

1872 年（明治 5 年）福澤諭吉完成《勸學篇》。建立教育制度。新橋和橫濱之間通火車。採用太陽曆。

1873 年（明治 6 年）頒佈徵兵令。解除基督教禁令。公佈《地稅改革條例》，改革地稅制度。「明六社」成立。征韓論失敗，西鄉隆盛等退出政府。

1874 年（明治 7 年）板垣退助等建議政府設立民選議院。

1876 年（明治 9 年）出兵侵略台灣。禁止佩帶刀劍，取消封建俸祿。士族叛亂。強迫朝鮮簽訂《日朝修好條規》。

1877 年（明治 10 年）西鄉隆盛叛亂，西南戰爭爆發。

1880 年（明治 13 年）自由民權運動的全國性組織「國會期成同盟」成立。公佈《出售官營工廠條例》。

1881 年（明治 14 年）板垣退助建立自由黨。「明治 14 年政變」。發佈開設國會詔書。

1882 年（明治 15 年）頒佈《軍人敕諭》。大隈重信建立改進黨。

1884 年（明治 17 年）在鹿鳴館進行化裝舞會。

1885 年（明治 18 年）簽訂《中日天津條約》。實行內閣制。

1887 年（明治 20 年）頒佈《保安條例》。

1888 年（明治 21 年）制定市町村制度。

1889 年（明治 22 年）頒佈《大日本帝國憲法》（明治憲法）。制訂《皇室典範》。東海道幹線通車。發生第一次資本主義經濟危機。

1890 年（明治 23 年）立憲自由黨成立。制定《教育敕語》。召開第一次帝國議會。東京、橫濱通電話。

1894 年（明治 27 年）開始修改不平等條約，簽訂《日美通商航海條約》。中日甲午戰爭。

1895 年（明治 28 年）中日簽訂《馬關條約》，佔有台灣。俄、法、德三國阻止日本侵佔遼東半島。

1897 年（明治 30 年）實行金本位制度。設立八幡製鐵所。成立勞動組合期成會。

1898 年（明治 31 年）大隈、板垣組織憲政黨內閣。

1900 年（明治 32 年）實行《治安警察法》。參加八國聯軍，派兵到中國。立憲政友會成立。

1901 年（明治 34 年）八幡製鐵所投產。日本社會民主黨成立。

1902 年（明治 35 年）締結第一次英日同盟。《日韓議定書》成立。

1903 年（明治 36 年）堺利彥等發行《平民新聞》。

1904 年（明治 37 年）日俄戰爭爆發。

1905 年（明治 38 年）日俄締結《樸次茅斯條約》。

1906 年（明治 39 年）日本社會黨成立。南滿洲鐵道公司（滿鐵）成立。

1910 年（明治 43 年）鎮壓社會主義運動事件（大逆事件）。吞併朝鮮，設立朝鮮總督府。

1911 年（明治 44 年）完全廢除與各國簽訂的不平等條約。第三次英日同盟。

1912 年（明治 45 年）白瀨大尉登上南極大陸。

■ **大正時代**（Tashō period，**1912—1926 年**）

1913 年（大正 2 年）大正政變（第一次護憲運動）。立憲同志會（後改憲政會）成立。

1914 年（大正 3 年）參加第一次世界大戰。

1915 年（大正 4 年）對中國提出《二十一條》。

1916 年（大正 5 年）吉野作造倡導民本主義。

1918 年（大正 7 年）干涉俄國革命，出兵西伯利亞。發生米騷動。原敬組織政黨內閣。

1919 年（大正 8 年）各地發生普選運動。

1922 年（大正 11 年）華盛頓會議。全國水平社、日本農民組合、日本共產黨相繼成立。

1923 年（大正 12 年）關東大地震，死者十萬人以上。

1924 年（大正 13 年）護憲三派聯合內閣成立（第二次護憲運動）。

1925 年（大正 14 年）開始廣播事業。頒佈《治安維持法》。頒佈普選法。日本勞動組合評議會成立。

■ **昭和時代**（Shōwa period，**1926—1989 年**）

1927 年（昭和 2 年）金融恐慌。出兵山東。召開東方會議。

1928 年（昭和 3 年）第一次普選。三一五事件。濟南慘案。

1930 年（昭和 5 年）經濟蕭條。

1931 年（昭和 6 年）九一八事變。

1932 年（昭和 7 年）建立偽「滿洲國」。日軍進攻上海（第一次上海事變）。五一五事件（暗殺犬養毅首相）。日共制訂《1932 年綱領》。

1933 年（昭和 8 年）日本退出國際聯盟。

1936 年（昭和 11 年）退出倫敦裁軍會議。二二六事件。簽訂日德防共協定。

1937 年（昭和 12 年）蘆溝橋事變和上海事變，發動全面侵華戰爭。日軍佔領南京，進行南京大屠殺。

1938 年（昭和 13 年）制訂《國家總動員法》。近衛發表「建設東亞新秩序」聲明。

1939 年（昭和 14 年）製造哈拉哈地區武裝衝突，折兵兩萬（諾門坎事件）。

1940 年（昭和 15 年）日、德、意簽訂《三國同盟條約》。大政翼贊會成立，解散一切政黨。

1941 年（昭和 16 年）簽訂《日蘇中立條約》。日軍偷襲珍珠港，太平洋戰爭爆發。

1942 年（昭和 17 年）中途島戰役，日本慘敗。

1944 年（昭和 19 年）塞班島、關島日本軍覆沒。美軍開始空襲日本本土。

1945 年（昭和 20 年）美軍登陸沖繩。美國在廣島、長崎投擲原子彈。日本接受《波茨坦宣言》，宣佈無條件投降。美軍佔領日本，盟軍總司令麥克阿瑟到日本厚木機場。下達五項改革指令。頒佈《解散財閥令》。給婦女以參政權。制定第一次農地改革案。重建日本共產黨（簡稱日共），成為戰後日本政黨之一。

1946 年（昭和 21 年）天皇發表《人間宣言》（天皇非神宣言）。解除軍國主義者的公職。遠東國際軍事法庭審判日本戰犯。頒佈《日本國憲法》。建立新教育制度。開始農地改革。「經濟安定總部」成立。閣議採取「傾斜生產方式」方案。

1947 年（昭和 22 年）頒佈《學校教育法》、《教育基本法》。《日本國憲法》生效。眾參兩院舉行首次大選。社會黨組織聯合內閣。

1948 年（昭和 23 年）遠東國際軍事法庭判決東條英機等處以絞刑、徒刑。

1949 年（昭和 24 年）發生迫害工會積極分子的「三鷹事件」、「松川事件」、「下山事件」。湯川秀樹獲諾貝爾獎。「穩定經濟九原則」和

制定道奇路線。

1950 年（昭和 25 年）組織警察預備隊。日本工會總評議會成立。

1951 年（昭和 26 年）簽訂《舊金山對日媾和條約》和《日美安全保障條約》。

1952 年（昭和 27 年）「流血的五一節」，在皇宮前廣場的「五一」遊行隊伍與警察發生衝突。警察預備隊改稱保安隊。《日美行政協定》簽定。

1953 年（昭和 28 年）開始電視廣播。《日美通商航海條約》簽訂。

1954 年（昭和 29 年）日本漁船第五福龍丸在南太平洋受美國氫彈實驗的污染。成立防衛廳，保安隊改稱自衛隊。

1955 年（昭和 30 年）廣島舉行第一次禁止原子彈世界大會。自由民主黨結成。

1956 年（昭和 31 年）日蘇恢復邦交。日本加入聯合國。

1957 年（昭和 32 年）在南極設立「昭和基地」。日本第一個原子反應堆開始工作（在茨城縣東海村）。

1960 年（昭和 35 年）修訂《日美新安保條約》簽訂，反《安保條約》鬥爭高漲。社會黨委員長淺沼稻次郎被暗殺。池田內閣制定《國民收入倍增計劃》。

1961 年（昭和 36 年）公佈《農業基本法》。

1962 年（昭和 37 年）簽訂廖高發展中日兩國民間貿易備忘錄。

1963 年（昭和 38 年）宣告「松川事件」全部被告無罪。名神高速公路部分通車，進入高速公路時代。

1964 年（昭和 39 年）東海道新幹線全部通車。第十八屆奧運會在東京舉行。

1965 年（昭和 40 年）佐藤訪美，與約翰遜會談，發表美日聯合聲明。

1966 年（昭和 41 年）修改《祝日法》增設「建國紀念日」、「敬老日」、「體育日」。日蘇簽訂《關於航空業務協定》、《1966—1970 年貿

易支付協定》和《日蘇領事條約》。美國歸還小笠原群島。

1968 年（昭和 43 年）學生運動，要求大學民主化。

1970 年（昭和 45 年）召開日本萬國博覽會。發射「大隅號」國產人造衛星。日美《安保條約》自動延長。

1971 年（昭和 46 年）日美簽訂《沖繩歸還協定》。

1972 年（昭和 47 年）第十一屆冬季奧運會在札幌舉行。美國歸還沖繩。首相田中角榮訪華，與中國恢復邦交。《日本列島改造論》發表。

1973 年（昭和 48 年）水俁病審判中，被害者勝訴。石油危機，物價混亂。金大中事件。

1974 年（昭和 49 年）田中角榮首相出訪東南亞五國。美國總統福特訪日。

1975 年（昭和 50 年）天皇、皇后訪美。

1976 年（昭和 51 年）田中角榮因受美國洛克希德公司賄賂而被捕。

1978 年（昭和 53 年）《中日和平友好條約》在北京簽訂。

1979 年（昭和 54 年）第五次發達國家首腦會議在東京召開。

1982 年（昭和 57 年）東北新幹線和上越新幹線通車。教科書問題。

1983 年（昭和 58 年）提出行政改革最終答辯。與歐洲共同體達成貿易協定。

1984 年（昭和 59 年）日、美、加、澳、新五國海上部隊舉行環太平洋聯合軍事演習。禁止原子彈、氫彈世界大會。

1985 年（昭和 60 年）在廣島召開禁止原子彈、氫彈世界和平大會。首相中曾根康弘以公職身份參拜靖國神社。

1986 年（昭和 61 年）內閣通過外交白皮書，強調推行國際化，向世界開放。防衛廳撤銷防衛費佔國民生產總值 1% 的限定。

1987 年（昭和 62 年）日美兩國高級事務會談在東京舉行。

1988 年（昭和 63 年）竹下登首相訪問美國、歐洲、中國。

■ 平成時代（Heisei period，1989 年—現在）

1989 年（平成元年）利庫路特事件。

1991 年（平成 3 年）派遣海上自衛隊掃雷部隊到波斯灣。

1992 年（平成 4 年）制定聯合國和平維持活動法（PKO 法），派遣和平部隊到束埔寨。

1993 年（平成 5 年）非自民連立內閣成立，結束自民黨長達 38 年的統治。

1994 年（平成 6 年）大江健三郎獲諾貝爾文學獎。

1995 年（平成 7 年）阪神淡路大地震，死者超過六千人。

1996 年（平成 8 年）橋本龍太郎內閣成立。

1998 年（平成 10 年）小淵惠三內閣成立。

1999 年（平成 11 年）國旗、國歌法成立。

2000 年（平成 12 年）森喜朗內閣成立。俄羅斯總統普京訪問日本。

2001 年（平成 13 年）小泉純一郎內閣成立。同年訪問中國。

2002 年（平成 14 年）日本、南韓共同主辦世界盃足球賽。小泉純一郎訪問北韓。

2006 年（平成 18 年）安倍晉三內閣成立。

2007 年（平成 19 年）日本政府防衛廳升格為防衛省。

2008 年（平成 20 年）麻生太郎內閣成立。

2009 年（平成 21 年）鳩山由紀夫內閣成立。

2010 年（平成 22 年）菅直人內閣成立。

2011 年（平成 23 年）日本本州東北部發生三一一地震及海嘯。野田佳彥內閣成立。

2012 年（平成 24 年）安倍晉三內閣成立。

2014 年（平成 26 年）閣議決定武器輸出新三原則，容認使用集團的自衛權。

2016 年（平成 28 年）通過新安保法。九州熊本縣發生強烈地震。

2017 年（平成 29 年）東京都知事小池百合子在東京都議會議員選舉中大獲全勝，她領導的都民第一之會成為東京都議會第一大黨。

　　2018 年（平成 30 年）颱風「飛燕」吹襲大阪和神戶，造成嚴重破壞，關西國際機場水浸，一度停開，北海道發生 6.7 級地震，導致大規模停電。

責任編輯	張俊峰	
書籍設計	林　溪	
排　版	肖　霞	
印　務	馮政光	

書　名	細語和風：明治以來的日本
作　者	周佳榮
出　版	香港中和出版有限公司 Hong Kong Open Page Publishing Co., Ltd. 香港北角英皇道 499 號北角工業大廈 18 樓 http://www.hkopenpage.com http://www.facebook.com/hkopenpage http://weibo.com/hkopenpage
香港發行	香港聯合書刊物流有限公司 香港新界大埔汀麗路 36 號 3 字樓
印　刷	美雅印刷製本有限公司 香港九龍官塘榮業街 6 號海濱工業大廈 4 字樓
版　次	2018 年 10 月香港第一版第一次印刷
規　格	16 開 (154mm×222mm) 272 面
國際書號	ISBN 978-988-8466-96-2